21世纪新闻与传播学规划教材

国际传播学教程
（第二版）

程曼丽 著

second edition

International Communication

图书在版编目(CIP)数据

国际传播学教程/程曼丽著.—2版.—北京：北京大学出版社,2023.8
21世纪新闻与传播学规划教材
ISBN 978-7-301-34066-0

Ⅰ.①国⋯　Ⅱ.①程⋯　Ⅲ.①传播学—高等学校—教材　Ⅳ.①G206

中国国家版本馆CIP数据核字(2023)第099739号

书　　　名	国际传播学教程(第二版) GUOJI CHUANBOXUE JIAOCHENG(DI-ER BAN)
著作责任者	程曼丽　著
责 任 编 辑	吕秀丽　武　岳
标 准 书 号	ISBN 978-7-301-34066-0
出 版 发 行	北京大学出版社
地　　　址	北京市海淀区成府路205号　100871
网　　　址	http://www.pup.cn
新 浪 微 博	@北京大学出版社　　@未名社科-北大图书
微信公众号	北京大学出版社　　北大出版社社科图书
电 子 邮 箱	编辑部 ss@pup.cn　　总编室 zpup@pup.cn
电　　　话	邮购部 010-62752015　　发行部 010-62750672 编辑部 010-62765016
印 刷 者	北京溢漾印刷有限公司
经 销 者	新华书店
	730毫米×980毫米　16开本　19.75印张　302千字 2006年4月第1版 2023年8月第2版　2025年3月第3次印刷
定　　　价	55.00元

未经许可，不得以任何方式复制或抄袭本书之部分或全部内容。
版权所有，侵权必究
举报电话：010-62752024　电子邮箱：fd@pup.cn
图书如有印装质量问题，请与出版部联系，电话：010-62756370

目 录

第一章　国际传播学概述 …………………………………………… 001
- 第一节　国际传播学的研究对象与内容 ………………………… 001
- 第二节　国际传播学的研究现状 ………………………………… 011
- 第三节　国际传播学的研究方法 ………………………………… 017

第二章　国际传播的历史 …………………………………………… 021
- 第一节　人类早期的国际传播 …………………………………… 021
- 第二节　印刷媒体时代的国际传播 ……………………………… 024
- 第三节　电子媒体时代的国际传播 ……………………………… 028
- 第四节　卫星电视时代的国际传播 ……………………………… 040

第三章　国际传播的发展与变化 …………………………………… 048
- 第一节　互联网的历史沿革及特点 ……………………………… 048
- 第二节　互联网带来的变化及网络时代国际传播的特点 ……… 053
- 第三节　新的国际关系格局下的国际传播 ……………………… 059

第四章　国际传播的主体 …………………………………………… 067
- 第一节　国际传播主体概述 ……………………………………… 067
- 第二节　作为国际传播主体的政府 ……………………………… 075
- 第三节　作为国际传播主体的企业 ……………………………… 084

第四节　作为国际传播主体的社会组织 …………………………………… 092

第五节　作为国际传播主体的个人 ……………………………………… 101

第五章　国际传播的控制 ……………………………………………………… 110

第一节　对出境信息的控制 ……………………………………………… 110

第二节　对入境信息的控制 ……………………………………………… 122

第三节　国际组织对国际传播的控制 …………………………………… 133

第六章　国际传播的手段 ……………………………………………………… 146

第一节　拉斯韦尔模式的扩展 …………………………………………… 146

第二节　国际传播中的语言转换 ………………………………………… 156

第三节　国际传播中的文化对接 ………………………………………… 162

第四节　国外相关理论 …………………………………………………… 168

第七章　国际传播的内容 ……………………………………………………… 177

第一节　政府传播的内容 ………………………………………………… 177

第二节　企业传播的内容 ………………………………………………… 188

第三节　社会组织传播的内容 …………………………………………… 200

第四节　个人传播的内容 ………………………………………………… 208

第八章　国际传播的受众 ……………………………………………………… 217

第一节　国际传播受众的特点 …………………………………………… 217

第二节　国际传播受众的分类 …………………………………………… 221

第三节　国际传播受众分析 ……………………………………………… 231

第九章　国际传播的效果 ……………………………………………………… 252

第一节　传播效果理论介绍 ……………………………………………… 252

第二节　国际传播效果分类 ……………………………………………… 258

第三节　国际传播与国家软实力 ………………………………………… 263

第四节　国际传播效果的测评方法 ……………………………………… 271

第十章　中国的国际传播 ………………………………… 280
　第一节　中国国际传播的历史沿革 ………………………… 280
　第二节　中国的国际传播能力建设 ………………………… 287
　第三节　中国国际传播面临的机遇与挑战 ………………… 291
　第四节　新时代中国国际传播的使命任务 ………………… 298

后　　记 …………………………………………………… 305

第二版后记 ………………………………………………… 307

第一章 国际传播学概述

本章主要对国际传播学的基本情况,包括它的研究对象与内容、研究现状及方法做一个概要性的介绍。

第一节 国际传播学的研究对象与内容

一、国际传播学在传播学中的地位

研究国际传播学,首先要明确它的学科性质。从学科分类的角度看,国际传播学属于新闻学与传播学的学科范畴,是传播学的一个组成部分。

按照部分学者的界定,传播学是研究人类社会的传播活动和传播现象的一门学问。[①] 从不同的角度出发,可以将这些传播活动和现象分为不同的类型。根据传播主体的不同,可分为人内传播、人际传播、群体传播、组织传播和大众传播;根据传播内容的不同,可分为政治传播、经济传播、文化传播、艺术传播等;根据传播范围的不同,可分为国内传播、国际传播和全球传播。这些都是传播学的研究分支,它们共同构成了传播学的学科体系。

那么,在这个庞大的学科体系中,国际传播学处于什么位置?

如果按照《国际传播:全球都市的历史、冲突及控制》一书的作者罗伯

---

① 参见吴文虎主编:《传播学概论》,武汉大学出版社 2000 年版,第 15 页。

特·福特纳（Robert Fortner）的界定，将国际传播理解为主要依靠大众传播媒介进行的跨越国界的信息传播[①]的话，那么，国际传播学应当属于大众传播学的范畴。也就是说，国际传播学以大众传播学的基本理论、原则为基础，具有大众传播学的一般特性。

我们知道，大众传播学研究的是专业化的媒介组织从事信息传播活动的一般规律，它的研究重点主要集中在五大领域，即"控制研究""内容分析""媒介分析""受众分析"和"效果分析"。国际传播学同样以这五个方面为自己的关注重点；不同的是，它不是研究（借助）大众传媒传播信息的一般现象和一般规律，而是研究（借助）大众传媒传播信息的特殊现象和特殊规律。

与（借助）大众传媒进行的国内传播不同，国际传播是一种远距离的信息传播，其受众因所在国社会制度、文化传统以及语言文字的不同而与国内受众有着很大的差异。这种差异决定了传播者不能以对待国内传播的一般做法去对待国际传播，而应根据这种传播的特殊需要，采取有效的传播策略与方法。这种差异也要求用于国际传播的传播媒体不仅要具有一般的功能，还要具有跨国传播信息的功能；不但能够进行一般的编码、释码，还能够在全球传播的环境下进行特殊的编码、释码——这不仅意味着要将一种语言文字转换成另一种语言文字，还意味着要以对象国受众能够接受的话语方式和表现方式进行传播。国际传播学所研究的正是大众传播中这种特殊的传播现象与活动。

由此我们可以认为，国际传播学是大众传播学的一个特殊的组成部分，它是以大众传播中跨越国界的那一部分传播现象与活动作为自己的研究重点的。

或许有人不同意将国际传播作为大众传播的一部分看待，理由是国际传播与大众传播的传播主体不同。这是我们接下来需要讨论的问题。按照传播学者既有的界定，"国际传播的基本主体是国家"[②]，这与大众传播对传播主体的界定（专业化的媒介组织）显然不同。长期以来，在传播学者的词典中，只有专业化的媒介组织所从事的信息传播活动才能被称为大众传播，而以国家

[①] 参见〔美〕罗伯特·福特纳：《国际传播：全球都市的历史、冲突及控制》，刘利群译，华夏出版社2000年版，第6页。

[②] 郭庆光：《传播学教程（第二版）》，中国人民大学出版社2011年版，第229页。

权力的执行机构——政府及非政府组织为主体进行的信息传播活动则统统被置于组织传播的框架内。这就给了人们一个深刻的印象:以政府为主体的传播,是组织传播的一部分,而组织传播是与大众传播并列的一种传播形式。应当承认,任何社会学意义上的组织所进行的传播活动都带有组织传播的性质,即便是"专业化的媒介组织"也不例外,因为从根本上说,它也是作为一类组织而存在的。问题是,既然同为社会组织,同样是通过大众传播媒介进行信息传播活动,其传播过程的各个要素、环节基本相同,为什么以政府组织为主体的传播活动(这里特指国际传播)和以媒介组织为主体的传播活动却要被分置在不同的学科支系中呢?

这涉及大众传播学学科界定的根本问题。

在传播学的学科领域中,我们大量接触的是传播学者对大众传播的界定。在这些界定中,传播者与传播媒介是一体化的,也就是说,传播者同时是媒介,媒介同时也是传播者,这就使大众传播中"传播者"的面目始终带着扑朔迷离的色彩。究其原因,曾经担任国际传播学会主席的詹姆斯·哈洛伦(James Halloran)解释说:"以往的传统研究实际上大都站在'谁'的立场上看待传播,无形之中都把'谁'视为不必深究的已知数,至少也把它当成无关紧要的未知数,由此出发去探求取得最佳传播效果的途径。"[1]哈洛伦的解释至少说明两点:第一,传播学者大都从"本位"的立场出发,将自己的研究视野限定在对以媒介机构为传播主体的传播过程及效果的考察和研究上,以突出研究的学科特色。第二,"传播者"确有其人,只不过对传播学领域的研究者而言,这不是研究的主要方面。我们同时注意到,在西方国家,除了传播学者之外,社会学者也在对传播现象进行研究。与传播学者不同的是,社会学者将传播现象置于宏大的社会关系系统中,对它进行整体性的考察分析。在这种整体性的研究框架中,研究者的视野扩大了:大众传播(传播学者所界定的以媒介机构为主体的传播)由系统缩小到了要素,而传播者却由媒介机构放大成为社会学意义上的组织。我国的社会学者对于大众传播也有过类似的描述。例如,沙莲

---

[1] 转引自吴文虎主编:《传播学概论》,武汉大学出版社2000年版,第118页。

香在《传播学——以人为主体的图象世界之谜》一书中对大众传播的界定是：大众传播指"特定的社会集团通过文字（报纸、杂志、书籍）、电波（广播、电视）、电影等大众传播媒介，以图像、符号等形式，向不特定的多数人表达和传递信息的过程"[1]。可见，在社会学者的视野中，大众传媒只是传播过程中的一个环节，"特定的社会集团"，即社会组织才是整个传播链条的出发点。据此可以认为，包括政府在内的所有社会组织都可以成为大众传播的传播者。这样一来，我们把以政府为主体的超越国界的信息传播活动视为一种大众传播活动，把国际传播学视为大众传播学的组成部分，就有了理论上的依据。

应当指出的是，我们的一些学者在进行传播学的引进、介绍时，忽略了不同学科领域研究的不同侧重和相互联系，误以为大众传播的传播主体是唯一的，就是媒介机构，而社会学者对于大众传播的界定又"过于宽泛"，不应采信。这种非此即彼的思维模式给传播学研究带来的局限性是显而易见的。

最后需要做两点说明。第一，国际传播有着广义和狭义两种界定，广义的国际传播包括跨越国界的大众传播和人际传播，狭义的国际传播仅指跨越国界的大众传播。[2] 本书采用后一种界定，即将研究重点放在以大众传媒为传播手段的跨越国界的信息传播方面，对人际传播部分将不做探讨。采用狭义界定的原因是：其一，以人际传播方式进行的跨国交流活动涉及面十分广泛，举凡国与国之间的外交活动、谈判与协商活动，以及人员出境留学、移民、旅游等都可以包括在内，如果平分注意力，难免造成对国际传播的主要部分——大众传播部分研究的弱化和国际传播研究的泛化；其二，将人际传播部分囊括进来，容易造成传播学不同分支的混淆，从而使国际传播学的学科界定不清晰，特色不鲜明，不利于突出新闻传播学的主体地位。第二，一般认为，国际传播的信息流动包括两个方面，即由内向外的传播和由外向内的传播。前者是以我为主体的传播，受众是传播对象国或国际社会，后者是以他国为主体的传播，我为受众；前者主要解决如何适应外部传播环境、进行有效传播的问题，后

---

[1] 沙莲香主编：《传播学——以人为主体的图象世界之谜》，中国人民大学出版社1990年版，第145页。

[2] 参见关世杰：《国际传播学》，北京大学出版社2004年版，第1页。

者主要解决对外来信息如何进行有效控制的问题。本书将研究重点放在以我为主体、由内向外的信息传播方面,而对于由外向内的信息传播,则主要在第五章"国际传播的控制"中做集中阐述。

二、国际传播学的研究对象

明确了国际传播学在传播学和大众传播学中的地位之后,对于国际传播学的研究对象,就比较容易界定和解释了。

简单说来,国际传播学是研究国际传播现象及其规律性的学科。

如何认识国际传播现象(以下简称"国际传播")？

第一,国际传播是大众传播的国际化过程。

国际传播不是一种静止的现象,而是一个动态的发展过程,即大众传播的国际化过程。早期的大众传播以信息的国内传播为主,即便存在由内向外的信息传播,也是少量的、偶尔为之的,不受国家重视。随着社会经济发展水平和开放程度的提高,国家有了对外传播的自主意识和需要,传播技术的发展也使这种需要得以满足,才出现了以国家为主体的由内向外的传播。由于传播屏障①的广泛存在,最初这种传播大多是传播者单方面的行为,所传信息既不能在世界范围内形成自由流动,也无法获得相应的反馈。直到传播屏障基本消除,"信息孤岛"不复存在,一国对外的信息传播才有可能在世界范围内流动并与他国对外信息传播形成互动与交流。只有在这种情况下,一国由内向外的信息传播才具有了真正意义上的"国际传播"的性质。随着一国参与国际传播的范围不断扩大和层次不断提高,该国"内"与"外"传播的界限将趋于模糊,而当国内传播与国际传播融为一体,在整个地球范围内进行传播时,人类就进入了"全球传播"时代。

第二,国际传播是对传播技术高度依赖的传播形态。

国际传播虽然是大众传播的一部分,但是一般性的大众传媒及其传播渠道满足不了它的需要。比如,19世纪40年代以前,国与国之间的信息往来主要依靠远洋航运(由商船附携报纸)和邮政系统。一条消息从葡萄牙的里斯

---

① 指不同的政治阵营带来的信息屏障。

本出发经印度果阿到达中国的澳门,至少需要 5 至 7 个月的时间①,这样的速度显然无法担当国际传播的重任。1837 年,塞缪尔·莫尔斯(Samuel Morse)的电报装置试验成功后,特别是 19 世纪中后期海底电缆投入使用后,信息传播速度大为加快,过去用几十天甚至上百天才能完成的信息传播过程,一个小时即可完成。这就为国际传播的有效进行提供了必要条件。20 世纪初期无线信号传输取代海底电缆后,很快就被用于第一次世界大战期间的通信联络和其后的国际广播中。广播电视信号的卫星传送乃至国际互联网的开发利用,不但使信息传播速度达到了前所未有的程度,同时使国家之间、地区之间、洲与洲之间的信息传递可以无障碍地同步进行。这就为国际传播提供了更加广阔的空间,使它可以在全球性的信息平台上进行。

第三,国际传播是国内传播的向外延伸部分。

虽然就传播范围和对象而言,国际传播有别于国内传播,但是从根本上说,国际传播与国内传播是不可分割的。这就如同国际贸易,没有国内产品,就没有出口贸易,没有出口贸易,国际贸易就会缺失很重要的一部分内容。既然国际传播依托国内传播而存在,是国内传播的向外延伸部分,国内传播的相关因素,包括一国经济发展水平、国家开放程度、新闻传播体制、新闻管理方法、媒介组织化程度、技术应用水平以及人员素质等,都会对国际传播产生直接的影响。比如,一个处于封闭状态的国家,不可能有对外传播的内在动力;一个国家的经济发展水平和技术应用能力达不到一定的程度,也不可能形成有效的国际传播。此外,每个国家媒体控制的方法、手段不同,有的主要通过法律、法规控制,有的主要通过行政手段控制,这些同样会对国际传播产生直接的影响。这就告诉我们,国际传播不是孤立存在的,它与国内传播密不可分。因此,考察国际传播,首先就要对各国国内传播的整体情况有所了解,在把握共性的基础上去探讨国际传播的个性特征。

第四,国际传播是多重控制下的传播。

从信息控制的角度讲,国际传播与国内传播有所不同,后者的控制源主要

---

① 参见程曼丽:《〈蜜蜂华报〉研究》,清华大学出版社 2015 年版,第 157 页。

来自国内,前者的控制源则是多重的。由于国际传播更多的是一种国家行为,与国家利益密切相关,因此它必然被置于国家的严格控制之下,呈现出趋利避害的"过滤式传播"特点,非常时期尤其如此。如果此时媒体不予合作,国家就会采取强制性措施迫使媒体就范。而信息传播一旦超越国界,就会有国际组织出面协调各国利益,制定统一的规范与标准,要求各国依照执行。早期的相关组织有国际电报联盟(International Telegraph Union, ITU,1865年),20世纪初期新兴的无线电技术被采用后,又成立了国际电信联盟(International Telecommunication Union, ITU,1932年),后者围绕无线电频率的使用问题制定了一系列国际公约。由于国际组织制定的国际公约是"市场准入"的前提,不能不遵守,因此它自然也就成为国际传播的另一个控制源。此外,借助先进的传播手段,比如卫星传输系统,可以用最快的速度将画面信号由一个国家传送到另一个国家,但是卫星传输系统有赖于地面站和当地电视台的"落地"支持,能否落地则取决于各国政府的意愿。于是,传播对象国就成为国际传播的第三个控制源。

第五,国际传播是更为复杂的传播过程。

如前所述,国际传播是信息的跨国界流动,它所面临的传播环境比国内传播复杂得多。这种复杂性具体表现为地域的不同带来的一系列差异,包括政治制度的差异、意识形态的差异、经济发展水平的差异、宗教信仰的差异、文化传统的差异、语言文字的差异以及传播控制的差异,等等。这些差异无形中增加了国际传播的难度,使得很大一部分所传信息在传播途中就损耗掉了,没有损耗的也难免存在传而不通或通而无效的情形。许多节目可以上星却落不了地,可以落地却收看者寥寥就是突出的例证。因此,对于国际传播的参与者来说,仅仅依靠先进的传播技术,掌握大众传播的一般知识、技巧,具有国内传播的经历、经验还不够,还要调整观念,改变以我为主的简单、粗放的操作规程,更多考虑对象国受众的接受心理和复杂多变的传播环境,以"译码者"所能接受的方式进行编码、释码,尽量减少信息损耗,达到有效传播的目的。

国际传播学正是要对以上问题进行分析研究,并且透过现象深入本质,以形成对研究对象规律性的认识。

三、国际传播学的研究内容

被誉为传播学四大奠基人之一的哈罗德·拉斯韦尔(Harold Lasswell)在《社会传播的结构与功能》一文中,提出了传播过程的五个要素或五个环节,即"谁""说什么""通过什么渠道""对谁说""产生什么效果",由此形成了传播学的五种研究或五种分析:控制分析、内容分析、媒介分析、受众分析和效果分析。国际传播学以传播学和大众传播学研究为基础,因而拉斯韦尔有关五种研究的论说对它同样适用。但是,由于国际传播的传播主体具有特殊性,其行为方式对于整个传播过程有着至关重要的影响,因此,在考察国际传播现象时,除了上述五种研究外,我们还要对以国家为"基本主体"的传播者进行专门的研究。这也就形成了国际传播学六个方面的研究内容,即主体研究、控制研究、手段研究、内容研究、受众研究和效果研究。

(一) 主体研究

前文我们一直在引述有关"国际传播的基本主体是国家"的界定,这里需要说明的是,国际传播的基本主体是国家,但国家(或代表国家行使管理职能的政府)并不是国际传播的唯一主体。除了国家或政府之外,国际传播的传播者还包括企业、社会组织和个人。问题在于,在这些传播主体中,只有国家或政府的信息可以通过大众传媒直接向外传播,而其他传播主体向外传递信息,均要经过国家这一关,在国家的主体框架下进行。这是因为国际传播涉及国与国之间的关系,两国市场的开放、相关协议的签署、彼此纠纷的解决,都要由国家出面。从这个意义上说,国际传播是各国政府主导下的传播,政府是国际传播最基本的主体。国际传播学的主体研究,正是要对国家这个重要的传播主体进行考察分析,研究它的传播规律与特征。当然,对于国家以外的其他传播主体,我们也要进行分析。

(二) 控制研究

传播学或大众传播学有关控制的研究,主要集中在对媒体"传"的行为的控制研究方面;国际传播学有关控制的研究,则更多地集中在对信息"传出去"和"落下来"各个环节的控制研究方面。简单地说,就是研究信息出境和信息落地经过了哪些关口,受到了怎样的制约。为此,需要对信息输出国和信息输入国两个关口的把关者进行研究,考察其把关行为背后的一系列决定性因素,包括制度因素、体制因素、法律因素等,特别要对世界各主要国家的新闻管理体制进行考察,对不同的把关模式进行分析,以便对各国政府的信息把关行为做出合理的解释。如前所述,国内信息一旦出境,在国际范围内形成流动,就会受到国际组织的制约与管理,因此,国际组织对各国传播行为的控制与影响也是我们不能忽略的。

(三) 手段研究

按照常理,这一部分应当叫作"媒介研究"。之所以不称"媒介"而称"手段",是因为一般性的信息传播(譬如一国之内的传播),只需将原始信息经采编(一般性的编码、释码)变成可被接收的信息,通过媒介传播出去就可以了,国际传播则不然。国际传播是跨国界的信息传播,一般性的编码、释码显然不能满足它的需要。为了把信息有效地送达终端,在一般性编码、释码的基础上,还要对信息进行二次处理,即进行跨文化的编码、释码,以实现传播者与受众之间的语言转换和文化对接。而语言转换和文化对接显然已经不像"媒介"传播那么简单了,因而在此不称"媒介",而称"手段"。在这一部分中,我们既要探讨语言符号的转换问题,同时也要就传播者如何实现与传播对象国的社会文化习俗对接等问题进行探讨。

(四) 内容研究

所谓国际传播的内容,就是国际传播信道里流动的信息。因此,对传播内容的研究也就是对信息的研究。在大众传播学中,内容研究主要关注大众传播媒介采集、制作、传播的信息,包括新闻性信息、知识性信息、娱乐性信息、服务性信息等,并对其进行系统分析;在国际传播学中,内容研究则主要关注国际传播主体向外传播的信息。如前所述,国际传播主体大致可以分为政府、企业、社会组织和个人,与此相应,国际传播的内容也可以具体分为政府传播的内容、企业传播的内容、社会组织传播的内容和个人传播的内容。所谓内容研究,就是要对各类传播主体的基本特征进行考察,对其所传信息进行分类分析,并且着重说明与一般的传播内容相比,国际传播的内容有何特殊性,在传播中应当遵循什么规律、把握什么原则。

(五)受众研究

国际传播的受众与国内受众显然不同。由于受长期以来形成的舆论环境的影响,国内受众有着比较接近的价值取向和认知习惯,相互之间没有太大的差异。国际传播的受众则不同。由于处在迥异的自然、历史、人文环境中,又受到意识形态的制约,他们的价值取向和认知习惯千差万别。如果以对待国内受众的价值标准和尺度去对待他们,轻则导致传播失效,重则有可能引起国家之间的矛盾与冲突。因此,如何使处于不同社会环境下的受众接受传播者的信息与思想,并产生预期的结果,是国际传播"受众研究"面临的一个重要问题。为了解决这个问题,首先需要对国际传播的受众群体进行分类,然后在分类的基础上,对各类受众的基本特征,内在需求,阅读、视听习惯等进行分析,以达到对其本质特征的认识,进而采取对应性的传播策略。

(六)效果研究

国际传播效果的测评方法与国内传播有所不同。国内传播的效果调查在本国范围内进行,调查对象在意识形态、宗教信仰、文化习俗以及接受心理等方面具有相同性或相似性,即使不相同,这方面的情况也容易被调查者了解、掌握。此外,因为是在本地调查,调查者可以通过访员面访、函寄等方式将调查问卷送达被调查者,整个过程不但可控,成本也比较低。国际传播的效果调查则是异地调查,被调查者在意识形态、宗教信仰、文化习俗以及接受心理等方面与传播主体国多有不同,不易为调查者了解、把握;此外,由于调查在境外进行,距离远、跨度大、情况复杂,可控性一般比较差。因此,在国内传播中大量使用的受众调查(效果测评)方法,在国际传播中只能被用作一种辅助性的手段。在"效果研究"中,我们将提出适用于国际传播效果检测的方法和指标体系,并进行具体分析。

除了以上六个方面的研究之外,本书还将对国际传播的历史沿革、国际传播中面临的问题以及中国的国际传播历史、现状等进行介绍和分析。

第二节　国际传播学的研究现状

国际传播是随着传播工具的演进而发展的,相应地,人们对它的规律性的认识与把握也经历了一个渐进的过程。

一、早期研究

如果将国际传播宽泛地理解为包括国与国之间的人员往来的信息交流活动的话,那么国际传播古已有之。我们熟知的中国唐代玄奘西天取经、明代郑和下西洋,以及古代西方的马可·波罗穿越亚欧大陆、哥伦布开辟大西洋航线、麦哲伦环球航行……都可以被视为早期的国际传播活动。尽管这些活动很大程度上反映了统治者的意愿,或是在统治者的支持下进行的,具有一定的目的性,与现代意义上的国际传播具有某种相似之处,但是由于经济发展水平和技术手段的限制,这种传播活动主要是以人为媒介展开的,一次出行往往要经过很长时间,经历许多磨难,进展十分缓慢。早在西汉时期中国人就发明了造纸术,这一技术在4—5世纪传到高丽、日本,后经中亚、阿拉伯地区传入欧洲;宋朝庆历年间(1041—1048年)毕昇首创胶泥活字印刷术,14世纪末15世纪初,中国的印刷术传到欧洲,并在意大利、德国、荷兰等地得到推广、应用,印制了纸牌、版画、印本书籍等雕版印刷品;1450年,德国人谷登堡又发明了金属活字印刷术,从而使印刷书籍成为15世纪后半期欧洲各大城市的时尚之举和有利可图的事情,纪事性的小册子也于此时印刷出版。但总的来说,这一时期传播媒介的发展还处于较低的水平——书籍出版周期长,发行范围十分有限。在国际传播中,它们只是人际传播的辅助性手段。

关于人类早期的国际传播活动,东西方文献中均有大量记载。这方面的研究主要集中在国家、地区之间的经济、文化交流以及航海探险等方面。

17世纪初期,随着早期资本主义经济发展带来的信息需求量的增加,在前述纪事性小册子的基础上,出现了近代报刊。工业革命带来的传播技术的进步,极大地提高了报纸印刷的速度,使它在19世纪30年代进入大众化发展的新时期。作为时效性比较强的信息载体,报纸被大量用于各国国内的新闻传播活动中,偶尔也被商船附携,从一个国家传到另一个国家。由于世界性的电报通信系统尚未建立起来,报纸在国际传播中的使命很大程度上仍然通过人际传播的途径实现(一部分通过邮政系统实现),或者说,借助报刊进行的国际传播与人的跨国交流活动紧密联系在一起,同步进行:人上船,报纸才能上船;人抵岸,报纸才能抵岸。因此,尽管这一时期报纸的发展引起了学者们的高度重视,但有关报纸功能、作用等研究的着眼点还仅限于国内。而在国际传播的研究中,人们更多关注的是人际传播层面上的国家关系、文化交流、贸易往来等,对于尚未有效行使职能的报纸,并未给予特别的注意。

二、现代研究

对于以传媒为主体的国际传播现象的研究,始于电子传播媒介产生与发展的时期。19世纪中期电报线路的开通、越洋电缆的铺设,为通讯社进行跨国界的新闻采集、发布活动提供了可能性。20世纪初期到30年代,随着现代电子科学技术的兴起,广播和电视相继问世。广播、电视通过无线电波传送声音和图像信号,它们以传播速度快、覆盖面广、声像兼备的优势,克服了印刷媒体时间和空间上的局限性以及电报传输的技术问题所造成的传播障碍,为跨国界、远距离、高速度的信息传播提供了新的可能性。电子传媒显示出的巨大威力与潜能,引起了研究者的普遍关注,有关大众传播的各种研究也迅速展开。在此基础上,20世纪40年代,(大众)传播学成为一门独立的学科。(大众)传播学理论体系的建立,为国际传播的研究奠定了基础。

学者们最初的研究主要集中在大众传播的功能与结构、作用与影响、控制体系以及传播效果等方面。代表性的研究成果有哈罗德·拉斯韦尔的博士论文《世界大战期间的宣传技术》(1927年)和论文《社会传播的结构与功能》(1948年)、马克斯·霍克海默(Max Horkheimer)的论文《现代艺术和大众文化》(20世纪30年代)、保罗·拉扎斯菲尔德(Paul Lazarsfeld)在《人民的选择》一书中提出的"二级传播论"(20世纪40年代)、库尔特·卢因(Kurt Lewin)有关"把关人"和"把关行为"的理论(20世纪40年代)、卡尔·霍夫兰

（Carl Hovland）关于传播的劝服效果的研究（20 世纪 40 年代）以及威尔伯·施拉姆（Wilbur Schramm）等有关报刊控制体制的研究（20 世纪 50 年代）。其中，施拉姆参与撰写的《报刊的四种理论》[①]一书，反映了他对国际范围内信息传播控制模式的整体性思考（尽管该书具有明显的意识形态偏见）。

三、当代研究

第二次世界大战后电视业的蓬勃发展以及电视给人类生活带来的日新月异的变化，大大激发了学者们的研究热情和想象力，有关媒体发展与社会变迁的各种预测性的研究也应运而生。这方面最具代表性的研究成果是加拿大学者马歇尔·麦克卢汉（Marshall McLuhan）于 1964 年出版的《理解媒介：论人的延伸》一书。在这本书中，麦克卢汉提出了"地球村"（Global Village）和"信息时代"（Age of Information）的概念（此外还有"媒介即讯息""媒介是人的延伸""冷媒介和热媒介"之说），认为电子媒介使信息传播瞬息万里，可以使地球上重大事件的发生和对该事件的报道同步进行，空间距离和时间差异不复存在，整个世界变成了一个"地球村"。尽管包括罗伯特·福特纳在内的一些著名学者对"地球村"的概念提出疑问，认为它是一个"遥不可及的梦想"[②]，但是，今天的国际传播实践使麦克卢汉的"梦想"一步步变成了现实。

话说回来，在麦克卢汉的时代，世界远未形成"地球村"。这是因为在很长一段时间里，电视信号是靠无线电波传输的，需要经过一个个地面站和当地电视台的中转才能最终送达家庭。电视信号的对外传播，则因现实空间中各个国家的管制而不能四通八达，或者只能通过溢波信号影响邻近的国家。也就是说，事件的发生和对事件的报道同步进行的问题是解决了，但是在世界范围内同步传输的问题没有得到解决。此外，当时的国际社会正处于冷战中，以苏联为首的社会主义阵营和以美国为首的资本主义阵营相互对峙、彼此隔绝，

---

① 《报刊的四种理论》是弗雷德·希伯特（Fred Siebert）、西奥多·彼得森（Theodore Peterson）和威尔伯·施拉姆于 1956 年出版的新闻传播学著作。

② 〔美〕罗伯特·福特纳：《国际传播：全球都市的历史、冲突及控制》，刘利群译，华夏出版社 2000 年版，第 303 页。

形成了一道坚固的意识形态壁垒。冷战造成的世界两大部分自说自话、互不往来的状态,也使一国信息无法抵达所有国家。在这种情况下,学者们更多关注的只能是意识形态敌对国之间目的性很强的信息传播活动。也正是现实空间中存在着的种种障碍与阻力,使得麦克卢汉关于"地球村"的理论犹如一场大地震,在整个西方乃至全世界引起了强烈的冲击波和余震。

卫星电视的出现,使麦克卢汉的"地球村"理论有了现实依据。1965年4月,国际卫星通信组织的第一颗商用通信卫星"国际卫星1号"发射成功,6月启用,"世界从此正式开始了使用通信卫星传送电视节目的时代"[①]。20世纪70年代末期,卫星直播电视出现;80年代初期,美国的卫星直播电视首先进入实用阶段。以外层空间为"中转站"的卫星电视的出现,突破了电视信号在现实空间中遇到的种种障碍,使电视节目的传输可以在世界范围内同步进行。整个地球似乎真的成了一个村落,人们可以实现真正意义上的信息即时共享,并且对周围发生的重大事件形成一致性的关注。以地空合一的信息高速通道作为传输渠道的国际互联网的发展,使广播电视听众、观众进一步呈现出全球化的发展趋势。信息一旦进入网络,就将无视国界的存在,任何人都可以自由收看,人为干预的可能性越来越小。冷战时代的结束、国际政治格局的变化,使得原有的信息禁地、信息孤岛大为减少,整个世界日益被联结成一个巨大的信息平台。也只有在这样的情况下,国际传播才获得了更大的空间,才可能由少数国家参与的活动变成大多数国家或所有国家共同参与的活动。

国际传播现状的变化,为研究者提供了新的视野,相关的研究成果纷纷出现。例如,20世纪60至70年代赫伯特·席勒(Herbert Schiller)的《传播与文化统治》《大众传播与美帝国》、丹尼尔·贝尔(Daniel Bell)的《后工业社会的来临:对社会预测的一项探索》,以及安德烈·弗兰克(Andre Frank)的《依附性积累与不发达》等;90年代爱德华·萨义德(Edward Said)的《文化与帝国主义》;21世纪美国学者罗伯特·福特纳的《国际传播:全球都市的历史、冲突及控制》、英国学者达雅·屠苏(Daya Thussu)的《国际传播:延续与变革》、美国

---

① 胡耀亭主编:《世界广播电视》,重庆出版社1999年版,第28页。

学者叶海亚·伽摩利珀(Yahya Kamalipour)编著的《全球传播》等。这些成果使国际传播的研究上了一个新的台阶。卫星传播和互联网早期的国际传播研究明显地呈现出两个特点：第一，学者们将注意力更多地集中在以大众传媒，特别是新的传播手段为主体的信息传播方面，而将人际传播部分作为辅助性的研究内容；第二，研究角度由国际政治、国际关系、国际交流等逐渐转向媒体与社会发展的互动关系方面，更多地体现了新闻传播学的学科特色。

需要说明的是，冷战的结束、卫星电视的发展、国际互联网的运用都是20世纪后十年的事，而互联网在世界范围内的大发展则是在世纪之交，距今不过几十年的时间。如前所述，国际传播依赖传播科技的发展，而传播科技日新月异，人们对于它的认识不可能同步完成。人类认识上的这种局限性决定了学术研究的相对滞后性。目前的情况是，这方面的研究成果虽然层出不穷，一些颇具启发性的见解也不断涌现，但是对理论的开掘和对规律性的认识尚显不足。

中国的国际传播学研究与教学起步较晚。

在研究方面，我们最初侧重于将国外学者有关国际传播的研究成果介绍给国内读者，同时有少量国内学者自主性的研究成果问世。在国外相关成果的引介和国内学者自主研究成果的推出方面，中国人民大学新闻学院的《国际新闻界》杂志发挥了重要作用。世纪之交，随着我国国际交往范围的进一步扩大，在陆续引介国外学者研究成果的同时，国内学者原创性的研究成果逐渐多了起来，代表性的有北京广播学院（现为中国传媒大学）1999年至2003年相继出版的《大众传播与国际关系》《国际传播论文集》《国际传播与媒体研究》《国际新闻与跨文化传播》，等等。2004年，北京大学新闻与传播学院关世杰教授的《国际传播学》（专著）和上海外国语大学新闻传播学院郭可教授的《国际传播学导论》（研究生教材）同时问世，为我国的国际传播学研究开启了新的篇章。2009年，中共中央办公厅和国务院办公厅印发了《2009—2020年我国重点媒体国际传播能力建设总体规划》，国内更多学者开始关注国际传播的理论、实践问题，并就国际传播能力建设的实施过程、效果、问题、对策等展开了研究；国家社科基金课题指南也持续进行国际传播方面的课题设置。此后，这方面的研究成果大量涌现，如陈卫星主编的《国际关系与全球传播》（2003

年)、明安香主编的《全球传播格局》(2006 年)、高晓虹等主编的《国际危机传播》(2011 年)、胡正荣等主编的《世界主要媒体的国际传播战略》(2011 年)、单波等主编的《全球媒介的跨文化传播幻象》(2015 年)、周庆安写作的《超越有形疆界:全球传播中的公共外交》(2018 年)等。此外,据"中国知网"显示,自 1990 年到 2022 年,国内发表的有关国际传播的论文共计约 1.5 万篇。进入 21 世纪以来,相关研究热度迅速攀升,并在 2020 年以后达到新高,国际传播由此成为"显学"。

我国高校的国际传播教学始于 20 世纪 90 年代中期。1994 年,北京大学国际政治系国际文化交流教研室开设了国际传播课程;1996 年,上海外国语大学开设了国际传播学课程;1999 年,北京广播学院成立了国际传播学院,开始系统讲授国际传播课程;2002 年,清华大学成立了国际传播研究所,专门从事国际传播方面的教学研究和研究生培养工作。这之后,更多的新闻院系开设了国际传播课程。我国成建制的国际传播人才培养始于 2009 年。《2009—2020 年我国重点媒体国际传播能力建设总体规划》发布后,中宣部、教育部部署实施了国际新闻传播硕士培养项目,清华大学、中国人民大学、中国传媒大学等五所高校开始招收国际新闻传播方向的硕士研究生,旨在为国家主流媒体输送高层次、复合型的国际传播人才。目前,国际新闻传播硕士项目已培养十余届毕业生,共计 300 多人,成效显著。2021 年 5 月 31 日,中央政治局就加强我国国际传播能力建设进行了第三十次集体学习,习近平总书记在主持学习时强调指出:"要深刻认识新形势下加强和改进国际传播工作的重要性和必要性,下大气力加强国际传播能力建设,形成同我国综合国力和国际地位相匹配的国际话语权……",并就国际传播人才培养提出了具体要求。[①] 这之后,按照党中央的战略部署,高校各新闻传播院系纷纷设置国际新闻传播专业方向或开设相关课程,高校国际传播研究机构也相继建立,从而使这一方向的人才培养规模迅速扩大,形成蓬勃发展之势。

我国的国际传播教学与研究虽然日益受到重视,也有相关著作和教材问

---

① 参见《加强和改进国际传播工作 展示真实立体全面的中国》,《人民日报》2021 年 6 月 2 日,第 1 版。

世,但是从整体上看,这方面的研究成果相对较少,基础也比较薄弱;此外,尽管我国学者筚路蓝缕,持续进行理论探索,但是由于较多受到国外学者研究思路和框架的影响,以我为主、自成体系的研究成果尚不多见。

事实上,随着社会经济的快速发展,中国的传媒业已经进入了一个"高速成长"期,媒介平台的数量不断增加,互联网用户更是跳跃式增长。据统计,2012年,我国移动互联网的人均上网时长首次超过PC互联网;至2022年3月,移动互联网用户达到11.83亿,月人均使用时长162.3小时。[①] 20世纪90年代中期以来,许多电视台开始使用非线性编辑系统、虚拟演播室等数字化先进设备,纵横全国的有线电视网也开始朝着多功能的数字化信息网络方向发展,电视制作、播出和传输模式发生了根本性的变化。例如,中央电视台自设立国际频道以来,采用数字压缩技术,通过多颗国际卫星传输信号,很快实现了信号的全球覆盖(或卫星直播信号的重点区域覆盖)。在进入新世纪的二十几年里,传播新技术以及各种技术应用层出不穷、日新月异,在很大程度上改变着人们的信息接触方式,也为国际传播空间的拓展提供了无限可能性。与此同时,中国驻外记者队伍不断壮大,技术装备已达到世界先进水平。凡此种种说明,在传播技术的开发、使用方面,中国已经与世界同步了。既然如此,我们完全可以以传播主体的身份对国际传播现象进行观察和分析,建立具有中国特色的国际传播理论体系,而不必在西方学者既有的思路框架下展开思考。这也是本教材撰写的初衷。

第三节 国际传播学的研究方法

为了使国际传播学的研究更加符合客观规律,需要采取一系列科学的研究方法。这就是系统分析的方法、动态研究的方法、比较研究的方法和定性定量研究的方法。

[①] 参见长江证券:《2022年传媒互联网行业细分板块分析 传媒互联网板块2021年期间费用率总体稳定》,2022年6月16日,https://www.vzkoo.com/read/2022061618eb822ccff863c32a56dcf0.html,2023年3月5日访问。

一、系统分析的方法

按照系统科学的观点,大至整个社会,小至各种社会组织都是由相互联系、相互作用的多种要素组合而成的系统,每个系统的周围都存在着纵向和横向的复杂联系。同时,每个系统又存在于一定的环境(包括社会环境和自然环境)之中,其生存和发展不可避免地受到所处环境的制约与影响。

系统分析的方法要求人们不是孤立地、片面地看问题,而是将研究对象放到更大的环境系统中,分析它的来龙去脉,考察它与其他事物之间的联系,在事实的整体和相互关系中把握事实。

根据系统分析的方法,我们首先要把国际传播看作一个复杂的系统,它由多个子系统——各个国家的对外传播系统构成,各个国家的对外传播系统相互依存并进行着信息转换,存在着纵横交错的复杂关系;同时,这个复杂的系统又受到更大的系统——全球传播环境乃至全球政治、经济环境的制约与影响,并与之产生交互作用。引入系统的观念,有助于我们对国际传播现象进行整体性的考察分析,从系统与系统、系统与环境的相互联系、交互作用中把握国际传播现象的特征与规律,从而避免认识上的主观性和片面性。

二、动态研究的方法

在客观环境和条件的交互作用下,事物总是处于不间断的变化和发展过程中。因此,要想尽可能真实地反映客观事物的本质,就必须采用动态研究的方法,用发展和变化的眼光观察事物。只有借助动态研究的方法,我们才能看到由内部结构、外部联系和环境条件引起的事物本身发展变化的过程,也才能据此揭示事物发展的客观规律。

运用动态研究的方法,我们应当看到,国际传播是一个不断发展、变化着的过程。它在传播科技提供的可能性的基础上产生,又随着传播技术的进步由低级向高级发展。当然,各个国家的历史和现实条件、国家之间的关系以及世界政治和经济格局的变化都会对这个过程产生直接的影响。例如,国家实力的强弱,直接影响一国国际传播的质量与水平;国家政策的变动,也会对它在国际传播中的行为与由此导致的结果产生直接的影响。因此,我们不能静止地看问题，一成不变地下结论，而要时刻关注由各种变化因素引起的国际传播形态与内容的相应变化，在事实的变动与发展中把握国际传播的脉络，认识国际传播的内在规律与特征。只有这样，才能得出符合客观事实的、科学的结论。

三、比较研究的方法

所谓比较，就是确定事物异同关系的思维过程和方法。具体来说，就是根据一定的标准，把彼此有某种联系的事物加以对照，确定其相同或相异之处，在此基础上把握事物之间的内在联系，认识事物的本质。

国际传播的特点之一是，既受国界限制，又不受国界限制。受国界限制，是因为每个国家的对外信息传播都要适合自己的国情；不受国界限制，是因为在国际传播的过程中，有许多共同的原则对世界各国普遍适用。进行比较研究的实质，就是运用共性与个性辩证统一的原理与方法，对各国国际传播的理论成果与实践经验进行考察分析，以区别哪些部分是受国界限制的（个性），哪些部分是不受国界限制的（共性），从中得出规律性的认识与结论。为此，我们将对国际传播中不同的传播主体进行比较，对影响传播主体行为的各种因素（包括社会制度、文化传统、风俗习惯等）进行比较，对不同传播生态下的受众及其接受心理进行比较，对不同的传播手段进行比较，对传播致效的途径与方法进行比较。通过比较，掌握共性原则，取人之长，补己之短，为提升我国的国际传播能力提供有价值的参考。

四、定性、定量研究的方法

任何事物都有质的规定性和量的规定性，质和量的统一是度，超过一定的度，事物的性质就会起变化。因此，我们在考察任何一个现象时，都必须进行细致的定性、定量研究，把质和量的规定性搞清楚，把握住它的度，以形成正确的认识，提出解决问题的可行方案。

国际传播学是一门科学，它与任何科学一样，需要一系列能够正确反映客观事物本质的基本范畴和基本概念。国际传播学研究中一项基础性的工作，就是要对这些范畴和概念进行定性、定量研究，对它们的定义和内涵做出正确的解释,准确说明它们是什么,不是什么,把质和量的规定性搞清楚。如果基本范畴和基本概念含糊不清或者不科学,那么国际传播学的研究和应用就会陷入混乱,这门学科的发展也就无从谈起。

定性研究与定量研究的关系,是对立统一的关系。定量研究是在定性研究的指导下进行的。如果定性搞错了,定量再准确也无济于事。例如,要想了解国际传播的对象对所传信息的接受效果,首先要对国际传播中的受众进行准确界定,说明这一特殊群体"质"的规定性,然后建立一套能够全面、准确地评价其接受效果的指标体系,进行科学的评估。如果不是这样,用对待一般受众(国内受众)的调查统计方法去对待他们,就不能得出可靠的结论。

需要说明的是,上述几种方法不是孤立存在、互不相干的;动态研究并不排斥静态分析,系统方法也不否定个别考察。一句话,它们相互融通,共同存在于国际传播学的研究中。

◆ 思考题

1. 什么是国际传播学?
2. 国际传播学在传播学中的地位是怎样的?
3. 国际传播学的研究对象是什么?
4. 如何认识"国际传播现象"?
5. 国际传播学的研究内容包括哪几个方面?
6. 国际传播学的研究方法有哪些?

第二章　国际传播的历史

本章主要考察由传播手段变化引起的国际传播产生、发展和演进的过程。

第一节　人类早期的国际传播

宽泛地说,"国际传播是一种古已有之的传播活动,自人类历史上出现国家以后就已存在"[①]。

一、国家的出现

按照马克思、恩格斯关于阶级是国家产生的基础的观点,原始社会后期分化出阶级,继而建立国家,大约是在公元前四五千年之间。当时世界上存在着相互隔绝的两大文化区域——中南美洲和欧亚大陆。中南美洲有玛雅、阿兹特克和印加等属于印第安文明的原生型文化(15世纪哥伦布发现新大陆以前,这一区域一直处于与东半球诸文明彼此隔绝的状态下);欧亚大陆有埃及、巴比伦、印度和中国四大文明发源地,或称"四大文明古国"。当古老的埃及、巴比伦王国走向衰落的时候,古希腊文明、古希伯来文明、波斯文明等渐次兴起,出现了古希腊和古罗马帝国。之后,在亚洲、欧洲和非洲更广大的地区又相

---

① 郭庆光:《传播学教程(第二版)》,中国人民大学出版社2011年版,第228页。

继出现了一些国家。

早期的国家有的实行城邦制,比如希腊;有的实行诸侯制,比如春秋战国时期的中国。这些大小城邦和诸侯国之间的商业、文化往来,或可被视为国际传播的早期形态。当时的几大文明区域之间也有一些往来,比如,古代埃及和古巴比伦在农业、手工业、数学、天文、历法知识等方面互有交汇;印度文化与美索不达米亚文化、埃及文化也有直接的交流,它们之间虽然有伊朗高原相隔,但其间通道纵横,交通比较方便。城邦时期的希腊,随着海外殖民范围的拓展,向东连接埃及、叙利亚、古巴比伦等东方文明地区,南通非洲,北出黑海,西及中欧西欧内陆,形成了一个海洋与大陆交错、东方与西方联结的地中海最大的贸易圈和经济圈。那时的中国远离其他文明中心,周边又有许多难以逾越的地理障碍,与其他文化区域少有联系。它在"与世隔绝"的状态下独自完成了中华文化的生成期,并且在文字、思维方式、社会结构的基本样式确定以后,才开始了与其他文化接触、碰撞和交汇的过程。

在国际传播的早期阶段,国家之间的交流都是小规模、小范围进行的,这种活动大都以商品交换为主,手段也相当原始。

随着国家的发展壮大,国与国之间交往的形式与手段也开始发生变化,规模、范围由小到大,层次不断提高。中国大规模的对外交流在西汉时期就出现了。汉王朝在秦统一中国的基础上建立,各方面较前代有了飞跃式的发展,农业生产力大大提高,造船技术臻于成熟。在此基础上,中国开始了与外部世界的交流。在陆路,张骞出使西域开辟了"丝绸之路";在海路,航线延伸到了印度洋。汉王朝在向国外派遣使节的同时,还接待来自许多国家的使节,大力加强人员来往,发展经济关系,促进物质和文化交流。当时中外交通很发达,人员往来相望于道,出现了前所未有的繁荣景象。这种交流至唐代达到了一个高潮。唐代是我国历史上的鼎盛时期,这一时期,长安成为世界性的大都市和中外文化交流的中心。各国庞大的外交使团频繁出入长安,成千上万的外国留学生来此学习,深受中华文化的熏陶和影响。明朝在实行海禁的同时大力发展官方外交,鼓励海外各国来此进行朝贡贸易。为了扩大对外交往,明朝郑和七下西洋,行踪远达阿拉伯地区和东非海岸,堪称旷世之举。

15 世纪至 16 世纪初期欧洲直通东方新航路的开辟、美洲大陆的发现,以及环球航行的成功,不仅为西方殖民者开辟了新的活动场所,也将自古以来彼此隔绝的世界几大部分连接了起来,为国与国之间的交往提供了更加广阔的舞台。这一时期,许多国家(特别是伊比利亚半岛的国家)通过海外扩张极大地增强了国力,对外交往的规模不断扩大,范围无远弗届。尽管如此,由于传播手段的局限性,彼时国与国之间的联系主要通过人际交往的形式实现。

二、早期国际传播的局限性

我们知道,国际传播是以传播媒介的发展为依托的,媒介的发展水平决定了国际传播的发展水平。

早期国家开展对外交往时,已有文字出现。世界上最早的文字是出现在古代中东地区的楔形文字,由古苏美尔人所创,属于象形文字。公元前 3200 年到公元前 3000 年是楔形文字的早期阶段。同一时期,中国和其他一些国家也都创造出并使用过象形文字。早期的文字载体大多是简陋的自然材料,如岩壁、黏土、陶器、兽骨、竹简,等等。例如,古埃及的文字一般写在纸草上,称为纸草文字;古印度的文字主要保存在石、陶、象牙等制成的印章上,称为印章文字;美索不达米亚的图画文字最初刻在石头上,后来用泥板当"纸",用削出三角尖头的芦苇秆、木棒或骨棒当"笔"书写。这些早期的文字载体或极其沉重,不易移动,或数量稀少,不可能大量流传,在国内"传递信息"已属不易,遑论传播到国外?所以,在早期国家的对外交流中,文字难以成为交流的载体。从 1 世纪晚期起,一些重要文件改用羊皮、兔皮书写,但是由于成本太高,也不适合作为对外传播的载体。公元 105 年,中国人蔡伦总结以往造纸的经验,在原料和技术工艺上进行了大胆的革新,制造出质地良好、成本低廉、便于书写的纸张。造纸术的发明和改进,是书写记事材料的一次伟大革命,人类之前使用过的各种文字载体从此逐渐退出历史舞台。雕版印刷术和活字印刷术的发明及发展,使人类科学文化知识的传播获得了一种崭新的形式——印刷读物(书籍)的形式,书籍复制速度的大幅度提高,为科学文化知识的广泛传播奠定了基础。中国的雕版印刷术大约在 14 世纪末 15 世纪初传到欧洲,并在意大利、德国、荷兰等地得到推广和应用，印刷了纸牌、版画、印本书籍等雕版印刷品。谷登堡发明的西文活字印刷术和活字印刷机问世后不久，15世纪六七十年代直至15世纪末，欧洲的许多地方先后出现了德国人创办的印刷所，出版书籍很快成为每一个大城市的光荣和有利可图的生意。这些书籍偶尔被旅行者由一个国家携带至另一个国家，一些宗教宣传品也会在各个国家流传。但从整体上看，这些印刷读物传出国界的部分不多，传播范围也十分有限。因此，在国际传播中，它们只能是人际交往的附属物。

第二节 印刷媒体时代的国际传播

一、早期的印刷媒体

现代意义上的印刷媒体（这里指报刊）产生于17世纪初期，是随着封建社会母体内资本主义因素的不断增长而产生和发展起来的。在此之前的一个多世纪，欧洲各国虽然已经具备出版报刊所需要的物质技术条件（例如谷登堡印刷术的发明），但是由于各国封建统治者实行严格的出版管制和言论限禁政策，报纸尚不能以印刷品的形式出现——直到16世纪末期，欧洲各国还流行一种叫作"Gazette"的手抄小报（源自意大利威尼斯）。

定期印刷的报刊首先出现于封建统治最薄弱的国家——德国（1609年）。这之后，瑞士、奥地利、英国、法国、丹麦、意大利、西班牙、瑞典、波兰等国也相继出现了定期报刊。在定期报刊的基础上，欧洲以及世界各国先后出现了日报，近代报业由此诞生。

近代报业的出现，伴随着资产阶级突破封建限制的斗争。在这场斗争中，新兴的资产阶级报刊以及各种宣传性的印刷品发挥了重要作用。它们不仅在国内报道战争与革命的消息，传播民主自由思想，还被翻译成其他国家的文字，在欧洲和北美大陆广为流传。例如法国大革命时，约翰·弥尔顿（John Milton）的政论小册子《论出版自由》被译成法文在法国出版；美国独立战争之前，欧洲启蒙思想家的思想与学说也被介绍到北美殖民地。这些外来的出版物、报刊以及本国报刊转载的外报消息，不但为国内民众打开了一扇了解外部世界的窗口,客观上也加强了欧洲各国、欧洲与北美殖民地之间的联系。

为了寻找更大的市场和更多的廉价劳动力,从15世纪末叶起,西欧各国(先是西班牙、葡萄牙,后是荷兰、英国、法国等)殖民者侵入了亚洲、非洲和拉丁美洲,开始了全球范围内的殖民掠夺。这种殖民掠夺一直延续到17世纪和18世纪,给殖民地国家带来了深重的灾难。西方殖民者在不断突破地理界限,为其产品寻找广阔市场的同时,也将本土的资产阶级报纸带往殖民地。这些报纸可能从欧洲大陆"出发",穿越大西洋,绕过好望角,到达印度,再经过马六甲海峡抵达菲律宾、中国和日本;也可能由欧洲大陆传到英伦三岛,再由英伦三岛传到南美洲的墨西哥、巴西等国家。西方殖民者不仅携报纸漂洋过海,还在他们所到之处创办报刊。曾为殖民地的国家,其首份报纸(近代报纸)几乎都是由西方殖民者创办的。就本质而言,这些报纸服务于资本主义殖民掠夺的需要,但是客观上也加强了宗主国与殖民地之间的联系。

尽管从整体上看,这一时期初步形成了以欧洲为起点,将欧、亚、非、南美洲联结起来的信息传播网络,但是由于印刷技术的发展尚处于低级阶段,信息的复制能力十分有限,因此以报纸为载体的信息跨国传播活动只能是偶然发生和不定期进行的。

二、大众化报纸的出现

18世纪后期至19世纪中期,欧美主要国家先后开始了工业革命。这场革命不但引起了社会政治、经济、文化等方面的重大变化,对报业发展也产生了深远的影响。蒸汽印刷机、轮转印刷机的采用以及蒸汽发动的火车、轮船等新型交通工具的出现,使报纸可以大批复制、广为传播,也使信息可以传得更远、传得更快;手工工场向机器大工业的过渡,使农村人口大量流向城市,而城市化进程的加快和人口的集中,则增加了人们对新闻信息的需求;最后,工业革命带来经济的飞速发展,使各个地区、国家之间的联系和交往日益密切,人们对国外信息的需求也大为增加。对信息的需求和信息大范围传播的可能性,使报业发展获得了前所未有的空间:报纸印数增加了,发行量提升了,价格低廉了,读者由过去的特定群体逐渐扩展为普通民众,呈现出大众化的发展势头。

报纸大众化的标志是主要资本主义国家廉价报纸的出现。早在19世纪初期,英国就出现了一些价格低廉的周报和日报,此类报纸形成潮流则是在30年代的美国。当时美国最有名的廉价报纸是纽约《太阳报》(1833年)、纽约《先驱报》(1835年)、纽约《论坛报》(1841年)和《纽约时报》(1851年)。继美国之后,廉价报纸又在英、法等国扩展开来。法国著名的廉价报纸是《新闻报》(1836年)和《世纪报》(1836年),英国著名的廉价报纸是《每日电讯报》(1855年)。这是一种新型的资产阶级商业报纸。和之前的报刊相比,它的信息量大,报道面广;注重地方新闻、社会新闻以及各种趣味性的软新闻;文字通俗,版面活泼,可读性强;大量刊登广告,采取商业化的经营手法。与廉价报纸并存的,还有《泰晤士报》这样"独立而有权威"的报纸。该报创办于1785年,19世纪初期进入了它的"黄金时期"。与一般廉价报纸不同的是,它提倡真实记录、客观报道的原则,致力于提供政治、经济等方面的硬新闻,读者对象主要是政界、工商界及知识界人士,也因此被称为"上层报纸"或"高级报纸"。这些报纸出现后,很快成为社会各阶层获取国内信息的主要渠道,发行量达到几万份、十几万份甚至几十万份。

为了满足读者对国外信息的需求,一些报纸开辟了国际新闻栏目或版面,专门报道国际新闻事件。由于当时许多报纸没有自己的外派记者,大部分国际新闻来自外报,各报相互摘译、彼此转载成为一时之风气。① 只有像《泰晤士报》这样的少数报纸才有自己的驻外记者和特派记者,他们经常奔赴国外热点地区采访,获得许多独家新闻。例如,在1853年至1856年的克里米亚战争中,该报派记者威廉·拉塞尔(William Russell)远赴前线进行战地报道。在这次报道中,《泰晤士报》一方面募集资金救助伤员,另一方面揭露并抨击政府的疏漏,最终导致内阁垮台,远征军总司令被撤职,报纸也因为报界赢得了自由批评的权力而备受推崇,威望达到顶点。克里米亚战争是世界上第一次有记者参与报道的战争,威廉·拉塞尔出色的军事报道也被载入史册。

---

① 参见程曼丽:《〈蜜蜂华报〉研究》,清华大学出版社2015年版,第137页。

19世纪国际传播的主要渠道仍然是远洋航运和邮政系统。虽然这一时期的交通、通信条件有了很大的改善,陆路运输开始使用蒸汽机车,远洋航运由"帆船时代"进入"汽轮时代",横越大西洋的定期航运线路已经开通(1840年),协调国际邮政事务的专门机构"万国邮政联盟"也已成立(1874年),但是,从总体上看,相邻国家之间陆路信息传输的速度相对快一些,可以定期进行,而洲与洲之间的水路信息传输则因客观条件的限制有着相当的滞后性。

三、印刷媒体时代国际传播的特点

这一时期国际传播的特点是:

第一,媒体传播与人际传播相伴随。

与工业革命前报刊(以及其他出版物)只是人际传播附携物的情形不同,这一时期由于印刷设备的更新,邮政、航运条件的改善以及专业化传输渠道的建立,报纸作为国际信息传播主体的角色日益凸显。但是,报纸的传递必须借助交通工具和人力进行,没有邮差、驿使、马车夫和船员等人员的参与,报纸或新闻信息就不可能从一个地方传到另一个地方。因此,从根本上说,印刷媒体对人的依赖性仍然很强,人的行期决定了它的行期,人的行进速度决定了它的传播速度。由于人的运载行为与新闻事件的发生不可能同步,因此借助报刊进行的国际信息传播也就具有了时间上的局限性。

第二,国家之间的信息交流趋于频繁。

资本主义社会是一种开放的社会形态,其发展的内在动力就是追求资本增值的最大化。在资本主义发展的早期阶段,西方殖民者就不断突破地域界限,为其产品寻找市场。工业革命带来的技术进步使这种跨国牟利活动的范围进一步扩大。为了将产品运销到世界的其他地区和角落,殖民者需要了解海外信息;与周边国家愈益紧密的联系,也使国家权力阶层和广大民众希望经常性地了解国外的情况,而不是像从前那样,仅仅为了满足猎奇的心理需要。需求催生供给,大量的需求催生大量的供给,国际信息的传播于是变得更加频繁;定期传播渠道的建立,则保证了这种传播能够持续不断地进行。

第三,与新闻传播相关的职业化群体出现。

早期国与国之间的交流活动主要以航海家和商人为主体进行,那时的媒体传播还只是一种辅助手段。工业革命带来报业大发展的局面,使媒体在国际传播中的作用得以彰显。随着报纸这方面功能的不断强化,原有的人际传播部分逐渐分离出去,而与报业发展密切相关的一些专门性机构和职业化群体的地位开始上升。这个群体的成员不仅是指报纸的国内记者和驻外记者,还包括能够使这个系统正常运行的各类专业人员,如排版、印刷、发行、投递人员等。报业内部专业化分工的出现,使大众传播的效率和整体水平不断提高,也为媒体日后独立从事国际传播活动奠定了基础。

总之,印刷媒体时代(特别是报纸大众化时代)国际传播的最大变化是,报纸由人际传播的附属物变为国际传播的主体。这是一个历史性的进步。但是,由于印刷媒体本身的特点,报纸的信息传播只能以火车、轮船等为运载工具,并借助人的传递实现。其间需要经过若干环节和文字转换,这使信息的失真、失效在所难免;如果遇到战争、灾害、政局变动等特殊情况,这种传播很有可能中断。这正是以报纸为载体的国际传播的局限性。

第三节 电子媒体时代的国际传播

电子媒体的出现,在国际传播发展史上具有划时代的意义。

一、电报的出现

电子媒体时代的前奏是电报的发明及其广泛运用。而以不同凡响的"滴答"声叩启时代大门的是美国人塞缪尔·莫尔斯。

1837年,莫尔斯的有线电报机试验成功。1843年,他用国会赞助的3万美元建起了从华盛顿到巴尔的摩之间长达64千米的电报线路。1844年,他通过这条线路发送了世界上第一份电报,电文内容是《圣经》里的一句话:"上帝啊,你创造了何等的奇迹!"从此以后,这种"闪电式的传播线路"迅速发展,形成了巨大的通信网络。1851年,英法之间穿越多佛尔海峡的海底电缆铺设成功；1865年，欧洲和印度之间的第一条电报电缆连通；1866年，跨越大西洋的海底电报电缆铺设成功。19世纪70年代，英国的海底电报电缆已经把世界四大洲连接起来。

电报本身不是大众传媒，但是它为大众传播提供了快速而有效的通信手段。以采集和提供新闻为主要职能的新闻通讯社，就是在电报技术的基础上产生和发展起来的。世界上最早的四家通讯社是法国的哈瓦斯社（1835年）、德国的沃尔夫社（1849年）、英国的路透社（1851年）和美国的港口新闻社（1848年，美联社的前身）。

欧洲三大通讯社分别属于当时资本主义世界三个举足轻重的国家——英国、法国和德国。与三个国家的殖民扩张相伴随，这些通讯社一开始就带有国际性质。例如，19世纪50年代以后，哈瓦斯通讯社在向法国各地供稿的基础上，开始为欧洲许多城市的报纸提供稿件。也是在这一时期，路透社将欧洲大陆传来的金融、商业消息汇编成"路透社快讯"，向伦敦的客户出售，同时向巴黎、柏林、维也纳、阿姆斯特丹等地发布商情信息。欧洲三大通讯社不断扩大新闻采集、发布的范围，至19世纪60年代末期基本上把世界新闻市场分割完毕。为了确认既有事实和各自的垄断范围，1870年，三大通讯社签订了"连环同盟"（Ring Combination）协定，将各社采访和发布新闻的"领地"做了如下划分：哈瓦斯社为法国、瑞士、意大利、西班牙、葡萄牙、埃及和美洲；路透社为英国、埃及（同哈瓦斯社共享）、土耳其和远东地区；沃尔夫社为德国、奥地利、荷兰、斯堪的纳维亚、俄国和巴尔干地区各国。美联社虽然也加入了此协定，但是它的"领地"只限于美国本土。多年以后，随着美国国家实力的逐渐增强，美联社才突破了原有的格局，由国内通讯社发展成为国际性的通讯社。

通讯社国际业务的开展，得益于电报这种新型通信工具的出现，而电报也因通讯社、报社等国际业务的频繁开展而加快了自身的发展。最初的国际电报由于受制于各国的边界管制，只能通过各国境内的电报线路传送到边界交换站，然后由对方派人取回，再用电报机发送出去，程序上较为复杂。为了协调国家之间的电报业务活动，使其得到有序发展，1865年3月，法国、奥地利、德国、意大利、俄国等20多个国家的代表在巴黎召开会议，宣告成立"国际电报联盟",并于当年5月签署了《国际电报公约》,采取了统一的技术标准和行业规范。统一的技术标准和行业规范的建立,标志着国际传播开始走上正规化的发展道路。

这一时期国际传播的特点是:

第一,信息传播不再借助人力中转。

电报出现之前,拜火车、轮船等新型交通工具所赐,远距离的信息传播过程已经大大压缩了时间,但它始终离不开人力中转。莫尔斯的有线电报装置克服了这个局限性,它只需一根电线(后为电缆)和一台传递"点""划"和"间隔"符号的电报机,便可在线路两端的报务员之间进行信息的接收与发送,而无须其他人工环节。莫尔斯自动电报机发明后,电报收发的人工部分全部由机器取代,人的参与程度就更低了。对于国际传播来说,这不啻一场革命。原因在于,从此以后,借助媒体进行的国际传播有了直接的渠道,它不再是偶发性和间歇性的行为,而成为经常性的、不间断的行为;它不再是人际传播的附属形态或伴随形态,而成为独立的传播主体。

第二,传播速度大为加快。

虽然蒸汽机车和汽轮的出现使国际传播的速度有了很大的提高,但时间的滞后性始终存在(有的时候一个传播过程甚至需要几个月的时间)。只有当电波被用作信息载体的时候,这个问题才有可能从根本上得到解决。原因在于,电流与其他的传播载体不同,无论导线有多长,它几乎瞬间就能通过。将以往几个月才能完成的信息传输过程缩短为分与秒,已经不再是量的改变,而是质的飞跃,它意味着人类已经进入高速通信时代。而高速通信对于国际传播来说尤为重要,因为此时国家之间互通的信息已不再是"史料"或"旧闻",而是正在发生的事件和鲜活的信息。对于一国政府而言,它们不再是可有可无的过期参考,而是可以决定自己当下态度或行为的现实依据。这正是国际传播可以大规模展开的重要前提。

第三,职业化水平不断提高。

在无线电报提供的高速通信渠道的基础上,这一时期出现了专业化的国际信息传播机构——新闻通讯社。而新闻通讯社的出现,是国际传播由低级向高级发展的重要标志。如前所述,欧洲三大通讯社的业务一开始就在国际范围内展开,具有国际传播的特性。随着有线电报电话向无线通信的发展,国际传播的记者队伍开始扩大,硬件设施逐渐完善,专业化水平不断提高,并且出现了一些国际传播的成功案例。例如,第一次世界大战期间,英国在利用各种印刷品进行对敌宣传的同时,成功切断了德国的电缆,破坏了柏林与德国属地以及其他国家之间的通信联系,而英国电缆则夜以继日地将有关德国人残暴行径的消息源源不断地发出去,对国际舆论产生了重大影响。

总之,电报的出现对于国际传播具有革命性的意义,它可以使远距离的信息传输瞬间完成,而不再依靠代步工具和人力中转,不再经历曲折的环节。但是,电报也有一定的局限性。比如,早期电报的传输过程常常中断,记者们不得不将最重要的信息放在文稿的前几段,于是形成了"倒金字塔"的写作模式;在战争中,在设备稀缺的情况下,远距离传输信息仍然面临着难以跨越的障碍;此外,电缆是物质形态,容易遭到人为的破坏。

二、广播的出现

广播的出现使国际传播的规模与水平上了一个很大的台阶,并且将它带入现代化发展的新阶段。

广播是在现代电子技术,特别是有线电声技术和无线电通信技术的基础上产生和发展起来的。其中,无线电通信技术对于国际传播具有重要的意义。早在1864年,英国科学家麦克斯韦就提出存在无线电波的猜想。1873年,他在《电磁论》一书中预言,由于电磁波的存在,人们可以在相距遥远的两地之间建立起瞬时可达的通信联络。1884年,德国物理学家赫兹用实验证实了麦克斯韦的预言,并发明了测量电磁波波长的科学方法。1895年,意大利科学家马可尼和俄科学家波波夫分别进行了无线电传送信号的实验,均获成功,无线电通信从此进入实用阶段。

在无线电通信的基础上,人们开始研究运用电波负载声波的问题。1906年,美国科学家李·德·福雷斯特制成了三级真空管,将微弱的电信号放大并传送到远方。同年圣诞节之夜,匹兹堡大学教授雷金纳德·费森登(Reginald

Fessenden)在马萨诸塞州的实验室里播放布道演说及音乐,完成了世界上第一次声音广播。1920 年 11 月 2 日,美国西屋电气公司在匹兹堡建立了 KDKA 电台,以广播哈定和考克斯在总统竞选中的得票数开始播音。KDKA 是美国第一家,也是世界上第一家正式办理了执照的广播电台,因此,1920 年通常被认为是无线电广播事业的元年。继美国之后,英国、苏联、德国、意大利、日本等国也纷纷建立了广播电台。到 1925 年,正式创办广播电台的国家已有 20 多个。

在无线电广播技术的发展中,短波(对于国际传播)具有特殊的意义。短波广播主要利用电离层的反射进行传播。通过使用方向性强的天线并调整天线的发射方向和角度,短波信号可以传送到地球上任何地区,因此适用于国际广播或对边远地区的广播。由于短波广播具有远距传播的特点,因此许多国家利用短波波段开办了专门向其他国家听众传递信息的国际广播。

荷兰是世界上最早开办国际广播的国家,它从 1927 年起用荷兰语向其海外殖民地东印度等地广播,不久又增加了英语和印尼语广播。此后,苏联、法国、英国、德国、意大利、日本等国也相继开办了国际广播。到第二次世界大战前的 1939 年,世界上共有 27 个国家开办了国际广播。虽然初期的国际广播规模不大,播出时间短,发射功率有限,但它毕竟掀开了国际传播史上新的一页——国际传播从此有了专用的频段。

国际广播异地传播的功能,很快引起了各国政府的重视,通过国际广播进行的政治、外交斗争也在各国之间展开。例如,1929 年,苏联开办了主要进行对外广播的莫斯科电台(Московское радио),播出德语、法语和英语节目,它的德语广播不久就受到德国电台的干扰。德国的国际广播电台同样开办于 1929 年,最初主要面向国内听众和旅居国外的德国听众,1933 年希特勒上台后,国际广播被用来进行纳粹的军国主义宣传,广播范围不断扩大。1934 年,德国在对奥地利的广播中,诱使其加入第三帝国,奥地利电台也对德国的诱降宣传进行了干扰。

第二次世界大战爆发后,交战各方在使用各种军事武器进行阵地战之外,还利用媒体展开了一场大规模的舆论战。在这场舆论战中,广播以其辐射面广、影响力强的优势脱颖而出,成为世人瞩目的强势媒体。

战争一开始,法西斯轴心国就向同盟国发起了电波攻势,依据纳粹德国宣传部部长戈培尔所谓谎言重复千遍就是真理的信条,纳粹德国的广播大搞煽动性、欺骗性宣传,造谣生事,蛊惑人心。例如,1940 年德国进攻法国前,利用三个功率强大的电台,播放捏造出来的法语新闻,使听众误以为这是法国官方发布的消息,从而在法国国内引起了极大的恐慌和混乱,最终加速了法国军队的失败。战争期间,意大利和日本也都急剧扩大了国际广播的对象区域,配合军事行动进行法西斯军国主义宣传。

针对法西斯国家的电波攻势,反法西斯阵营展开了反击。从 1941 年起,英国就通过广播在欧洲开展了"争取胜利"运动。它的广播以事实为依据,客观报道战场形势,在反法西斯斗争中起到了重要作用。除了战时新闻广播外,英国广播公司(BBC)还经常邀请著名政治家、领导人发表讲话,激励民心士气。英国首相丘吉尔就是英国广播公司的常客,他最有名的广播演说发表于 1940 年 6 月 4 日。这一天,英法联军被德军驱赶至敦刻尔克海边,即将撤回英伦三岛。在"黑云压城城欲摧"的形势下,茫茫太空中响起了丘吉尔铿锵有力的声音:"我们要战斗到底。我们要在法国战斗;我们要在海洋上战斗;我们要日益相信自己的力量,在空中战斗;我们要在海滩上战斗;我们要在登陆区战斗;我们要在田野、街道、山冈战斗。我们决不投降!"①他的演说极大地鼓舞了军队的士气,增强了欧洲人民与德国法西斯战斗到底的决心。美国著名记者威廉·曼彻斯特(William Manchester)曾经这样风趣地评论丘吉尔出色的演说:在德国空军对英国狂轰滥炸之际,英国人只剩下三样东西:一是皇家空军的勇气;一是莎士比亚的名言——"我们英国人从来不曾跪倒在征服者脚下,将来也不会";还有一样就是丘吉尔的声音。

英国广播公司还为反法西斯阵营中其他国家的领导人提供讲坛。在法国沦陷、流亡英国期间,戴高乐将军多次通过英国广播公司发表演讲,号召法国人民奋起抗战。他甚至通过广播指挥作战行动,以致得到了"麦克风将军"的

---

① Winston Churchill, "We Shall Fight on the Beaches," https://winstonchurchill.org/resources/speeches/1940-the-finest-hour/we-shall-fight-on-the-beaches/,2023 年 5 月 15 日访问。

绰号。在盟军登陆诺曼底的前几天,戴高乐通过广播向分散在法国各地的抵抗组织发布动员令,要求他们组成"法国内地军",然后命令"法国内地军"在指定的时间与盟军里应外合,配合登陆。军事行动结束后,盟军最高统帅艾森豪威尔感慨地说,戴高乐通过广播指挥军事行动,等于给盟军增加了15个师。

战争期间,苏联的莫斯科电台根据广播的不同对象区域,有针对性地编播不同的节目。在对法西斯国家的广播中,它经常播放其国内共产党领袖和政治家的演说、战俘对亲人的讲话以及各种讽刺剧;在对德占区的广播中,它经常播出苏军在前线的战绩、游击队坚持斗争等方面的消息,激励人们参加抵抗运动;对同盟国和中立国的广播也各有侧重。

美国的国际广播始于1940年。日本偷袭珍珠港之后,美国参战,开始大力发展国际广播。1942年2月24日,美国建立了美国之音(VOA)广播电台,首先开办德语广播,接着在一周之内连续推出了法语、意大利语和英语节目;6月又用汉语普通话和广东话开始对华广播。为了对抗纳粹德国的战争宣传,美国还把各种节目制作成唱片,用轰炸机运送到英国和拉丁美洲,揭露法西斯的谎言。

总之,第二次世界大战催生了广播这种"可以逾越大部分战役战术障碍"[①]、不受国界限制的媒体,并将它的功能发挥到了极致。战争期间,开办国际广播的国家越来越多,语种不断增加,对象区域也不断扩大。到1945年战争结束时,开办国际广播的国家已达55个。[②]

除了各国政府开办的国际广播电台,国际广播还包括以营利为目的的国际商业电台、以传布宗教为目的的国际宗教电台以及形形色色的秘密电台。

这一时期国际传播的特点是:

第一,中间环节进一步减少。

比之远洋航运和邮政系统,电报已经使信息传播环节大为简化。但是,由于电报机和电传机不能将所传内容直接呈现在读者面前(电报使用莫尔斯电码,电传机收到的文字全部是大写字母),而必须经过译码和重新抄写的环节,

---

[①] 程曼丽:《外国新闻传播史导论》,复旦大学出版社2004年版,第143页。
[②] 参见胡耀亭主编:《世界广播电视》,重庆出版社1999年版,第11页。

而由通讯社发给报社的电讯稿，则需要经历二次传播的过程，因此，报社中的接收者还不是终极受众。广播通过无线电波传递声音信号，无须任何中间环节就能把原始的声音信号传到接收者耳中，收听者就是终极受众。在无线电通信技术的发展中，这是一个历史性的进步。由于信息传播的中间环节不复存在，因此信息失真的可能性就会减少，时效性也会大大增强。

第二，影响力大幅度提升。

电报虽然也是以电波为传输载体，但是它的传播内容最终与印刷媒体一样，都是文字形式。无线电广播首次实现了声音的传送，给人类带来了巨大的惊喜。它不仅能够让听众听到传播者的讲话内容，还能将传播者的语调和语气一并展现出来，甚至可以让听众感受到真实的现场气氛。这些因素叠加所带来的感染力、冲击力和震撼力是显而易见的。正因为如此，反法西斯阵营的国家元首丘吉尔、戴高乐、斯大林等，才能够通过广播演说鼓舞民心士气，影响战争的进程。

第三，出现了国际传播的专门频道。

与此前的传播媒体不同，国际广播一出现，就为各国政府所重视，成为其对外传播国内信息、树立国家形象、影响他国政府与民众的重要工具。经过第二次世界大战的洗礼，国际广播作为政府对外传播专门频道的地位得到了普遍认可。第二次世界大战结束后，以美国、苏联为代表的两大阵营展开了旷日持久的对抗与较量，国际广播仍然处于舆论对峙的最前沿，直至冷战结束。在此过程中，适应国际广播专业化发展的需要，专业性的技术人才（包括国际记者，不同语种的翻译、编播人员）应运而生，他们为国际广播提供着源源不断的信息，忠实地传达着各国政府在国际问题上的态度和立场。

毫无疑问，无线广播开辟了国际传播的新时代，它使国际传播障碍更少、速度更快，范围更大，接收更加简便。但是，由于国际广播主要通过短波传送，而短波的接收质量受到诸多因素的限制，于是就要通过租用发射台、建立转播站等方式加以改进。建立转播站要跨越疆界，这就涉及比较复杂的国与国之间的关系问题。此外，尽管无线比"有线"显示出更大的优越性，但是它无法摆脱或消除其他使用相同或相近频率的信号的干扰。第二次世界大战后西方国家对苏联发起舆论攻势,而苏联、东欧国家对西方国家的广播信号干扰一直持续到 20 世纪 80 年代末期。

三、电视的出现

电视是现代电子技术高度发展的产物,也是 20 世纪人类最伟大的发明之一。它通过光电转换系统传递图像和声音信号,具有生动、直观的特点。电视的介入,使国际传播从形态到内容都发生了深刻的变化。

电视的诞生稍晚于广播,它同样是多国科技人员长期研究、实验的结果。19 世纪一些科学家关于化学元素硒的光电效应的研究,奠定了电视传播的基本原理。1884 年,德国科学家尼普科发明了机械扫描图盘,初步解决了图像传递的问题。20 世纪初期,英国和俄国科学家提出了电子扫描原理。1923 年,美籍俄裔科学家兹沃雷金发明了光电摄像管,通过电子束的自动扫描组合画面,为电视摄像机的设计做出了贡献。1925 年,英国科学家贝尔德采用电视扫描图盘传播图像取得成功。1929 年至 1935 年,英国广播公司与贝尔德合作进行了多次实验性电视广播。1932 年,法国开始进行实验性电视广播。1935 年 3 月,通过德国柏林的实验电视台开始播放电视节目。1936 年 8 月,奥林匹克运动会在柏林举行,该台播送了若干小时的实况节目,观众多达 15 万人。

1936 年 11 月 2 日,英国广播公司创建电视台,开始定期播出电视节目,每周播放约 13 小时,这被视为世界电视事业的开端。1938 年,苏联在莫斯科和列宁格勒相继创建电视台,次年正式播放节目。1939 年,美国全国广播公司转播了纽约世界博览会盛况。1941 年,美国第一批商业电视台获准开业。

第二次世界大战严重影响了电视事业的发展。除了美国有 6 家商业电视台每天仍播放两三个小时的节目外,其他各国的电视研究、生产、播映几乎全部中断。二战结束后,电视事业得到恢复和发展。1945 年 5 月 7 日,苏联率先播放电视节目,此后英、法、德等国相继恢复电视节目播放,日本、加拿大等国接连兴办电视业,美国在原有基础上进一步发展。到 20 世纪 50 年代末期,开办电视台的国家已有 50 个(我国于 1958 年开办电视台),电视机总数超过

7000万台。

随着技术的更新与发展,电视媒介也不断由低级向高级发展。第一代电视是黑白电视,20世纪30年代到50年代初是它的繁荣发展期。这一时期,由于电视业刚刚起步,又遭遇世界大战,电视设备的生产颇受影响,普及率也十分有限。第二代电视是彩色电视。它集声音、影像、色彩于一身,将五彩斑斓的现实世界更加真切地呈现在观众面前。1954年,美国正式开播彩色电视节目,这标志着电视业由黑白时代进入彩色时代。

由于彩色电视必须首先确定采用什么样的制式标准,然后才能建立一整套发射与接收系统,因此,围绕确立彩色电视制式的问题,各国展开了激烈的竞争。20世纪50年代末到60年代初,各种制式纷纷出台。经过一番较量,世界上只保留了三种彩色电视制式,即美国的NTSC制(又称"恩制",1953年获得批准)、法国的SECAM制(又称"塞康制",1958年创立)和德国的PAL制(又称"帕尔制",1963年创立)。这三种制式也曾争斗多年,都想统领全世界的彩色电视制式,但未能如愿,最终形成了三足鼎立的局面。西欧、北欧和亚洲的大部分国家采用"帕尔制";法国、非洲、前苏东地区、少数亚洲国家和地区采用"塞康制";北美和绝大多数拉丁美洲国家以及少数亚洲国家和地区采用"恩制"。

继美国开播彩色电视节目后,日本于1960年,加拿大于1966年,法国、联邦德国、苏联、英国于1967年先后开播彩色电视节目。到20世纪七八十年代,世界上大部分国家都已开播了彩色电视节目(中国于1973年开播彩色电视节目)。

电视与广播虽然同属电子传媒,并被人们相提并论,但是它们在信息传播中的作用有很大的不同(这也直接关系到它们对国际传播形态的影响)。广播传送声音信号,是让受众"耳听";电视传送画面信号(也包括声音),是让受众"眼见"。前者呈现的是受众对传播者(现实场景)再现的感知,这个过程为传播者主观能动性的发挥留下了很大的空间;后者呈现的则是受众对现实场景的直接感知,这就在很大程度上限制了传播者主观诠释的可能性。因此,与收听广播时的被告知相比,人们更愿意选择通过收看电视自己去看、去感受。

所谓"耳听为虚、眼见为实"就是这个道理。由于电视媒体比广播媒体的真实性更强,可信度更高,它很快便拥有了大量受众,在诸种媒体中脱颖而出,成为强势媒体。相应地,广播在信息传播,特别是国际传播方面的优势也逐渐被电视所取代,成为电视媒体的补充。

这一时期国际传播的特点是:

第一,传播内容趋于多元化。

第二次世界大战及冷战时期,由于存在战争敌对国和东西方两大阵营的较量,诞生不久的国际广播就被用作"空中电波战"和"心理战"的武器。那时的国际广播几乎只传播一种信息,即政治信息,并且具有浓重的宣传意味和意识形态色彩。这一方面是由敌对双方政治较量的需要决定的,另一方面与广播媒体自身的特点不无关系。广播传递单一的声音信号,而声音信号往往以语言叙述的形式作用于人的听觉器官。这就构成了一种限制,即它适于传递带有主观色彩的信息,而不适于或不可能传递更加客观、更为复杂的信息。电视传递多维的声音、画面信息,同时作用于人的听觉和视觉器官,在很大程度上弥补了广播留下的空白,将广播不适于和不可能展现的内容充分展现出来。而政治、经济、社会、文化等多元信息的展示,也就意味着宣传色彩的淡化。在冷战结束前,电视这方面的特性就已经显露出来。例如,20世纪80年代后半期,当美国之音还在对中国以及对苏联和东欧国家进行政治抨击时,英法等国的国际电视台就已经开始向各国电视台提供丰富多彩的新闻、专题和娱乐节目了。冷战结束后,电视所提供的多元信息更加丰富,这也使美国之音等国际广播电台不得不适时做一些调整,在宣传手法上更为"巧妙"。

第二,传播语言趋于中性化。

如前所述,广播传递的声音信息往往带有传播者的主观色彩。作为一种宣传手段,它只可能被同一政治阵营中的听众认可和接受,而不可能为敌对一方认可和接受。这正是政治化广播语言传播的局限性。电视以其平实的画面语言淡化了这种局限性,使偏激的政治语言逐渐中性化。画面语言本身就是一种中性语言,与文字、声音相比,它包含的主观成分更少,更贴近现实,因而更容易为人们所接受。尽管电视节目的编排离不开人的主观意向,其中仍存在人为处置的空间,但是由于画面本身的特殊性,与其他媒体相比,它还是最真实、最可信的。不同政治阵营中的人或许不接受对方发出的宣传性信息,却不会拒绝接收电视展现的客观、真实的画面。冷战结束前意识形态敌对国之间已经进行了非政治性电视节目的交换,并且互有一定的观众群,就说明了这一点。由此产生了一种客观需要:国际层面的信息传播应当采用带有共性的语言符号,采用统一的技术标准,以便信息在世界范围内形成流动。由于电视具有这样的特质,它很快成为颇受朝野喜爱的媒体,而广播如果继续按照原有的模式运行,就会失去受众。在这种情况下,广播语言也在发生变化,由政治化向中性化转变,逐渐向电视靠拢。

第三,出现了专业化的电视频道。

随着电视技术的发展,随着人们了解国际新闻的需求越来越强烈,一些颇具实力的电视台开始增加国际新闻方面的报道,并且逐渐向国际性的电视频道转变。这方面最典型的例子是1980年开办的美国有线电视新闻网(CNN)。美国有线电视新闻网是世界上第一个24小时连续播出电视新闻节目的电视网,最初向本国和拉丁美洲的有线电视网播送新闻,之后业务逐渐向欧洲、亚洲和世界其他地区拓展,频道也不断增加。对举世瞩目的热点问题和突发事件抢发独家新闻,进行及时、详尽的现场报道,是该机构的一大特色。它曾对埃及总统萨达特遇刺、"挑战者"号航天飞机失事、里根遇刺、美军入侵巴拿马、柏林墙拆除、"莫斯科十月事件"、两次海湾战争等重大事件率先进行现场报道,至20世纪90年代中期,它的触角已经伸向全世界,100多个国家与之签订了购买电视新闻的合同。英国广播公司于1987年开办了欧洲电视台,1991年更名为世界电视台,对欧洲、北美、中东、北非和亚洲地区进行广播。1994年,世界电视台改组为世界新闻台和娱乐节目台,同时提供新闻和娱乐节目。法国国际电视台开办于1989年,该台除了播出新闻节目外,还现场直播大型文化和体育活动,提供综艺节目、故事片、纪录片等。

第四,传播控制手段发生变化。

第二次世界大战及冷战时期,各国政府对国际广播信息均实行严格控制,包括拦截敌台的广播信号、禁止国内民众收听等。对广播而言,这种直接的、强制性的控制是有效的。进入电视时代,情况发生了很大的变化。电视是一种直观的媒体,和广播相比,它受到人为因素影响的可能性大大减少,只要发展电视业,就无法维持原有的封闭状态。此外,冷战结束后,随着国际政治、经济格局的变化,信息的开放程度越来越高,信息封锁的可能性不断减少。在这种情况下,各国政府仍然采取直接的、强制性的控制手段,就不合时宜了。当然,不采取强制性的控制手段,并不意味着不控制。事实上,为了避免电视传播带来的负面效应,各国政府从未放松过对它的控制,只不过控制方式有所改变,由直接的信号拦截变为开放式的控制。以美国为例,第一次海湾战争期间(1991年),美国采取限制性的舆论控制方法,由军方统一报道口径,统一发布新闻。军方提供给新闻网的是剪辑过的轰炸录像,美国的大部分媒体也就依此进行报道。第二次海湾战争期间,由于信息来源趋于多样化,美国采取了非限制性的舆论控制方法。与军事的、技术的手段不同,这种控制运用的是信息手段,把包括敌方信息在内的各方面信息纳入主导者的信息系统,或以敌方信息补充、印证主体的信息,或以主体的信息证实敌方信息的谬误,在对比和相互印证的基础上强化主体传媒的权威性和可信度。这是一种更为巧妙、策略性更强的舆论控制方法。

虽然电视以其声像兼备的优点替代了广播,成为国际传播领域的强势媒体,但是它也有着自身的局限性。其一,世界各国使用不同的电视传输系统(制式),各系统之间则互不相容。其二,在很长一段时间里,电视信号是靠地面微波传输的,受地球形状的影响,它的直接传输距离有限,而若要延长传输距离,扩大传播范围,就要设立一个个中继站。设立中继站的问题是传送环节多,建设费用昂贵;而不这样做,电视信号又难以在世界范围内形成无障碍传播。

第四节　卫星电视时代的国际传播

在国际传播的发展史上,卫星电视具有划时代的意义:它可以使世界各地的观众在同一时间收看同一个电视节目,并使国家之间、地区之间、洲与洲之间的节目传播即时进行。这正是国际传播在全球范围内展开的一个必要条件。

一、卫星电视的产生与发展

卫星电视经历了两个发展阶段：卫星转播阶段和卫星直播阶段。

（一）卫星转播电视

卫星电视是在航天技术和卫星通信技术的基础上产生并发展起来的。

1962年7月，美国发射了世界上第一颗通信卫星——"电星一号"。它首次突破国界、跨越大洋，在美国和欧洲之间提供电话通信。"它将欧洲的23个城市同美国的23个城市相联结，并且可以承载80次同时进行的通话。"[①]但是，"电星一号"是低轨道卫星，每天只有几个小时可以用于跨大西洋线路的通信。1963年，美国同步通信卫星"辛康姆一号"发射成功，使美国、欧洲和非洲之间可以通过卫星电话、电传打字和传真等手段相互联系；不久后，美国又发射了同步通信卫星"辛康姆二号"；1964年发射了"辛康姆三号"，并将东京奥运会的实况传送到美国、加拿大、墨西哥和欧洲。此后，苏联、英国、法国、联邦德国、日本、加拿大等国的同步卫星相继升空，完善了各自的电视转播系统。1964年8月20日，美国、加拿大、法国、联邦德国、澳大利亚、日本等14个国家联合组成了临时性的国际通信卫星组织（INTELSAT，1973年成为常设机构）。该组织是负责提供全球卫星线路的国际承运组织，拥有国际线路的空中部分，接收和发送信号的地面站则由各国的电信主管部门拥有并管理。1965年4月，国际通信卫星组织发射了第一颗商用同步通信卫星"国际通信卫星一号"（INTELSAT-1），之后又连续发射了几十颗通信卫星，分别放置在大西洋、印度洋和太平洋上空。通信卫星主要担负全球通信的任务，同时可以用于电视节目的同步传输。世界从此进入使用通信卫星传送电视节目的时代。1969年7月19日，美国宇航员乘"阿波罗"号宇宙飞船登上月球的实况，就是通过卫星向全世界播放的，据悉，有47个国家的7.23亿观众收看了这次电视转播。[②]

---

① 〔美〕罗伯特·福特纳：《国际传播：全球都市的历史、冲突及控制》，刘利群译，华夏出版社2000年版，第153页。

② 参见胡耀亭主编：《世界广播电视》，重庆出版社1999年版，第29页。

（二）卫星直播电视

通信卫星是多用途的,可供电视传输的信道有限,发射功率又小,只有技术设备很完善的地面站才能接收到电视信号;地面站接收信号后,还要依靠地面传输系统才能将画面传送到各地的用户家中。为了解决这些问题,20 世纪 70 年代出现了主要用来传输电视广播信号的广播卫星。与一般用于点到点通信的通信卫星不同,广播卫星主要用于点到面的通信,它的转发器输出功率也比通信卫星大。借助同一时期出现的直播卫星技术,普通的电视用户只要安装简单的接收装置(包括小型碟式天线等)就能直接收看卫星传送的节目,而不必经过地面站和当地电视台的中转。这就是卫星直播电视。卫星直播电视显著提升了地面电波的强度,扩大了电视信号的覆盖范围,具有抗干扰性能强、影像清晰度高的特点。

卫星直播电视的实验始于 20 世纪 70 年代末期,美国、加拿大、日本、苏联等国家先后进行了这方面的实验;80 年代以后,英国、法国、联邦德国、澳大利亚、印度等国也加入了这一行列。1983 年 11 月,美国的卫星直播电视首先进入实用阶段。直播卫星先是被用来传送电视新闻、新闻图片和体育节目,然后开始传送基于有线网络的新闻频道的节目,例如美国有线电视新闻网。到 1995 年,美国已经有多家卫星直播电视公司,发展了几百万户家庭观众,并且进入了拉丁美洲和亚洲等地区。英国、日本、法国、德国、加拿大等国也都在大力发展本国的卫星直播电视,有的国家还创办了卫星直播频道供全国电视观众收看。

国际直播卫星技术是一项重大的技术突破,只要有相应的接收器,并且在卫星轨迹覆盖的范围内,电视节目就能直接送达观众。这自然也就涉及对越界信息如何进行控制与管理的问题。早在卫星直播电视出现之前(20 世纪 60 年代和 70 年代),联合国教科文组织(UNESCO)、和平利用外层空间委员会(COPUOS)和国际电信联盟(1932 年由国际电报联盟和国际无线电电报联盟合并后成立)就举办了关于国际直播卫星的论坛。除美国之外的绝大部分国家担心卫星直播技术会成为某些国家的宣传和传播手段,同时担心"缺乏国际规定管理的国际直播卫星广泛使用之后,通过广告带来的文化影响和商业消费的影响"①,因此要求对卫星传送电视节目的行为进行限制。美国则认为这种限制违反了信息自由流动的原则。1972年,联合国大会在和平利用外层空间委员会工作组建议的基础上,以100比1票(美国)的结果通过了实行限制的规定。该规定的核心是:只有在得到接收国的准许之后,国家和个人才能向其他国家进行电视广播。"值得注意的是,在国际直播卫星出现尚待时日之际,这个论坛就已经开始,这更说明了论坛最关键的问题就是除美国以外的绝大多数国家的决策者们对于新闻和以娱乐形式出现的跨国电视宣传节目忧心忡忡。直到最近,他们才不情愿地让国境以外的一方决定向他们国家播送什么节目。"②

二、卫星电视的特点

卫星电视具有以下特点:

第一,实现了电视信号传输由陆地转向太空的飞跃。

卫星电视出现之前,电视节目都是靠地面微波传送。微波是沿直线传播的,而地球表面是一个曲面,所以传输距离有限,一般为40千米至60千米。为了进行远距离传输,就要在两个终端之间设置许多中继站,将信号一站一站传递下去。这些中继站以及将其连接起来的同轴电缆或微波线路网络的建设,是一项巨大的工程。卫星传送利用的是太空技术,它通过卫星上安置的转发器(相当于空间中继站)接收地面传送的微波信号,将它变频放大后再发射到预定区域的地面站和电视台。这就在很大程度上克服了地面微波传送系统建设费用高、中间环节多、覆盖面有限的缺点,使电视信号在同一时间内跨国界、无障碍传播成为可能。也正是因为这一点,许多国家才对越界电视信号的控制与管理问题表现出极大的关注。

第二,使麦克卢汉的"地球村"理论基本变为现实。

卫星电视,特别是卫星直播电视出现后,电视观众不再限于一国一地,而是逐步走向全球。世界由此变成了一个"村落",在很大程度上实现了麦克卢

---

① 〔美〕叶海亚·R.伽摩利珀编著:《全球传播》,尹宏毅主译,清华大学出版社2003年版,第109页。
② 同上。

汉"天涯若比邻"的"地球村"构想。在"地球村"里，人们可以实现真正意义上的"信息即时共享"，并对重大事件形成全球性的关注。1991年海湾战争爆发，美国有线电视新闻网的报道牵动了整个世界。当多国部队的第一颗炸弹落在伊拉克境内时，美国有线电视新闻网的新闻报道也传遍了世界各地。该机构每天24小时关于战争的报道，使人们足不出户便知彼地战况。据说多国部队发动空袭的当天晚上，约有1080万美国人收看了美国有线电视新闻网的新闻报道，全世界则约有数亿观众。[①] 从此以后，卫星直播电视开始被广泛用于跨越国界的电视传播，成为国际传播重要的传输和接收方式。

第三，信息传播中的国界概念基本被打破。

在利用地面微波传送电视信号的时代，国界的概念是十分明确的，在他国领土上建立中继站，就涉及国家主权问题，就要通过国家间的谈判和协议予以解决。卫星传播电视节目，则不具体涉及这方面的问题（尽管接收和发送信号的地面站由各国拥有并管理），因为卫星传播是利用空间技术进行的传播，而按照国际条约的规定，外层空间不属于任何国家的管辖范围，各国可以自由进入。这就使卫星电视传播一开始就超越了国家范畴而具有国际化的特点。在这个空间里，不同的行为体也会形成各种复杂的关系，而调整这一关系的法律规范是国际空间法，它为世界各国进行有效的空间活动规定了统一的规范。因此，在卫星传播信息的时代，全球被视为一个整体，国界的概念已经变得模糊了。

第四，信息传播的统一标准逐渐形成。

卫星传播之前的时代，虽然各国的电视传播与接收采取了不同的制式标准，但因为不是直接接收电视信号（而是转播），并未造成很大的影响。而在卫星传播时代，所有国家都要接收来自卫星传输的节目信号。由于空间资源有限，不可能存在几大传输和接收系统同时并存、互不兼容的情况。为了合理利用有限的卫星轨道，就必须形成统一的规范与标准。国际通信卫星组织就是适应这一需要建立的。作为负责提供全球卫星线路的国际承运组织，它通

---

① 参见屈小平：《美国电视新闻节目纵览》，《国际新闻界》1999年第6期，第26页。

过国际协定将不相容的卫星系统协调起来,以保证技术上的兼容性,使用于接收、放大、变频和转发信号的空中电子设备以及上行(地面到卫星)、下行(卫星到地面)系统在同一个标准体系中发挥作用;各个国家则以加入国际通信卫星组织的形式承认并采用统一的标准。

三、卫星电视时代国际传播的特点

卫星电视使国际传播发生了根本性的变化。

第一,世界范围内的传播障碍逐渐消除。

进入卫星通信时代,随着国际空间技术的发展,传送和接收卫星电视信号的设备与系统逐渐普及,统一的技术标准得以确立,大的传播障碍基本消除(当然,在空间资源的拥有和使用方面,发达国家与发展中国家之间尚存在很大的差距)。在国际通信卫星组织的协调下,不仅不同卫星系统之间的合作日益增多,冷战中的一些敌对国家也可以跨越意识形态障碍进行电视节目的交换。冷战结束后,国际政治格局发生了新的变化,世界范围内的传播屏障越来越少,融入全球信息一体化潮流的国家越来越多。高清晰度电视(HDTV)的开发和数字卫星电视技术的应用,正在使电视新闻采集、覆盖的范围进一步扩展,使其频道数量和节目容量成倍增加,同时使电视信号的传输质量更好,画面更清晰,标准化程度更高。这就为电视信号在全球范围内的无障碍传播提供了更有力的技术支持。

第二,各国政府参与国际传播的自主意识越来越强。

由于卫星电视跨国传播信息的功能及其巨大的影响力在第一次海湾战争中尽展无遗,20世纪90年代以后,许多国家开始发展卫星电视。不仅北美、欧洲的发达国家开办了面向全世界传播的电视台,亚非拉地区的不少发展中国家也开始加大这方面的投入力度,引进和建设本国的卫星接收系统。一些国家还把原先用于对外短波广播的款项转移到卫星电视的建设中来。这说明,各国政府不仅把卫星电视当作获取外来信息的渠道,也将它作为对外发言,塑造、展示本国形象的重要手段。截至目前,已有140余个国家加入国际通信卫星组织(中国于1976年加入),其客户遍布200多个国家和地区。通信卫星使得全球电视观众的数量不断增加,并且日益呈现出一体化的发展趋势。这就使一国政府的对外传播可以在全球性的信息平台上进行。

第三,有关国际传播的研究全面展开。

卫星通信技术为国际传播提供了更有效的传播途径,同时使它面临一系列新的问题,如卫星轨道位置的分配问题、频率及波束的分配问题、电视制式不统一及制式转换的问题等,国家间的政治、经济、社会问题也随之出现。有些国家领土相邻但政治制度不同,它们不希望在自己的国土上接收邻国的卫星电视节目,因此不允许卫星电波的"溢出";有些国家因为暂时没有条件发展卫星电视,要求保留卫星轨道上的位置,以待将来使用;有些国家电视节目的版权受到法律保护,而收看电视是要付费的,因此提出要保证电视节目不被截获;许多发展中国家对西方国家,特别是美国电视产品的倾销表示不满。这些问题在世界范围内引起了广泛关注,也成为各国学者研究的重要内容。多年来,有关国际传播政策、法律、文化等方面的研究成果不断出现,渐成规模,从而凸显了国际传播学在传播学中的学科地位。

第四,国际传播成为"信息时代"的传播形式。

20世纪90年代以后,在卫星通信技术以及其后出现的数字技术和网络技术的交互作用下,信息传播日益呈现出全球一体化的趋势,信息对人类社会的作用与影响也逐渐显现出来,人们甚至将它作为一个时代的标志,将当下的社会称为与农业时代、工业时代并列的"信息时代"(或称"知识经济时代")。进入信息时代,社会的核心资源不再是土地和资本,而是信息(包括人创造信息的能力)。国际传播正是适应信息时代的需要而形成的一种传播样态,是人类进入信息时代的重要标志。在此之前,国际传播特指一国信息的对外传播,相应地,每个国家都有主要用于国内传播的媒体和专事对外传播的媒体。信息时代使这个界限趋于模糊。许多国家的重要媒体都具有了国际传播的性质,如美国有线电视新闻网、英国广播公司、日本广播协会(NHK)等。也就是说,无论"内""外",每个国家都成为国际传播整体中的一个局部,相应地,国际传播也将在整体上对每个国家产生影响。

尽管卫星电视利用空间技术突破了地域阻隔,实现了国际信息传播的同步化与无障碍化,但是,卫星传输系统作用的发挥有赖于地面站和当地电视台的"落地"支持,能否落地则取决于各国政府的意愿,而卫星直播电视节目能否在世界范围内传送,也取决于各国政府是否允许安装卫星电视接收器,这同样涉及通道的控制与管制问题。

20世纪90年代以后发展起来的国际互联网,进一步突破了前述媒介技术的各种局限性,堪称一场新的传播革命。它以地空合一的信息快速通道作为传输渠道,是一种高速度、大容量、开放式的传播平台。信息一旦进入互联网,就将无视国界的存在;只要拥有上网条件,任何人都可以成为网络社会的公民,参与到国际传播中去。当然,互联网在为国际传播带来巨大发展空间的同时,也使它面临着前所未有的挑战。

◆ 思考题

1. 早期的国际传播有什么历史局限性?
2. 近代报刊的出现对于跨国传播活动有什么影响?
3. 印刷媒体时代的国际传播有什么特点?
4. 为什么说电子媒体的出现在国际传播发展史上具有划时代的意义?
5. 电子媒体时代的国际传播有什么特点?
6. 卫星电视的发展经历了哪两个阶段?
7. 卫星电视时代的国际传播有什么特点?

第三章　国际传播的发展与变化

本章主要考察以互联网为代表的新媒体时代国际传播的变化与特点。

第一节　互联网的历史沿革及特点

一、互联网的历史沿革

国际互联网是冷战时期的产物。在以美、苏为首的两大政治集团的对峙中(20世纪60年代),美国国防部为了避免集中式的命令控制网络遭到敌方的攻击,研制、开发出一个新的计算机网络。它可以把信息分解为不同的部分,每一部分经不同路径发送,最后在终点组合成完整的意思。这个网络被称作"阿帕网"(ARPANET)。

阿帕网诞生后不久,其发送电子邮件的功能被开发出来,这一结果导致了70年代整个分布结构网络的扩张与连接。于是,一个用于保护军事通信系统的网络变成了日常使用的交互式通信网络。1972年,阿帕网已经连接了40多个节点计算机;1973年,英国、挪威的计算机接入了阿帕网;1976年,阿帕网上的节点计算机已经发展到57个,连接计算机100多台,网络用户2000多人。

为了解决网络与网络、电脑与电脑间由于软硬件和型号不同造成的互不兼容的问题,使阿帕网真正成为资源共享的电脑网络,1974年,"互联网之父"文顿·瑟夫(Vinton Cerf)研究成功了TCP/IP(传输控制协议/网络间协议)。

1982年,美国国防部宣布将TCP/IP协议作为标准,要求所有接入阿帕网的计算机网络必须采用这一协议。1983年,TCP/IP被许多计算机网络接受,成为国际互联网络上的标准通信协议。这是全球互联网正式诞生的标志。

同年,阿帕网被分成两个网,与军事有关的部分称为MILNET,其余部分仍然叫作ARPANET,用于进一步的研究。它们之间仍然保持着互联状态,能进行通信和资源共享。这种网际互联的网络最初被称为DARPA Internet,但不久就改称Internet,互联网(国际互联网)这一名称就此出现。[①]

阿帕网和TCP/IP技术的成功,使美国国家科学基金会(NSF)认识到网络将成为科学研究的重要手段。为了使科研人员共享以前军方只为少数人提供的超级计算机设施,1985年美国国家科学基金会出资在全美建立了五大超级计算中心。后来,又将连接大学和科研单位的中等计算机中心连接起来,形成了全国性的广域网络。

1986年,名为NSFNET的高速信息网络建成。该网络同样采用TCP/IP协议,连接了美国国家科学基金会分布在各地的所有超级计算机,并联入了阿帕网。此后,阿帕网逐渐发展成为美国境内广域网的骨干基础。1990年,阿帕网宣布退役,NSFNET取而代之,成为Internet的主干网。

20世纪90年代以前,NSFNET仅限于在科研教育领域使用。1991年,互联网的发展使NSFNET主干线达到极限。为了减轻政府的负担,美国国家科学基金会要求私人公司承担一些责任。第二年,商用互联网协会成立,并宣布用户可以将他们的子网用于任何商业用途。于是,互联网开始迈向商业化,它的用户也不再限于高校师生和计算机行业的工作人员,大批商业机构开始进入网络,在网上刊登网页广告,提供各种信息。

不过,在万维网诞生之前,互联网的使用范围仍然不广。直到1993年万维网得到推广,计算机网络用户才迅速增加。万维网又译环球网,也称WWW(World Wide Web)或Web。它不是指在互联网之外独立存在的一种网络,而是互联网中的一种多媒体信息服务系统。它能以超文本链接的方式存取信息

---

① 参见张允若、程曼丽主编:《外国新闻事业史教程(第二版)》,高等教育出版社2017年版,第386页。

文档,并支持图形、声音、视频和文本。同年,美国国家超级计算机中心进一步开发了基于万维网技术的浏览器软件,极大地方便了网上浏览。

也是在1993年,美国政府提出建立"信息高速公路"的计划并于当年开始实施。1994年3月2日,美国副总统戈尔在国际电信联盟世界电信发展大会(于布宜诺斯艾利斯召开)上的演讲中,提出建立全球信息高速公路的设想。1996年,由发达国家和发展中国家代表参加的"信息社会与发展"大会在南非米德兰召开,会上提出了建设全球信息高速公路的计划,得到与会者的热烈反响和普遍支持。此后,各国相继启动数字化网络建设,国际互联网的规模迅速扩大,成为连接世界各国的高速率通信网络。

随着互联网的发展及其信息传播功能的不断强化,越来越多的人将它视为继报纸、广播、电视之后的一种新媒体,联合国新闻委员会也在1998年的年会上正式提出网络媒体可被视为"第四媒体"。

21世纪初,移动通信技术与互联网技术的结合,催生了全新的移动互联网应用领域。这意味着用户可以脱离原有PC终端的束缚,通过手机、平板电脑等可移动数据终端与互联网连接,从而实现了传输方式的移动化、便捷化与连续性。目前,移动通信技术已经成为全球科技领域的发展方向。

第一代移动通信系统(1G)诞生于20世纪80年代,并于1981年投入运营。1G是以模拟技术为基础的蜂窝无线电话系统,它在设计上利用频分多址技术,仅供语音信号传输,其特点是安全性较低、业务量小、速度缓慢、无法加密。

第二代移动通信系统(2G)产生于20世纪90年代初,它以基于TDMA的数字语音传输技术为核心,主要用来支撑语音信息的传送和短信业务。通过使用不同的编码技术,它可以比模拟系统传输更多的信号,并使语音质量得到改善。

第三代移动通信系统(3G)使无线通信和互联网数据传输完美结合在一起。它支持高速数据传输,并可同时传送语音和实现数据信息的实时通信。但总的来说,3G的速率还不够高,没有完全适应移动通信业务迅猛发展的需要。

第四代移动通信系统(4G)集3G和无线局域网(WLAN)于一体,具有超高的数据传输速度,可以实现高清视频的快速传送,在移动视频、电话会议、在线游戏、远程医疗等方面得到广泛应用,能够满足大部分用户对于无线联网服务的要求。

第五代移动通信系统(5G)是在 4G 技术越来越成熟的基础上发展起来的新一代移动通信技术。5G 不同于之前的几代移动通信技术,它能为用户提供高速率、低延时、增强型的无线宽带服务,并且具有连接海量设备的能力,可以便捷地实现人与万物的智能互联。

由于 5G 具有高速率、高宽带、低延时以及连接海量设备的能力,它在助力人工智能发展的同时,催生了一系列新的应用领域,如远程控制、智慧城市、无人驾驶等。

总之,5G 不仅为新时代的信息传播提供了更大的空间,也渗透到人类生产生活的各个方面,将对未来社会的发展产生深刻的影响。因此,无论就信息传播而言还是就社会发展而言,它都是一次革命性的飞跃。

二、互联网的特点

与传统的大众媒体相比,互联网具有以下特点:

(一)集多种媒介功能于一体

传统媒体(报纸、广播、电视)只能传送相对单一的信息,互联网则具有强大的兼容能力,可以使不同媒体的不同功能得以集中呈现。它将计算机声像、通信技术融为一体,以文字、图像、声音、动画等多种表现形式为人们提供信息。其音响、视频功能使报道生动、直观,具有电视报道的现场感;其超大的容量可以使深度报道如同报纸、杂志报道一样全面、细致。它以全方位、多角度的信息供给冲击人们的感官,造就了多维的信息环境。互联网集多媒体功能于一身的特性与优势,对包括报纸、广播、电视在内的传统媒体的冲击和影响是显而易见的。为了开辟新的发展空间,传统媒体竞相搭乘网络快车,走上了融合发展的道路:将报纸、杂志的内容加工、分发到新媒体平台上;将广播、电视的内容重新加工制作,形成多媒体形态的音视频作品。传统媒体与互联网的结合,极大地拓展了节目传输范围,而多媒体融合催生的新的节目形态,对于吸引受众、扩大市场、增强媒体影响力具有明显的效果。

（二）互动性与开放性

传统媒体向受众传递信息基本上是单向的,受众无法利用同样的渠道反馈信息。这就使媒体与受众处在一种不平等的关系状态中:媒体是主动的一方,受众是被动的一方,媒体报道新闻,受众接收新闻,传播过程的"黑箱"始终无法打开。网络传播改变了大众传播中的传受关系,它把信息的获知权和传播权向大众开放,使传播过程中的个人与个人、个人与组织、组织与组织之间达到了一种前所未有的平等。网民既可以通过搜索引擎、数据库或超链接方式自主获取信息,共享人类文明的成果,也可以通过多种平台、渠道发表言论,表达个人观点。通过与网民的沟通,传播主体可以及时发现人们关注的焦点、热点问题,了解他们对重大事件的看法,并以此为据,调整自己的传播行为,更好地满足各类受众的需要。这就从根本上改变了传统媒体的信息传播与反馈相脱离的状态,使受众在传播过程中发挥了更加积极、主动的作用。

（三）时效性与便捷性

与传统媒体的生产与传播手段相比,网络信息的制作与传输速度要快得多。印刷媒体从制作到出版需要经过文字录入、图片扫描、计算机组版、制版印刷、发行等多个环节;广播、电视节目的制作、传输速度虽然快于印刷媒体,但也要经过前期拍摄、后期制作、播出等环节,这同样会对传播速度构成一定的限制(卫星直播虽然在很大程度上克服了这一缺陷,但它的落地、接收仍然受到控制)。网络传播的载体是光纤通信线路,光纤传递数字信号的速度为每秒 30 万千米,瞬间可达世界上任何地方,其便捷性显然优于传统媒体。人们只要输入信息,就可以将它直接传播出去,几乎没有中间环节。中间环节的减少以至消除,使信息传播的速度空前提高,事件的发生与报道可以同步进行,时效性明显增强。除此之外,传统媒体原有的"把关"环节在网络平台上不复存在,也使网上信息的传播速度大大超过了传统媒体。

（四）大容量与灵活性

受版面、播出时间的限制,传统媒体的信息容量及发送量有限。万维网超文本、超链接的技术手段,使互联网拥有了巨大的信息容量和信息存储能力,可以为传播者提供近乎无限的"版面"和自我展现的广阔舞台。它所创造的网络空间可以囊括全球所有的新闻信息,网民足不出户便可悉知天下事。此外,与传统媒体"点对面"的传播路径不同,网络传播既有"点对面"的传播,也有"点对点"的传播,既有一人对多人的传播,也有多人对一人的传播,形式灵活多样。网民既可以自由选择信息内容,也可以自由选择信息发送和接收方式。在信息检索、查询和发送方面,网络具有传统媒体无法比拟的灵活性,人们在阅读某条新闻时,可以快速链接到另一个页面,查找相关信息;在自己收看新闻信息的同时,也可以通过社交平台与亲朋好友和相关人士分享。这就为人们获取更多的信息和更方便地获取、分享信息提供了极大的可能性。

第二节 互联网带来的变化及网络时代国际传播的特点

一、互联网的作用与影响

从印刷媒体到电子传媒,从单一的电波信号到高科技的数字化技术,其中的每一步都称得上是一次飞跃。但是,从总体上看,无论报纸、广播还是电视,它们的演进都是媒体自身形态的嬗变。互联网则不然,它不仅改变了人们接收信息的方式,也极大地改变了人类社会的生产、流通方式和人们的精神生活方式。因此,无论就新闻传播而言还是就社会发展而言,它都称得上是一次革命性的飞跃,其作用和影响重大。具体表现为:

第一,对社会生活产生了全方位的影响。

与其他媒体不同,互联网本身就是一种国际性的信息网络,它连接着世界上绝大多数国家和地区,为不同地域、民族和宗教信仰的人进行广泛交流提供了快速通道。无论哪个国家,无论是政府、民间机构还是公民个人,都可以成为互联网的传播主体;传播内容也不再限于国家之间的政治交往和对外关系,而扩展到政治、经济、军事、文化等各个方面。以经济为例。互联网与社会经济有着十分密切的联系,它以便利、迅捷、无远弗届的优势改变着人类社会的商务运作方式、市场交易方式,进而改变着传统经济的结构与运行规律。其中,电子商务的全面推进具有划时代的意义,它可以压缩中间环节,提高沟通效率,减少不必要的成本支出,从而大幅度提高经济效益。互联网不仅催生了"新经济",它本身也成为一种经济形态,"网络经济"的称谓就充分证明了这一点。互联网既可以被人们用来开展电子商务、远程教育、远程医疗、数字化图书馆等对社会有益的事业,使国际交流与合作的节奏变快,周期缩短,提高协商解决国际事务的效率,同时也会被一些犯罪分子和恐怖组织用来作为传播信息的渠道,这也引起了国际社会的高度关注。总而言之,互联网已经渗透到社会生活的方方面面,正在对人类社会发展产生深刻的影响。

第二,促使各国以开放的心态面对全球化过程。

随着互联网在信息传播领域和国际政治、经济生活中影响力的凸显,世界各国都在制定相应的政策,以促进网络(经济)的发展。在互联网经济领域,美国进行了超前布局,包括在大数据、云计算等领域发布国家政策,推动企业在工业互联网、能源互联网方面确立标准,等等。除了互联网的直接应用,美国还在人工智能、虚拟现实、智慧城市、物联网等相关领域加大投入,抢占先机。欧盟及其成员国也制定了大数据发展战略,并采取了各种措施拓展大数据业务,如建立大数据领域的公私合作关系,依托"地平线2020"科研规划创建开放式数据孵化器,成立多个超级计算中心,在成员国创建数据处理设施网络,等等。亚洲国家,如新加坡也在全力推进基于信息技术的智慧国建设:2006—2010年,新加坡实现了由电子政府向整合政府的转变;2011年,推出"电子政府2015"计划,逐步实现了"政府为你"向"政府与你一起"的重大转变;2013—2015年,设立负责制订"智慧国家2025"计划的指导委员会,进行超前布局。通过实施"电子政府2015"计划,新加坡已经建成新一代国家宽带网。与此同时,越来越多的发展中国家顺应时代潮流,开始进行信息通信基础设施建设,在计算机研究、电信和网络开发等方面加大投资力度。当然,由于发展中国家与发达国家之间存在着差距,它们在互联网的开发和利用方面也有很大的距离。但是,主动加入信息全球化潮流,利用新技术手段增强自身的竞争力,由信息弱势国向信息强势国转化,已经成为发展中国家的共识。

第三,对各国的传播控制构成了挑战。

传统媒体是"点对面"的传播,而"点"上的媒体是有数、有限的,国家只需控制媒体就可以形成对信息和舆论的控制。互联网则不然。网络是开放的媒体平台,传播主体的广泛性和平台的个性化为不同思想、观念的传播提供了便利条件,使信息监控和管理成为一件难度很大的事情。一个国家除非不接入互联网,一旦接入,各种各样的信息,包括有益信息和消极有害的信息便会同时涌入。尽管可以采取一些技术性措施阻挡或过滤掉有害信息,但是这种阻挡或过滤的功效是有限的。在此情形下,适当调整传播控制的方式、方法,在与时俱进的同时不致受到有害信息的冲击与影响,就成为各国政府面对的共同问题。我们看到,在网络信息管理方面,不少国家都采取了相应的措施,通过立法形式规范信息发布和传播行为,以减少或消除不良影响。例如,欧盟委员会早在1996年就通过了一系列服务于网络信息管理的绿皮书,规定网络主机服务商和检索服务商应对其主机和服务器上的违法、有害信息承担法律责任。近年,欧盟又陆续出台了一系列相关条例、法规,如《一般数据保护条例》(2018年)、《网络安全法案》(2019年)、《电子隐私条例》(2020年)等,以强化网络信息管理。

第四,对原有的传播理论构成了挑战。

网络传播是一种全新的传播形态,与传统媒体时期的信息传播相比发生了根本性的变化。基于传统媒体的大众传播是以媒介为主体、面向大众进行的传播,在这个过程中,"大众"是不确知、不确定的。而在网络传播中,这些不确知、不确定的"大众"转而成为信息传播的主体(同时也是受众,并在传播过程中自主进行着传、受身份的转换),媒体(互联网)则成为公共性的信息平台。这就使"大众传播"的含义发生了实质性变化:由面向大众的传播变为以大众为主体的传播,这或许更加接近"大众传播"的本义。由于大众传播主体发生了变化,与此相关的其他方面,包括传播形态、对传播过程的控制、传播效果的获得等也必然发生变化。这些变化与传播学(大众传播学)理论形成时的环境和条件已经相去甚远,原有的理论显然不可能对它们做出合理解释。互联网的快速发展以及相关理论的缺失,对新闻传播领域的研究者提出了新的要求。首先,要求他们密切关注网络平台的发展趋向,掌握它的规律与特征,为合理、有效解决网络空间治理问题提供理论依据;其次,由于互联网的出现,国际传播从国家(政府)层面扩展到民间,具有了大众化的形态,这种形态变化的规律性也值得探讨。最后,互联网所具有的多功能、综合性的特征,使它的影响力远远超过此前所有的大众传媒,这就要求研究者不仅关注互联网对新闻传播的影响,也要关注它对社会发展的全面影响,并就此做出前瞻性的分析。

二、网络时代国际传播的特点

在互联网时代,由于高速度、大容量和极具开放性的信息传播渠道的开通,国际传播已经不再是一个国家对另一个国家的传播或一部分国家对另一部分国家的传播,而成为全球一体化信息平台上的传播。由于这个一体化信息平台的形成,国际传播逐渐超越了国家之间的区隔,具有了全球传播的特色。

互联网时代国际传播的特点是:

第一,越来越多的国家和地区参与其中。

国际传播向全球传播的演进过程,即是世界各国和地区相继加入其间的过程。在第一次世界大战和第二次世界大战中,国际传播主要在两大军事敌对集团之间展开;冷战时期,国际传播主要在两大意识形态敌对国之间展开,二战后才摆脱殖民统治而独立的广大发展中国家和地区尚未加入这一过程。直到20世纪80年代以后,随着卫星电视的发展和相关应用的普及,这些国家和地区才逐渐改变传统观念,采取了开放的媒体策略。中东、亚洲和非洲地区的许多发展中国家和地区都是从这一时期开始引进和建立本国卫星电视的接收、传送系统的。90年代以后,这些国家又跟随网络发展的潮流,进行了网络基础设施的建设。亚洲的新加坡、韩国、马来西亚等国家,以及中国香港等地区,拉丁美洲的墨西哥、阿根廷等国家,在这方面都有不俗的表现。在网络基础设施建设方面,中国可谓后来居上。经过几十年的发展,中国已经拥有全球规模最大的信息通信网络,在5G、工业互联网、人工智能等新型基础设施建设方面做到了与世界同步发展,甚至局部取得了领先优势。与此同时,由于经济基础薄弱,一些发展中国家和地区在网络基础设施方面还很落后,但是第一步已经迈出,成效逐步显现。以互联网发展最落后的非洲为例。1997年,仅有11个非洲国家能够接触到互联网;2001年,非洲的54个国家都接入了互联网。近年来,随着智能手机的普及,许多非洲国家直接跳过PC时代进入了移动时代,而智能手机的迅速普及,在很大程度上促进了当地移动应用、支付、内容等生态系统的发展。总之,越来越多的国家和地区以开放的姿态加入了国际传播,是互联网时代的一个明显特征。

第二,国际传播主体渐趋多元。

传统媒体时代,由于传播技术手段和条件的限制(如电视拍摄和制作设备以及电视信号发射和接收系统的复杂性),跨越国界的信息传播大都以国家为主体进行,社会组织和个人只能作为信息传播被动的接收者。网络传播虽然也存在诸如终端设备价格昂贵、信息传输效果受带宽制约等问题,但它毕竟使信息传播的手段和过程大为简化,成为人人都可以做到的事情,由此出现了国际传播多元主体并存的发展态势。作为权威性的传播主体,政府部门仍然可以利用网络媒体提供政务信息,进行舆论引导和形象塑造,并通过立法形式实现对传播过程的监控与管理;政府之外的其他机构与个人同样可以利用网络开展信息传播活动。例如,企业等营利性组织可以利用网络发布广告、推销产品、吸引客户;学校、科研机构、医院、军队等也可以利用网络传播信息,扩大影响;个人更是成为网络传播中灵活性最大的传播主体。1998年1月17日,马特·德拉吉在其个人网站"德拉吉报道"(Drudge Report)中最先发布消息披露美国总统克林顿与一名白宫实习生有染。克林顿起初坚决否认,信誓旦旦地说绝无此事,但7个月后,他终于承认自己对美国人民撒了谎。克林顿因为作伪证和妨碍司法险些被国会弹劾,德拉吉则凭借对网络特性的把握,使个人网站成为网络媒体中不可忽视的组成部分。国际传播主体由一元向多元的转变,是传播科技带来的最大变化。与传统媒体时期个人参与国际传播的形式和手段不同,网络时代的个人参与不再是以简单的、小范围的人际传播形式出现,而是以"大众"传播中"大众"一员的主体身份出现;不再以人员交流、商品交换的形式间接传播信息,而是作为传播主体发表言论、参与意见、形成舆论,直接影响国际事件的发展及决策过程。2005年日本谋求加入联合国安理会常任理事国,来自美国、韩国、朝鲜、日本、菲律宾、中国的代表在洛杉矶联合发起"全球百万人签名"活动,呼吁以签名方式促使联合国拒绝日本成为安理会常任理事国的要求。此次签名活动同时在网上进行,得到世界各国民众的积极响应,活动第一天就有近万名网民签名。多方面的抗议最终导致日本"入常"失败。

第三,信息传播方式发生变化。

在传统媒体时代,新闻机构以线性方式向受众传递信息,呈现出单一媒体单向传播的特点。而在新媒体环境下,媒体融合成为行业发展的主流与趋势。比之单一媒体的单向传播,媒体融合是一次突破性的变革,它不仅整合了报纸、电视、手机、电脑等多种传播介质,还涵盖了文字、图片、音频、视频等各种传播内容,其最高境界是打破技术和行业壁垒,形成汇聚全部信息资源的综合性的大平台,为用户提供多样化的信息服务和沉浸式的互动体验。近年来,许多国家都在进行媒体融合的探索。例如,包括百年老报《纽约时报》和有线电视新闻网在内的美国主流媒体致力于打造媒体融合的立体化传播体系,不断推进新兴媒体建设,包括设立官方网站,创建网络电视,与推特、脸书等社交网站合作,利用大数据分析用户的使用习惯,有针对性地进行新闻报道和广告投放。英国《卫报》曾于2012年提出"开放式新闻"(Open Journalism)的概念,认为利用数字技术可以与用户共享开放的数据来源,即可以将政府、学校、研究机构、非政府组织的数据汇聚到开放性的数据平台上供用户分享。而对数据的抓取、挖掘、统计、分析和可视化呈现,又催生了数据新闻这种新的新闻生产方式和报道样态,目前它正在被《纽约时报》《卫报》等国际主流媒体广泛采用。从世界范围看,在"开放式新闻"时代,传统媒体的转型并非简单地抢占新媒体平台,而是力求实现新闻内容在跨媒体、多平台上传播的可能性,以满足用户不断增长和变化的需求,这就彻底改写了信息传播方式。事实上,新媒体技术的更新、发展,使媒体间的资源共享变得更加便捷,合作、联合搭建新媒体平台已经成为各大媒体集团媒体融合的重要策略。

第四,传播效果的获得更加直接。

传统媒体的信息传播是以传播者为起点,经过媒介,以受传者为终点的线性传播过程,互动和反馈机制比较弱,传播效果不可能直接显现。互联网的出现彻底改变了这种状况。首先,从网民的角度看,由于个人媒体(社交媒体)具有实时性、交互性特点,人们习惯于与他人即时分享信息和自己对某个问题、某个事件的看法,他的看法也会很快得到其他人的回应,或赞成,或反对,一目了然。由于互联网平台上的信息传受可以同步进行,互动与反馈机制明显增强,传播效果的显现也更加直接。其次,从媒体的角度看,互联网时代的新闻传播以各种新媒体技术为基础,因而在报道范围、速度、手段等方面的优势也更加突出。它既可以借助网络技术手段进行场景化叙事(报道),让人与新闻事件"零距离"接触,以获得真实的现场体验,也可以在网民的关注下就焦点问题追根溯源,探明真相。凡此种种都会使新闻报道更加立体、直观、鲜活,并且及时、有效。可以说,新媒体技术不仅能够使新闻报道的效果最大化,还增强了网民参与新闻报道的热情。最后,从政府管理者的角度看,随着社交平台的出现,受众与信息源之间的中介(媒体机构)不再被依赖,网民可以直接上网传播信息并发表意见,这就使得舆论的形成在时间上大大缩短,变得更加直接、更具影响力了。舆论生态的变化,推动政府采取适应性的管理方式。一方面,政府可以通过社交媒体及时了解社情民意,把握舆论走向,以便及时发现问题,优化政策。另一方面,网民对现实问题及公共政策的反馈速度加快,网络舆情复杂多变,也给政府的信息发布和舆情管理带来了巨大的挑战。如果政府观念守旧、行动迟缓、不能及时做出回应,就会受到来自各方面的舆论压力,进而导致人们对政府信息传播渠道的质疑,使它的权威性和可信度大打折扣。总之,在互联网时代,如何进行传播、如何有效传播、如何使传播中的负面效应降到最低限度,是各国政府面临的共同问题。

第三节　新的国际关系格局下的国际传播

一、国际关系与国际舆论格局的变化

国际关系格局的改变,带来国际舆论格局的改变。

(一)新的国际关系格局

国际关系格局是指能够影响或左右国际局势走向的各种力量在一定时期

内的组合状态。国际关系格局的主体是包括国家在内的国际关系行为体,尤其是那些在国际舞台上扮演着重要角色的国家及国际组织。国际关系格局中的各种力量是相互联系、彼此制约的,既有相对稳定性,也会因为力量对比的变化而发生变化。

说到"在国际舞台上扮演着重要角色的国家及国际组织",不能不提及美国。20世纪90年代初期,国际局势发生了重大变化:东欧剧变,苏联解体,两德统一,华约解散。持续了近半个世纪的美苏争霸终结,各种力量在剧烈的动荡中分化、组合、重构,到90年代末期,"一超多级"的国际关系格局基本形成。

在向超级大国迈进的过程中,美国不遗余力地倡导和推进经济全球化,在这方面发挥着引领作用。它积极参与构建全球自由贸易体系,同意设立世界贸易组织(以下简称"世贸组织"),取代关贸总协定成为全球唯一的多边自由贸易体制;大力推动区域经济一体化进程,与加拿大、墨西哥签署《北美自由贸易协定》,建立了全球最大的区域经济组织。此外,美国还发起了第一届亚太经合组织领导人非正式会议,推动亚太地区贸易和投资自由化。发展中国家的一些领导人认为,由于不公正的国际经济秩序,经济全球化并没有使广大发展中国家从中受益,反而造成富国愈富、穷国愈穷的后果;学者政要认为,不能由于害怕全球化的破坏而希望挡回全球化的力量。正因为美国积极主导全球化进程,且其中的规则大都由美国直接或间接制定,所以有人提出"全球化就是美国化",或"美式全球化"的概念。①

随着全球化的不断推进,美国的对外投资获得了丰厚的回报。与此同时,由于内部贫富分化加剧,经济和社会困境日益凸显,加之新兴经济体在全球化过程中崛起,外部竞争压力逐渐增大,美国和欧洲国家出现了"反全球化"的倾向。具体表现为:质疑开放的贸易政策(如美国认为世贸组织框架内以自由为特征的多边贸易体制对它不利,必须改变),拒绝外来移民,退出各种国际组织,压制新兴国家,民粹主义思潮抬头。例如,英国在2016年6月23日举行的公投中选择脱欧,一方面是想"收回"本国的政治经济自主权,另一方面则

---

① 参见贾文山、江灏锋:《以更包容的全球化推动人类命运共同体建设》,《中国社会科学报》2019年8月15日,第4版。

是在外来移民问题上不愿意承担更多的责任。在当年11月的美国总统选举中，主张"美国第一"、奉行"孤立主义"的共和党候选人唐纳德·特朗普赢得大选。特朗普不仅主张限制移民，还在美墨边境修建隔离墙、禁止穆斯林入境。2016年英国公投和美国大选的结果表明，美英这两个世界上最发达的国家开始走上"反全球化"的道路。与以往"反全球化"诉求主要来自发展中国家以及各个国家的弱势群体不同，新一轮"反全球化"潮流的特点是：曾经主导全球化进程、尽享其利好的国家转而成为全球化进程的阻碍力量。

反全球化趋势还助长了美国的冷战思维，这集中体现在新冠肺炎[①]疫情暴发以来美国打压中国的策略上。疫情期间，美国总统特朗普多次发布推文抹黑中国、"甩锅"中国。美国现任总统拜登虽然在同盟国及伙伴关系问题上采取了与前任不同的策略，但是在对华战略上却与特朗普如出一辙，甚至变本加厉。2021年2月，拜登在德国慕尼黑安全会议上发言时称，世界正处于两种政体斗争的"拐点"，而民主政体"必须赢得全面胜利"。为了实现这个"壮举"，美国及其盟国要做好与中国进行"长期战略竞争"的准备。而将世界分成两个不同的意识形态阵营，即所谓民主国家和非民主国家，正是冷战思维在当今时代的体现。

美西方的"反全球化"政策及其冷战思维增加了全球政治经济局势的不稳定性，并导致了多边主义向单边主义的回归以及对一系列国际规则（包括全球贸易规则）的破坏。不仅如此，"反全球化"带来的国际关系格局的变化，还直接导致了国际舆论格局的变化，并给传播科技的发展带来了极其负面的影响。

（二）新的国际舆论格局

国际舆论格局是指一定时期内国际舞台上各种舆论力量相互联系、相互作用所形成的一种结构状态。[②] 具体来说，国际舆论是国际关系在新闻传播领域中的反映，具有很强的政治属性。冷战结束后，随着国际关系格局的变化，

---

① 2020年2月7日，国家卫生健康委发布通知，将新型冠状病毒感染的肺炎暂命名为"新型冠状病毒肺炎"，简称"新冠肺炎"。2022年12月26日，国家卫生健康委发布公告，将"新型冠状病毒肺炎"更名为"新型冠状病毒感染"。

② 参见孟彦、樊剑英：《怎样看待当今的国际舆论格局》，《军事记者》2010年第11期，第47页。

国际舆论格局也在发生相应的变化,由此形成新的格局。

新的国际舆论格局的特点是:

第一,一向主张信息自由流动的西方国家转而成为信息自由流动的阻碍力量。

如前所述,美英等国"反全球化"的表现之一,就是压制新兴经济体——对新兴经济体的领头羊俄罗斯和中国的舆论打压就充分说明了这一点。

2016年,在美国总统大选中民主党意外落败,总统奥巴马认为俄罗斯的介入(网络黑客攻击)是竞选失利的一个主要原因,于是对俄采取了多项制裁措施,并于2016年12月23日签署了《波特曼-墨菲反宣传法案》,目的是提升美国及盟国的整体防卫能力,反制来自俄罗斯、中国以及其他国家的所谓政治宣传与谣言。根据该法案,美国国防部于2017年获得额外预算,建立了"反宣传中心",以对抗外国对美国的宣传。无独有偶,在此之前的11月23日,欧洲议会通过了《欧盟反击第三方宣传的战略传播》决议案,矛头直指俄罗斯媒体。该决议案将对抗俄罗斯宣传等同于打击"伊斯兰国",呼吁欧盟委员会和欧盟成员国额外资助反宣传项目。

之后,针对俄罗斯媒体的"反制"措施相继实施,先是于2017年要求俄罗斯媒体(紧接着是中国媒体)在美分支机构注册为"外国代理人",继而将其列入"外交使团"范畴进行管理,之后大幅度削减俄罗斯在美记者人数。2022年俄乌冲突甫一爆发,欧盟就发布禁令,驱逐俄罗斯电视台和俄罗斯卫星通讯社及其下属机构,俄相关媒体在欧盟境内TikTok和Instagram的账号随即被封。美国方面也将运营了十年之久的"今日俄罗斯"电视台(RT)美国分台关停,脸书则宣布禁止俄罗斯官方媒体在世界"任何一个地方"利用脸书平台投放广告。

美欧相关法案、决议案的出台及实施,与西方国家战略目标的调整相呼应,具有鲜明的意识形态倾向性和后冷战色彩,与其一向倡导的信息自由流动原则形成了强烈反差。

第二,一向引领全球传播科技发展的西方发达国家,转而成为逆技术潮流而动的反制性力量。这一点集中体现在对中国新兴科技企业的态度和行为上。2017年特朗普担任美国总统后,重新界定了中美关系。在奥巴马政府的

《国家安全战略报告》①中,中国被界定为"合作伙伴或竞争者";在特朗普政府的《国家安全战略报告》中,中国(和俄罗斯)由"合作伙伴或竞争者"变为战略"竞争者"(Competitor),进而在他的国情咨文演讲中由战略"竞争者"升级为竞争"对手"(Rival)。特朗普在任期间明确表示,担心中国陷入"修昔底德陷阱",与美国争夺世界领导权,并认为面对这一危险,美国必须采取措施。美国媒体关于中国互联网发展的议题及话语,就集中体现了美国政府对华战略的转向。在涉及中国网络技术和网络公司的报道中,"安全"成为频繁出现的关键词,美方通过抨击中国的网络管理,渲染所谓中国企业的全球"扩张",将"网络威胁"与"中国威胁"联系起来,为打压中国新兴科技企业进行舆论铺垫。

例如,近年来,美国动用国家力量,持续炒作"华为技术安全问题",并发布了一轮又一轮的禁令,从禁止购买华为产品,到禁止向华为提供手机操作系统,再到禁止向华为提供手机芯片,最后演变为禁止为华为代工手机芯片。美国还给各个国家施压,要求它们不得使用华为公司的设备,尤其是5G设备。2020年上半年,新冠肺炎疫情在全球暴发,抖音海外版TikTok下载量猛增,远超脸书和Instagram等美国社交软件,美政商界于是联手封杀TikTok,认为它对美国的国家安全构成了威胁。"TikTok事件"表面上看是美国政商两界联合发起的一场针对中国民营企业的围剿,本质上则是为了维护美国在全球资本和技术领域中既有的垄断地位,不允许其他国家挑战这一地位。这无形中阻挡了传播技术的进步,为当今时代人类共享信息平台的持续优化设置了壁垒和障碍。

二、新的国际关系格局下国际传播的特点

在新的国际关系及国际舆论格局下,国际传播呈现出以下特点:

第一,新兴经济体在国际传播中崛起。

发展中国家在探索建立公平、合理的全球政治、经济秩序的过程中,从未

---

① 根据美国国会1986年通过的《戈德华特-尼科尔斯国防部改组法》(Goldwater-Nichols Department of Defense Reorganization Act of 1986)第603条的要求,美国总统应定期向国会提交并向社会公布反映美国政府外交政策及战略走向的《国家安全战略报告》。该报告由国家安全委员会撰写,经总统签署后递交国会。

放弃建立世界新闻传播新秩序的呼吁和努力。随着一大批区域、次区域经济合作组织的出现,新兴市场和发展中国家也相应建立起区域内的信息合作关系。与此同时,发展中国家还着力加强信息基础设施建设和国际传播能力建设,一批具有全球影响力的媒体机构出现,成为国际舆论场上的一支重要力量。例如,1996年开播的半岛电视台,是一家立足阿拉伯国家、面向全球的国际性媒体。它在新闻报道中表现出与西方媒体不同的视角和理念,逐渐成为阿拉伯世界乃至全世界范围内具有影响力的电视媒体,被称为"海湾的CNN"。2005年7月开播的南方电视台(信号覆盖整个拉美、北美、欧洲及非洲部分地区),是由委内瑞拉总统查韦斯倡议开办的,办台宗旨是以拉美人自己的视角向民众传播新闻,巩固和推动区域一体化进程,并成为反对全球霸权的意识形态斗争的武器。时至今日,南方电视台仍然是拉美重要的国际传播媒体。2005年12月开播的"今日俄罗斯"电视台,是俄罗斯第一家国际新闻频道,其创建的初衷是向世界展现一个"没有偏见的俄罗斯国家形象",并且用俄罗斯的观点报道全球新闻。"今日俄罗斯"电视台一开始就把英国广播公司、美国有线电视新闻网等西方主流电视台视为竞争对手,试图打破其垄断地位。如今,"今日俄罗斯"电视台已经跻身国际大媒体的行列,成为具有全球影响力的多语种电视新闻网。2009年,为了改变国际传播领域"西强我弱"的局面,中国开始启动重点媒体的国际传播能力建设,努力打造国际一流媒体。经过若干年建设,重点媒体的海外站点数量大幅度增加,覆盖范围大幅度拓展,新闻信息的生产、加工能力明显增强,逐渐形成了技术先进的现代国际传播体系。

　　上述种种努力,都是为了打破美国等西方国家在信息传播领域一统天下的局面,实现舆论突围,形成自己的话语优势。由此出现了一个前所未有的变化:新兴市场和发展中国家在全球治理中开始发出更多的声音,发挥更大的作用。虽然与发达国家相比,发展中国家在国际舆论场上仍然处于弱势,但是作为一种新兴力量,它的作用与影响不可低估。

　　第二,对话语权的争夺成为国际竞争的焦点。

　　当今世界正经历百年未有之大变局,各种矛盾交替出现、不断升级,给全球化与多边合作带来了前所未有的冲击与影响。全球化曾经的主导者一方面急于"退群",另一方面极力遏制新兴经济体在全球治理体系中话语权的提升,由此形成二者之间日趋激烈的博弈——发达国家希望通过维护旧规则以及制定新规则继续巩固于己有利的话语体系;新兴发展中国家则力求通过改造旧规则和倡导新规则来建立有助于提升自身话语权的、更加公平合理的话语体系。对话语权的争夺由此成为后冷战时期国际竞争的焦点。

在此过程中,新兴发展中国家不畏阻挠、逆势而上,在争取话语权方面表现出强劲的势头。例如,2015年12月18日,美国国会在拖延多年后终于通过了国际货币基金组织(IMF)2010年份额和治理改革方案。该方案的实施,在很大程度上提升了新兴经济体在国际货币基金组织中的代表性和发言权。这是包括中国在内的发展中国家持续推动的结果。

近年来,新兴经济体积极参与全球治理,通过主办或参与国际会议,通过与媒体、智库合作及时发出理性声音,改变既有治理体系中不均衡、不合理的部分;新兴经济体还在数字经济、互联网规则、5G、AI、大数据安全、电子商务、区块链、数字货币、绿色金融等新兴领域加快了对技术标准及规则的开发、制定,促使其上升为全球治理规则,以此作为提升话语权的抓手。2000年9月8日,中国提出《全球数据安全倡议》,显示了我国对于解决全球共同面临的数据安全问题的责任、担当与贡献。当然,由于美国等西方国家在世界政治、经济体系中仍然居于主导地位,其话语霸权不会被轻易撼动,因此新兴发展中国家所进行的话语权争夺也必将经历漫长而曲折的过程。

第三,新媒体的发展加速了舆论格局变化。

在传统媒体时代,国际舆论格局基本上处于固化状态:西方几大通讯社和电视台决定着国际讯息的内容与流向,引导着广大受众对于国际问题和国际事件的认知与判断。1989年12月,罗马尼亚时任总统齐奥塞斯库被自己的国民逮捕,随即遭枪决的事件,就与一些西方国家(尤其是美国)的舆论渗透有关。为了达到瓦解罗马尼亚政权的目的,西方媒体占据了该国的舆论高地,不断放大罗马尼亚的内部问题,抢先揭丑、曝光、制造谣言,最终激起民愤,一发而不可收。这种操弄信息、舆论的手段,在后来一些国家的"颜色革命"中也被使用过。

随着互联网技术的发展,随着脸书、优兔、推特、微博、微信等全球性社交媒体的广泛使用,公民个人获得了自主发布信息、发表言论的渠道与平台,由此形成了"传统媒体+新媒体"的舆论生成机制。其中,新媒体的作用更加突出,网民个人只要在场、知情,就可以将事件的过程和细节迅速披露出来;不同的网民对信息进行修改和补充,更有助于追溯事件原委、还原事实真相。这就在很大程度上打破了原有的信息垄断格局,使单向传播和单方面的舆论操弄不再奏效。例如,美国在世纪之交发起的几次军事行动(1991年对伊拉克的海湾战争、1999年对南联盟的科索沃战争、2001年的阿富汗战争、2003年的伊拉克战争)中均采取了舆论先行的策略——通过政治动员在世界范围内制造同意,形成舆论一边倒的态势;虽有反对声音却很微弱,难以得到广泛传播。2022年俄乌冲突爆发后,美国驻北约代表朱利安·史密斯表示,美国要求所有国家明确对俄乌战争的立场,不允许中立。这实际上是在胁迫全世界各个国家选边站队,最大限度地孤立和制裁俄罗斯。这一次,美国并未得到期待中的结果——不仅有国家公开表示支持俄罗斯或表示中立,没有选边站队的国家的网民中也出现了支持俄罗斯的声音,例如,大量印度网民、学者和外交官在推特上发声,力挺俄罗斯,批评美国。此事虽然令美方不满,却是无法改变的事实。总之,新媒体的出现,为不同观点的表达与互动提供了多种渠道,一定程度上改变了信息不均衡、不透明的状态,使舆论一边倒的格局不复存在。正如推特诞生时美国《时代》杂志预言的那样:社交媒体的崛起不仅会改变世界,还会改变世界改变的方式。

◆ 思考题

1. 互联网的特点是什么?
2. 互联网的作用与影响是什么?
3. 互联网时代的国际传播有什么特点?
4. 新的国际关系格局是怎样的?
5. 新的国际舆论格局的特点是什么?
6. 新的国际关系格局下国际传播的特点是什么?

第四章 国际传播的主体

本章将重点考察借助大众传媒进行国际传播的行为主体,即"大众传媒的这一边谁在传、谁有可能传"的问题。而"国家元首的互访,外交家的斡旋与游说,国与国之间政治、经济、军事的交流、谈判与协商"[1]以及"以旅游、移民、留学、访问、会议等形式过境的人员往来"[2]等,则不在本章的考察范围内。

第一节 国际传播主体概述

一、谁是国际传播的主体

在回答这个问题之前,首先需要对国内外学者有关国际传播主体的界定做一个综合的考察。

整体上看,学者们有关国际传播主体的界定或描述大致可以分为三类。

第一类是国家主体说。

国外有学者认为:"国际传播是以国家社会为基本单位,以大众传播为支柱的国与国之间的传播。"[3]国内有学者认为:"在通过大众媒介的国际传播活动中,国家政府组织是主要的信息发出者之一。……国家借助传播媒介,利用

---

[1] 郭庆光:《传播学教程(第二版)》,中国人民大学出版社2011年版,第228—229页。
[2] 关世杰:《国际传播学》,北京大学出版社2004年版,第2页。
[3] 郭庆光:《传播学教程(第二版)》,中国人民大学出版社2011年版,第228—229页。

信息维护和谋求本国利益;国家借助传播媒介实施其国际战略。"①

第二类是多元主体说。

国外有学者认为:"国际传播是一个调查和研究个人、群体、政府(利用)技术(如何)传递价值观、观念、意见和信息的领域,是一个关于在不同国家和文化间促进或阻止信息交流的机构组织的研究领域。"②国内有学者认为:"国际传播主要是指通过大众传播媒体(国际媒体)并以民族国家和国际组织为主体的跨越民族国家界限的国际信息传播及过程";"国际传播是指跨越两个或两个以上国家,或不同文化体系间的信息交流。信息交流是指个人、团体、政府通过各种手段转移信息及数据。"③

第三类是无主体表述。

这类界定侧重于对国际传播现象的描述。例如,国外有学者认为:"国际传播的简单定义是超越各国国界的传播,即在各民族、各国家之间进行的传播。"④我国于1993年出版的《宣传舆论学大辞典》对国际传播的界定是:"指国家与国家之间的信息交流活动,尤指以其他国家为对象的传播活动。可通过人际传播或大众传播形式进行,但以大众传播为主。"⑤国内不少学者沿用了这一说法。

应当说,以上界定,特别是前两种界定中关于国际传播主体的描述——无论是国家主体说还是多元主体说,都是合乎实际的,都是对国际传播某一发展阶段内在特征的反映。不足之处在于,对于国际传播主体,二者均缺乏历史的、动态的考察、分析。

我们知道,国际传播是在国家形成之后出现的,也是随着国际交往范围的扩大、国家经济实力的增长而不断发展的。由于传播技术手段的限制,在很长一段历史时期内,国际传播的主导者是国家,是代表国家行使管理职能的各国

---

① 刘继南主编:《国际传播——现代传播文集》,北京广播学院出版社2000年版,第6页。
② 转引自郭可:《国际传播学导论》,复旦大学出版社2004年版,第6页。
③ 同上。
④ 〔美〕罗伯特·福特纳:《国际传播:全球都市的历史、冲突及控制》,刘利群译,华夏出版社2000年版,第5页。
⑤ 刘建明主编:《宣传舆论学大辞典》,经济日报出版社1993年版,第314页。

政府。各国政府不仅通过大众传媒(特别是大众传媒中专门用于对外传播的部分)向外传播信息,还承担着国际传播控制者与管理者的职责,即大众传播中"把关人"的职责。它决定着本国是否加入和如何加入国际传播过程,采取什么样的信息接收方式,怎样建立自己的国际传播系统,在哪些方面加大投入力度,是否与国际网络端口连接、开放本国的信息市场等;它还要代表国家就国际传播中涉及的相互关系问题签订国际协议,并代表国家在国际性的公约组织中发表意见,体现国家的意志。这些都是国家以外的其他组织机构和个人难以做到的。当然,即便是在传统媒体时期,也有通过海底电缆或国际通信卫星进行私人传播的情形,比如跨国公司为了使公司本部与国外制造厂或销售点取得联系,租用卫星转发器发送信息;一些国家的使馆也通过卫星与本国保持联系。但这只是小范围、小规模的传播行为,相对于国家主体而言,它们只是处于附属地位。因此,在传统媒体主导传播过程的情况下,国际传播就是以国家、社会为基本单位,以大众传播为支柱的国与国之间的传播,在此传播中,国家政府组织是主要的信息发出者之一。

互联网的出现,使国际传播中的传受关系发生了根本性的变化。在此之前,信息传播基本上是单方面的权利与行为(互动机制比较弱),传播者可以通过媒体将信息传给众多的接收者,接收者却不能以同样的途径将信息反向传回(这种沙漏式的传播模式为把关人实施把关控制提供了必要的条件)。互联网将千家万户连接起来,将世界上所有的国家和地区连接起来,只要具备上网条件,任何人都可以摆脱相对封闭的信息环境,进入开放的、无疆界的信息空间。在这个信息空间里,人们不仅可以自主地寻找和接收信息,作为信息传播客体而存在,同时也可以主动发布信息,成为信息传播主体中的一员。网络传播带来的传受关系的变化,使国际传播形态发生了相应变化,其结果是,国家(政府)不再作为主要的或唯一的传播主体主导传播过程,政府之外的其他机构与个人也摆脱了依附地位,成为传播主体。这就使国际传播主体发生了质的变化,由一元走向多元。需要强调的是,即便是在网络传播时代,多元传播主体形成以后,政府作为国际传播控制者的身份仍然没有改变。当然,从技术角度讲,只要接入互联网端口,一国政府再像从前那样对网上信息进行筛选与控制，难度就比较大了。这也正是目前各国政府适应新的传播环境的要求，在控制的方式、方法上做相应调整的原因。

由此可以得出结论，国际传播主体不是一成不变的，而是动态发展。随着信息传播技术由低级向高级发展，国际传播主体也经历了由一元（政府）向多元（政府、企业、其他社会组织、个人）的转变。

在有关国际传播的界定中，还有一些界定是"无主体"的，如前述第三类。这类界定在很大程度上仿效了"大众传播"的界定（在关于"大众传播"的界定中，传播主体是一种隐性的存在）。对于大众传播学而言，传播主体是谁、以怎样的形式存在无关宏旨。这是因为，大众传播重在考察信息传播的一般过程、特点和规律性，属于基础性的研究；国际传播则不同，它所考察的不是人类一般性的传播活动，而是国家控制下一国信息对外传播的具体现象或行为，属于应用性的研究。在这种研究中，研究者不仅要对国际传播中不同于大众传播的特殊现象进行分析，还要对"传"的行为以及传播如何致效等具体问题进行研究探讨，并提出有针对性的解决方案。"解决方案"提供给谁？如果没有对应性的传播主体或主体不明确，这个问题就不能落到实处，国际传播学的特点也就不能清晰地体现出来。因此，与大众传播不同，国际传播应当有明确的主体。

二、国际传播主体的分类

国际传播主体是指国际传播中的信息发出者，现实社会中的各类组织均有这方面的需求。从组织是否以营利为目的的角度出发，可以将其分为营利组织（企业）和非营利组织（Non-Profit Organization，NPO）；从组织是否具有政府背景以及是否有政府参与的角度出发，可以将其分为政府组织（政府）和非政府组织（Non-Governmental Organization，NGO）。综合以上两种划分方法，同时考虑到互联网时代的特征，我们将国际传播主体大致分为四类：政府、企业、社会组织和个人。

政府是国家行政机关，是国家权力的执行机构，对国家事务行使管理、监督、指导、服务、保卫等项职能。由于政府具有特殊的地位，在国际传播中，它始终是主导性的传播者,即所谓强势主体。在很长一段时间里,政府作为传播主体的地位无人能够企及,它代表国家进行的对外传播,是国际传播中最主要的部分。即便在今天,在某些国家的某些特殊发展阶段(如战争、政权更迭等)以及一些对舆论进行严密控制的国家,政府仍然是唯一的对外传播主体。正因为国际传播长期由政府主导,与国家主权、国家利益密切相关,它才带有浓重的政治色彩。多元传播主体出现后,尽管政府作为国际传播主体的强势地位受到了挑战,但在诸多传播主体中,它仍然处于主导地位,并对其他主体的传播行为实施把关控制。由于政府在国际传播中具有特殊的地位与作用,它始终是国际传播学的重要研究对象。

企业是营利性的社会组织。受经济利益的驱动,在征服国内市场的同时,它必然要开辟国际市场,向外输出自己的产品、服务和技术。在此过程中,企业自然就会产生对外推销产品、服务,进行广告、公关宣传的需要,也就是国际传播的需要。从企业参与国际传播的历史走向看,企业(国际)传播主体经历了由国内企业向跨国公司的演进、发展过程。最初是随着生产力水平的提高,国内企业开始参与国际分工,面向世界市场,这些企业也就成为最早的国际传播主体。随着全球经济一体化的形成和世界市场的进一步扩大,出现了专门从事国际贸易的跨国公司。跨国公司本身就是超越国界的,它的传播活动一开始就带有国际传播(全球传播)的色彩,是国际传播的一部分。从目前的情况看,国内公司的跨国经营、贸易活动范围正在进一步扩大,跨国公司的数量也在不断增长。与此相应,企业作为国际传播主体的信息传播需求也会越来越多。

作为四类国际传播主体之一的"社会组织"特指政府、企业以外的各类组织。按照前述分类方法,"社会组织"大体可以分为两类:非营利组织和非政府组织。非政府组织兴起于20世纪70年代,80年代以后开始在世界范围内得到发展和普及;非营利组织的概念大致出现于20世纪80年代的美国,之后兴盛于全球。总的来说,这两类组织所涉范围大体相同,没有定义上的严格区分,只是界定角度不同而已。如果忽略界定角度,将它们笼统视为非营利、非政府组织的话,以影响范围而论,它们又可以分为四类:第一类是一国范围内专业性、行业性的团体、组织,包括各种协会、学会、研究会、联合会以及学校、图书馆、医院等;第二类是国家性的且以国际交流为目的的各种团体、组织,例如中国人民对外友好协会、中国贸促会、国际商会等;第三类是跨国界(区域性)的团体或组织,如欧盟、东盟、北大西洋公约组织等;第四类是全球性的团体或组织,如联合国、世界贸易组织、国际货币基金组织,等等。这些团体、组织均有明确的目标与宗旨,或是为了引起人们对某个问题、某种事物的普遍关心,或是力求推动某项社会事业的发展。后三类团体、组织的信息传播本身就是国际传播的一部分;借助新媒体平台,国内组织的传播也可以跨越国家的界限。除此之外,还有一类特殊的组织,即恐怖组织和邪教组织等,它们同样是新媒体平台积极的使用者,其传播行为同样构成国际传播的一部分,只不过它们所传信息的社会效应是极其负面的。

个人参与国际传播古已有之。早期的个人参与是以人际交往的形式进行的;传统媒体条件下个人也可以参与国际传播过程,但是由于媒体机构受控于政府,个人尚不能成为国际传播的主体。互联网的出现改变了大众传播中原有的传受关系,把信息发布(及获取)的权力赋予了大众,个人由此成为国际传播主体中的一员。网络媒体本身具有非官方、自组织、草根性的特点,因此各类社交平台上聚集了大量网民,他们在彼此对话、交流的过程中分享着来自不同民族、国家的信息和文化内容,由此加深了相互之间的了解,他们也就成为网络世界文化传播的名副其实的主力军。例如,中国视频博主李子柒因为拍摄乡村古风生活、传统美食、传统文化方面的内容走红网络,在海外社交平台上也受到了广泛关注:截至2020年,她在优兔上有746万粉丝,超过了英国广播公司、美国消费者新闻与商业频道(CNBC)等全球顶尖媒体的粉丝数。很多外国网民通过看李子柒的视频对中国产生了兴趣,她也就实际上成为中华文化的传播使者。除此之外,一些国际知名人士、智库学者,甚至政府官员也利用社交平台发布信息、表达观点,彼此互动,从而将网络传播提升到国家战略的层面。当然,由于网络平台与生俱来的随机性和非理性的特点,网民的一些言论有可能突破原则与底线,给国家的外交政策和外交努力带来负面影响,这也是政府管理部门面临的一个新课题。

三、国际传播主体的特征

国际传播主体具有以下特征:

第一,传播主体的性质不同。

虽然政府、企业、社会组织和个人都可以被称为"国际传播主体",但是它们有着本质上的区别。主体的不同也就决定了传播性质与形态的不同。以政府为主体的国际传播是政府信息传播的向外延伸部分或跨国界的部分,与其他传播主体不同,政府传播者代表国家行使传播职能,具有绝对的权威性。当它通过媒体进行信息传播时,它具有双重身份:既是传播者,也是把关人。这是其他任何国际传播主体不具备的特性。与政府传播不同,企业传播是一种商业行为,目的是追求利润的最大化。因此,以推销产品、服务为诉求的广告宣传和以树立形象为诉求的公关宣传也就成为企业传播中的一部分重要的内容。社会组织有着不同的类型,不同类型主体主导下的传播的性质也是不同的。例如,政治性组织的传播属于政治传播范畴,文化类组织的传播属于文化传播范畴,宗教类组织的传播属于宗教传播范畴,它们各有其传播规律与特殊要求。个人传播主体是随着互联网的产生而出现的,具有分散性、随意性的特点,其传播规律和要求与上述主体显然不同。总之,传播主体性质的不同决定了传播目标、传播形态及其内容的不同。因此,我们在研究国际传播主体共性的同时,有必要对不同主体的个性特征进行考察、分析。

第二,传播主体的影响力不同。

在国际传播中,传播主体的影响力是不同的。在诸种传播主体中,政府是强势主体,最具影响力。它所传播的信息可以在一个地区、一个国家甚至整个世界形成一致性的注意,并推动形成统一的舆论、统一的意志、统一的行为,对事件的发展产生重大影响。例如,2001年"9·11"恐怖袭击事件发生后,美国政府的信息传播(包括总统演讲、新闻发言人的发言、各种相关报道和评论等)使美国民众在较短的时间内就在极度恐慌中镇定下来,恢复了正常生活,并开始了一致对外的"反恐"行动。政府传播主体的影响力由此可见一斑。当然,一些全球性、地域性的组织,如联合国、世界贸易组织、国际货币基金组织等在世界范围内也有着相当大的影响力。在诸种传播主体中,个人的影响力似乎最小,因为他们是分散的个体,而个体的声音远不及国家、社会组织或跨国企业响亮。正常情况下或许如此,一旦出现非正常情况(如与个人利益相关的危机事件或与民族国家利益相关的重大事件发生),个体就会迅速聚合、发表意见,形成强大的舆论声势,以致对政府或大型组织机构的决策造成影响。因此,当政府及大型组织机构在面对或处理与己有关的重大事件时,不可忽视网民的力量。

第三,传播主体利用媒体的程度不同。

传播主体的特殊性,决定了它在媒体选择和使用上的特殊性。就位势而言,政府显然高于其他传播主体,它与新闻媒体的关系也与众不同。作为代表国家行使管理职能的一种特殊机构,政府对媒体具有控制与管理的权力(特别是在国际传播中),这种权力或通过行政、法律手段表现出来,或通过信息手段表现出来。在后一种控制状态下,媒体对政府的依赖是显而易见的:媒体无不希望获得来自政府的权威信息,并借此显示自己的权威性。政府用以进行国际传播的媒体既包括报纸、广播、电视等传统媒体,也包括现时代具有明显优势的各种社交媒体。当然,政府传播中也存在着媒介选择问题,但它无须考虑成本如何,只需考虑如何通过媒体将信息快速、准确地传达到公众那里即可。企业是营利性组织,它对媒体不具有控制、管理的权力,媒体对它也没有配合报道的义务。因此,企业只能通过购买报纸的版面,广播电视的频率、频道等进行广告、公关宣传,为此就不能不进行成本核算;当然,互联网为它提供了低成本的传播渠道。非营利组织与媒体的关系也大抵如此。个人利用传统媒体自主传播信息的可能性很小,只有通过互联网,他们才能成为独立的传播主体。由此可见,随着传播主体规模和重要程度的递减,其媒体选择的范围和使用的程度也在递减。

第四,传播主体的传播行为不同。

不同的传播主体代表着不同集团(或个人)的利益,有着不同的目标诉求,这些必然在传播行为中表现出来,从而呈现出不同的规律与特征。对不同组织(个人)的传播行为进行考察、分析,了解传播行为背后的决定性因素,探索其内在规律,是国际传播研究不容忽视的一个方面。由于前面提到的原因,在以往的大众传播学研究中,人们对于传播主体本身几乎不予关注。例如,对于拉斯韦尔传播过程五要素中的四个要素,即讯息、媒介、受传者、效果都有着清晰的界定和充分的研究,唯独传播者一项少有涉及。在西方国家,传播者研究被定位于控制研究,与内容分析、媒介分析、受众分析、效果分析并称大众传播学研究的五大领域。因为大众传播学是研究人类传播一般过程和规律的,所以"传播者"被忽略(实际上是传播者与媒介合一)尚可理解。国际传播研究的是不同传播主体利用大众传媒(跨国界)传播信息的现象和行为,相应地,对主体传播行为的考察、分析就成为这门学科中一个基础性的部分。如果不对传播主体进行分类、分层研究,并具体观察不同传播主体特殊的传播行为及其在此基础上形成的共性特征,就不可能对国际传播现象做出合理的解释,也不可能就传播如何致效得出科学的结论,其结果是,国际传播研究的任务也就不能很好地完成。

第二节 作为国际传播主体的政府

一、政府作为国际传播主体的特点

"政府"有广义、狭义之分。广义的政府是指由国家机关(包括立法、行政、司法部门和军队等)构成的整体,即人们通常说的"国家政权";狭义的政府是指具体的国家行政管理机关,如国家各个部委。广义上,政府即是国家;狭义上,政府从属于国家。本节有关政府传播主体的探讨,主要是在广义层面上展开的(同时兼顾狭义部分)。作为国际传播主体,政府具有双重身份——既是信息的传播者,也是传播行为的控制者。这是它最突出的特点。

(一)作为信息传播者的政府

作为信息传播者,政府具有绝对的权威性,这种权威性具体表现在:首先,政府是国家权力、国家意志的集中体现,是国家对外传播的法定"代言人",重大危机事件发生时尤其如此。其次,政府的权威性决定了政府对核心信息的独占性——它可以通过自己掌握、控制的信息渠道，获得有关事件全面、准确的消息，而包括社会组织、个人在内的其他任何传播主体都不具备这个条件。政府发布信息前，其他传播主体可以通过各种渠道获得相关信息，但这种信息多半是局部性的或片面的，只能作为"未经证实"的信息发布或作为传闻传播，最终尚需得到"证实"，而能够予以"证实"的，只有权威信息源——政府。最后，政府对核心信息的独占性，决定了媒体与政府之间"取"与"予"的关系格局。在这一关系格局中，政府是主动的，媒体是被动的。在西方国家，特别是在战争时期，这种情况十分明显。例如，第一次海湾战争（1991年）期间，美国采取的是由军方统一报道口径、统一发布新闻的做法。尽管媒体对这一做法颇有怨言，但是由于信息渠道相对单一，媒体只能被动地接受政府提供的信息。第二次海湾战争（2003年）期间，尽管信息来源比以前多了，媒体的自主性也有所增强，但是从根本上说，媒体对政府的信息依赖仍然没有改变。在日本，有近八成的政治信息和近三成的经济信息来源于记者俱乐部，而记者俱乐部是政府部门控制新闻信息的"闸门"。在我国，"党的各级组织的报刊和其他宣传工具，必须宣传党的路线、方针、政策和决议"是由党章规定的，传播党和政府的声音是媒体应尽的责任。

正因为政府传播主体具有权威性，它也就成为国际传播中最有分量和最具影响力的传播主体。当然，政府传播主体的权威性和影响力有时并不成正比，换句话说，权威性高并不一定意味着影响力大（或产生正效应），这就涉及传播的策略方法与技巧问题了。因此，政府传播主体要想在国际传播中获得良好的效果、增强影响力，首先就要尊重传播规律，尤其是注意不同传播对象国（地区）的受众的不同接受心理。传播学的研究告诉我们，在信息传播过程中，受众不是被动的接收者，他们对信息的注意和理解是有选择的。国际传播领域的受众因意识形态、文化背景、接收习惯的不同而显示出更大的选择上的差异。如果意识不到这一点，习惯性地以固有的编码、释码信号去影响另一个场域中的译码者，不但达不到预期效果，还会造成信息的浪费和信息传播的高成本、低效益。如何加强对域外受众和传媒市场的了解，使面对不同对象国和更大范围内的信息传播获得良好效果，已经成为各国政府普遍关心的问题。

（二）作为信息传播控制者的政府

政府在开展国际传播活动的同时，还对其他传播主体的行为及其传播过程进行监督管理，行使着把关职能。政府的把关控制有两种形式：一是行政手段的控制，二是信息手段的控制。前者是指政府通过制定法律法规，通过管制、监督和协调媒体的行为，统一对外发布口径，形成主导性的舆论；后者是指政府通过其占有权威信息源的优势引导媒体进行传播以形成控制。在不同的国家，政府实施把关控制的方式、方法不同，有的主要通过行政手段迫使媒体合作，有的主要通过信息手段吸引媒体合作，有的两种手段兼施并用。具体采取哪种方式、方法，一方面取决于各国不同的政治制度和管理体制，另一方面取决于国家所面临的国内外环境。

每个国家都有专事对外传播管理的实体机构。以美国为例。美国长期行使对外传播管理职能的机构是冷战时期成立的美国新闻署（USIA，1953年成立），此后美国政府主要依靠该机构来实施对外宣传战略。以苏联解体为标志的冷战结束后，华盛顿决策层认为美国新闻署的主要使命已经完成，遂于1999年9月底将其并入国务院。与此同时，原属美国新闻署的广播理事会（BBG，1994年成立）独立出来，成为国际传播方面的管理机构。广播理事会的职责是：监督、管理和指导美国政府所有非军事性的对外广播，评定它们完成任务的情况和质量，分配资金，确定广播语种的增减，向总统和国会提交年度工作报告。它下辖国际广播局、美国之音、自由欧洲电台（RFE）、自由亚洲电台（RFA）、对古巴广播电台和电视台以及工程技术服务部。广播理事会之下的国际广播局则协助它直接管理由联邦政府拨款的美国之音、世界影视服务频道（Worldnet Television and Film Service）、对古巴广播电台和电视台以及工程技术服务部的工作。广播理事会还负责为自由欧洲电台和自由亚洲电台的市场与发射工作提供支持（自由欧洲电台和自由亚洲电台属于国会拨款资助的非营利公司，直接接受广播理事会领导，由理事会管理国会给它们的拨款，以确保有效使用）。

"9·11"恐怖袭击事件发生后，美国相继成立了战略影响办公室（2001年）和全球传播办公室（2002年），并于2004年开始强化内外传播的系统集成，将公共外交、政府信息/心理运作、国际广播以及军事情报部门的资源进行全面整合，建立了美国国家战略传播系统。

我国主管对外宣传工作的部门是中华人民共和国国务院新闻办公室①。国务院新闻办公室组建于1991年1月，其主要职责是推动中国媒体向世界说明中国，包括介绍中国的内外方针政策、经济社会发展情况，以及中国的历史和中国科技、教育、文化等方面的情况。工作重点是通过指导协调媒体对外报道，召开新闻发布会，提供书籍资料及影视制品等方式对外介绍中国；协助外国记者在中国的采访，推动海外媒体客观、准确地报道中国；广泛开展与各国政府和新闻媒体的交流、合作。

中华人民共和国国务院新闻办公室网站（www.scio.gov.cn）于2007年1月1日开通。该网站面向国内外公众，及时准确地发布重要政务信息，编发国务院新闻办公室组织的重要公务活动、与各国政府和新闻机构的交流合作情况、对外文化交流活动、政府白皮书等重要信息，是向世界介绍中国情况的窗口。

二、政府作为国际传播主体的职责

政府在国际传播中承担以下职责。

（一）维护国家的信息主权

国家主权是一国之根本。进入信息化时代，信息成为民族国家发展的核心要素，相应地，"信息主权"也就成为国家主权的重要组成部分。一个国家在国际事务中地位的高低、作用的大小固然取决于其综合国力的强弱，同时也取决于它是否能够在信息技术的发展中维护自身主权，扩展信息边界，争取未来的"信息空间"。这正是各国政府，尤其是广大发展中国家政府面临的共同课题。从世界范围来看，西方发达国家始终占有信息传播优势，发展中国家则处于劣势，有关它们的消息大多来自西方国家的媒体，由它们自己发出的信息则少之又少。发展中国家对发达国家的信息依赖必然导致一个后果：其经济和文化资源得不到很好的保护，信息自主权受到限制。因此，在对不利于本国

---

① 中共中央对外宣传办公室与国务院新闻办公室，一个机构两块牌子，列入中共中央直属机构序列。

发展的信息加强防范的同时，包括中国在内的广大发展中国家正在努力改变被动状态，积极发展信息科技产业，在重大问题上敢于发表见解、阐明立场，让更多的人听到自己的声音，使国际舆论朝着于己有利的方向发展。这也是处于信息劣势的国家从边缘走向中心的必由之路。

（二）树立良好的国家形象

树立良好的国家形象和声誉，是有效进行国际传播的前提。正因为如此，世界各国，尤其是一些发达国家在这方面不惜斥巨资、不遗余力。美国从联邦、州到各级政府都设有专门从事形象管理工作的公共关系部门，单是联邦政府就雇用上万人处理公共关系事务，每年的经费支出高达几十亿美元。"9·11"事件之后，美国人突然发现自己在世界上——特别是在伊斯兰国家——的形象出了大问题，白宫与国会赶紧增加拨款，建立阿拉伯语电台和电视台，增强面向伊斯兰世界的宣传。美国外交关系委员会还组织专家就国家形象问题进行了调查、分析。2002年7月30日，就在调查报告公布的当天，白宫宣布成立全球传播办公室，以加强与其他国家的交流和沟通，促进彼此相互了解。

在树立国家形象方面，我国政府的自主意识越来越强。随着中国国家实力的持续提升，国际社会对我国形象出现了截然不同的认识，既有对"中国模式"的赞誉，也有对"中国威胁"的大肆渲染。针对现实问题，尤其是对中国发展的种种误解与偏见，中国政府采取措施积极应对，努力塑造可信、可爱、可敬的中国形象，为我国改革发展稳定营造有利的外部舆论环境。

（三）将其他传播主体的行为纳入国家利益轨道

作为国际传播的主体，不同的组织（个人）有着不同的利益，比如营利组织的商业利益，非营利组织以及个人的多元利益，等等。组织（个人）利益如果与国家利益一致，对于国家形象的塑造、国际关系的处理会产生积极的作用，反之则会带来消极甚至有害的结果。因此，协调不同利益集团的关系，使之与国家利益保持一致，在国际传播中形成舆论合力，也就成为各国政府义不容辞的责任。近些年来"公共外交"的实施和广受重视，集中反映了各国政府在这方面的努力。"公共外交"（Public Diplomacy）的概念是由美国人提出来的(1965年),美国也是世界上推行公共外交最有力度的国家。资料显示,早在2004年,美国每年在公共外交方面的投入就高达10亿美元;法国一直以来通过宣扬其引以为傲的法兰西文化,将法语和法国的理念向全世界推介;日本也对公共外交工作投入了庞大的资源,据不完全统计,近年来公共外交费用在日本外交预算中的比例均在10%以上。在许多国家,"公共外交"主要是外向性的,目的是通过影响对象国公众的态度进而影响其政府的外交政策。[1] 在中国,这方面的实践则经历了一个由主要对内逐渐趋于外向的过程。2009年年底,外交部新闻司公共外交处升格为公共外交办公室,这意味着公共外交已经成为国家战略的重要组成部分,而将国内其他主体的传播行为纳入国家利益轨道,也成为包括外交部公共外交办公室在内的政府相关管理部门的职责。

(四)推动采用新技术,保证国际传播质量

国际传播是对信息技术发展依赖程度最高的传播形态。要想在世界新闻传播格局中占有一席之地,获得良好的效果,就必须采用先进的传播科技手段,提高硬件设施的质量和水平。毋庸讳言,当前世界各国信息技术的发展是不平衡、不对称的,与先发国家相比,后发国家在硬件设施的数量和技术含量上均存在很大的差异。同时我们也应当看到,信息技术具有更新快、代际更迭周期短的特点,这又为后发国家直接利用这些资源实现跨越式发展,缩小与先发国家的距离创造了条件。近年来,随着数字技术的蓬勃发展,培育壮大数字化新业态已成为世界各国重塑核心竞争力的重要举措。例如,东盟各国通过加强战略谋划、突破关键核心技术、升级信息基础设施等方式,围绕新一轮技术升级进行了积极的探索。2019年,缅甸政府公布数字经济路线图,成立了缅甸数字经济发展委员会,旨在实现数字化转型,引入和创新数字政府、数字贸易,并在所有部门发展数字经济,促进包容性和可持续社会的发展;菲律宾政府发布《数字化转型战略(2022)》报告,力求尽快完成电子政务系统的全覆盖;印度尼西亚政府制定了"电子商务发展路线图",大力支持国内电子商务的发展。2015年,我国将"互联网+"的行动计划纳入政府工作报告,提出了推

---

[1] 参见林逢春:《试析西方公共外交的实施策略及对我国的启示》,《广东工业大学学报(社会科学版)》2012年第5期,第70页。

动移动互联网、云计算、大数据、物联网等与现代制造业结合,促进电子商务、工业互联网和互联网金融健康发展,引导互联网企业拓展国际市场的战略蓝图。我国政府还将5G技术视为"战略性新兴产业",全力推进它的发展。目前,中国的5G技术已经处于全球领先地位。5G等新技术将为国际传播带来全新的信息采集、处理和分发方式,并支持更具沉浸感和参与感的下一代应用与服务。这必将在技术应用上为我国的国际传播开创新局面。

（五）加强国际传播领域中的合作

代表国家进行国际传播领域的合作,也是作为国际传播主体的政府所承担的责任。就中国而言,国际领域的合作包括两个方面:一是与发达国家在信息科技领域合作,以获得先进的技术成果,缩短与先发国家的距离;二是与发展中国家以及相关国际组织合作,目的是加强彼此之间的沟通、交流,建立公平、合理的传播秩序。在新的国际关系格局下,后一方面的合作尤为重要,因为国际传播是国际政治的一部分,牵涉国家主权和国家利益。要想维护国家主权和利益,防止先发国家信息过度倾斜带来的不良影响,仅凭一个国家,尤其是一个发展中国家的力量是无法实现的。这就需要建立信息联盟,形成区域性的信息传播强势。近年来,我国与广大发展中国家,尤其是亚洲国家在互联网领域积极开展合作,除了持续举办世界互联网大会,还开设了中国-东盟信息港论坛、亚洲媒体高峰论坛等,共谋互联互通与创新发展之策。除此之外,发展中国家还可以借助国际协调组织的力量争取自己的权益。目前,世界上虽然有一些国际传播方面的维权组织和一些保护发展中国家利益的宣言、报告,但是它们的作用还没有充分发挥出来,远未像全球性或区域性的经济组织(如WTO、世界银行、欧盟、亚太经合组织等)那样,在经济一体化过程中、在协调各国关系与利益方面发挥重要作用。在这方面,各国政府任重道远。

三、政府作为国际传播主体的变化

随着传播手段的发展、变化,作为传播主体的政府的传播行为和管理方式也不可避免地发生变化。

（一）信息传播方式的改变

在早期的国际传播中，在相对封闭的信息环境下，各国政府的主导地位和支配作用是毋庸置疑的，它可以决定传播什么、不传播什么，也可以对信息进行加工处理，以达到预期目标。

互联网的出现改变了这种局面。网络信息平台具有交互性强、传播速度快的特点，随着网民参与程度的提高，社会的透明度也越来越高。这就使得政府信息运作的"自我裁量"空间大幅度缩小，其信息发布也被置于社会大众的监督之下，变得更加公开、透明。从世界范围看，很多先发国家，如瑞典、丹麦、美国、法国、荷兰、加拿大等都把政府信息公开法作为国家法律颁布；亚洲的日本、韩国等相关法律的颁布，则是在互联网出现以后，如韩国的《公共机关信息公开法》（1996年）、《公共机关信息公开法施行令》（1997年），日本的《关于行政机关信息公开的法律》（1999年）。我国的《中华人民共和国政府信息公开条例》于2007年颁布，2008年正式实施。在此之前，伴随着互联网的发展和政务公开的要求，中国政府新闻发言人制度已建立。多年来，新闻发布制度在政府与公众之间搭建了有效的信息沟通桥梁，为公众参与公共事务和国家治理创造了条件。但是，在社交媒体广泛使用的情况下，政府的新闻发布（或政府通过主流媒体的发布）也面临着新的挑战。挑战之一是：如果政府的信息发布未能满足网民的需求或不足以令他信服，他就会转而从非政府、非权威渠道获取信息、传播信息，这不仅会淆乱视听、误导公众，还会使政府的行政能力受到拷问和质疑。挑战之二是：政府发布的信息如果未能在网上引起注意，其传播周期和热度将非常有限；而在社交平台上形成的舆论热点，往往会引来众人围观，其传播的深度、广度以及释放的能量将大幅递增，最终倒逼政府发言、表态，这同样会给政府的形象和声誉带来负面影响。

面对新的挑战，政府管理部门开始改变传统观念，树立互联网思维，积极探索信息发布的新形式。例如，两会期间设立部长通道、委员通道，集中回应社会关切；新冠肺炎疫情期间以"云直播"方式举行新闻发布会，回答记者、网民的问题；让普通劳动者走进政府新闻发布大厅，讲述自己的故事……一些国家部委和地方政府开始利用抖音短视频发布政务信息，形成集微博、微信、客户端、抖音于一体的"两微一端一抖"的新媒体政务信息发布模式。总之，政务信息化是一场新的革命，各国政府在与时俱进的同时，也为推动全球信息化进程做出了贡献。

（二）信息控制方式的改变

在传统社会中，信息流动是有规则的，公众舆论由零星话语到聚合、生成并受到媒体的关注，是一个可以预料的过程。在这个过程中，政府完全可以通过各种手段掌控舆论的走势，平抑舆论的强度，从而不至于让舆论对其决策及施政过程造成太大的影响。社交媒体的出现以及网民的意见参与，使公众舆论的形成过程大大缩短，它不再是由量变的缓慢积累而逐渐发生质变的过程，而是在短时间内就有可能因为量的急剧增加而发生质变的不可控、不可测、不可逆的过程。网上舆论的这种特殊性，在很大程度上增加了信息管理的难度，使政府在传统社会中那种从容应对的局面不复存在。这是政府在信息控制方面遇到的巨大挑战。

互联网出现以后，许多国家开始正视舆论生态的变化，普遍提高了对网上舆论的重视程度，并利用大数据技术进行舆情监测。国外的网络舆情监测机构出现得比较早，如 Buzzlogic、Nielsen、Cision 等，主要是面向企业提供舆情服务，业务各有侧重：有的主要负责网站、社交媒体的舆情监测，为客户提供舆情报告；有的重点对网民言论进行分析、研判，为客户提供行业动态信息。政府方面也开始借助大数据技术及各种软件工具进行网络监测，为社会管理提供科学依据。例如，20 世纪 90 年代，美国纽约市警察局开发了著名的 ComStat 系统，通过分析历史数据绘制"犯罪地图"，预测犯罪高发的时间和地点，以便有针对性地加强警力配置，获得了预期效果。这种"数据驱动"和"关联分析"方法，对于监测和管理关于突发公共事件的舆情具有借鉴意义。

在中国，互联网舆情监测已经成为政府部门了解社情民意、把握舆论动向、对突发事件做出快速响应和处理的重要手段。国内现有的网络舆情监测机构大致有四类：第一类是政府部门自身成立的网络舆情监测机构；第二类是主流媒体设立的网络舆情监测机构；第三类是高校或学术机构（智库）成立的网络舆情监测机构；第四类是软件公司和传统的市场调查公司成立的网络舆情监测机构。在这四类机构中,前三类或多或少都与政府有关,第四类则是非政府的、自主性的民间调查机构。对于政府管理部门而言,四类机构提供的舆情监测信息都具有参考价值。

问题在于,一些政府部门并没有正确认识和理解舆情监测的意义,只是把它作为"监控"手段使用,发现问题后第一时间不是考虑如何解决问题,而是回避矛盾、封堵言路,最终形成舆论井喷效应,一发而不可收。

与传统媒体时代不同,互联网(社交媒体)时代需要全新的管理思路与方法。对于各国政府来说,如何将大数据与对公共事件的应对、处置有效结合起来,提高网络舆情研判的能力,如何在发现新的舆论动向的同时,以量大、质优、快速的信息发布满足公众知情权,进而引导舆论向着有利于解决问题的方向发展,是新时代面临的新课题。

第三节 作为国际传播主体的企业

企业是营利性的组织,区别于政府和其他社会组织。

一、企业作为国际传播主体的分类及特点

对于作为国际传播主体的企业,可以采取两种分类方法。

从企业参与国际传播活动的范围和程度出发,可以将企业划分为跨国企业和非跨国企业。非跨国企业泛指所有的国内企业——其市场和用户主要分布在一国范围内。当然,随着国家开放程度的提高,这类企业也会产生拓展国际市场、向国外输出产品和服务的需要,即参与国际传播活动的需要。虽然这类企业有大有小,大一些的企业有着更多的外向拓展的需要,但是出于对市场因素和宣传成本的考虑,它们一般不会在较大范围内持续进行品牌与形象的推广活动,而是根据市场走向和预算规模相机行事,这就使其国际传播行为带有偶发性和阶段性的特点。

跨国企业(公司)是一种国际性(全球性)的营利组织,其经营范围和用户市场不局限于一国一地,而是遍布全球。亚马逊、微软、西门子、丰田、中国石

油天然气集团有限公司等均属此类。跨国企业原本就具有超越国家的性质，因而它所有的信息传播活动——无论是内部的（国内总部对地区总部或地区性的研发中心、采购中心、培训中心等的信息传递）还是对外的广告、公关宣传，都带有国际传播及全球传播的性质。这类企业大都具有很强的经济实力，它们不仅是企业信息的传播者，其跨国经营行为通常也是各国媒体注目的焦点。因此，这类企业的国际传播活动不是阶段性的和偶发性的，而是经常性的和持续性的。它们所从事的跨国交流活动，是国际传播信息流的重要组成部分。

从企业属性的角度出发，可以将企业划分为媒体企业和非媒体企业。非媒体企业是指前述与媒体无关的企业，在此不赘。媒体企业是指各种以经营媒体为主的企业。这类企业又可具体分为跨国企业的和非跨国企业两种。

非跨国媒体企业是指经营范围限于国内的媒体企业。这类企业的特点在于：第一，它们大都具有双重属性。也就是说，它们既是企业-文化产品的生产部门，具有市场取向和营利诉求，同时也是公共信息载体。由于它们的传播内容和传播行为直接关系到国家稳定和社会发展大局，政府必然通过法律法规、许可证制度以及内容评价制度等对它们进行监督、管理。这就使它们区别于其他以生产物质产品为主的、单纯营利性的企业。第二，这类媒体原本存在对内传播和对外传播两种职能。在国际传播的早期阶段，二者泾渭分明，互不交替。随着传播技术的进步，特别是互联网出现以后，对内媒体也逐渐具有了跨国传播的色彩，两类媒体的界限也就因此变得模糊起来（即便如此，目前许多国家仍然拥有主要用于对外传播的媒体）。第三，国内媒体对外传播的信息大都具有浓重的国家色彩。在对外传播中，尤其在非常时期的对外传播中，媒体常常不是作为传播主体，而是作为信息载体发挥作用，在传播什么以及如何传播方面，政府拥有决策权和主导权。当然，也有一部分信息内容，比如文化、娱乐类的内容是以媒体为主体制作编播的，在这方面它们拥有一定的空间，但是说到底，即便是文化、娱乐类的内容产品，也不能不受国家整体价值观的制约与影响。因此，在反映国家意志的同时，如何使传播内容具有更大程度的共享性和接受性，就成为这类媒体面临的实际问题。

跨国媒体企业具有跨国企业的一般属性——跨国界、多触角、在世界范围内开展业务活动。目前世界上规模最大的跨国传媒集团主要有迪士尼公司、美国电话电报公司、维亚康姆集团、二十一世纪福克斯公司、新闻集团、彭博新闻社、贝塔斯曼集团等。这类企业均以世界市场为业务平台和经营范围，这就决定了它们必然跟着市场需求走，尽可能提供具有通用性、适宜性、普遍接受性的新闻和文化产品。正因为如此，与国内媒体较多体现个性特征不同，跨国媒体企业的产品更多体现了共性特征。共性特征具体表现在两个方面：第一，提供给各国使用（转载或转播）的新闻、文化产品，通常采取易于接受的语言符号和表现形式，注重人们共同的关注点和兴趣点，以扩大产品的适用范围，提高其采用率。第二，面向具体国家提供独特的新闻和文化产品，采取在地化（本土化）的经营策略，使产品与所在国国情、文化、社会习俗相契合，以期占领并拓展局部市场，获得更大利润。世界传媒大亨鲁珀特·默多克就非常重视这一点，并称本土化是新闻集团的天然属性和基本特征。为此，他采取弹性的跨国经营策略，规定分散在世界各地的子公司必须进行适应性的调整、转化，以形成具有当地特色的企业文化。20世纪六七十年代，默多克进入英国时，曾平息了英国保守派的抵触情绪，使所控《泰晤士报》和《太阳报》等至今仍保留着浓重的英国味道。由于跨国企业以全球范围的市场需求、受众满意度为导向，其产品（商品）的属性更为接近一般产品（商品）的属性。

但是，跨国企业大都以一国为根基，其生产、制作的新闻、文化产品不可避免地受到本国价值观念、利益取向的影响。此外，跨国媒体企业是通过生产文化、精神产品以区别于其他主要生产物质产品的企业的跨国企业，它不仅要在全球范围内进行产品、企业形象的营销推广活动，同时还承担着一国在全球文化传播中的战略使命，非常时期则成为一国政府开展信息和舆论攻势的通道与载体。因此，比之一般的跨国企业，跨国媒体企业在国际传播方面的作用更为明显，对世界各国政治、经济、文化生活的影响也更大。

二、企业参与国际传播的形式

这里的"企业"仅指前述分类中的第一种，即有着向外拓展市场需要的国内企业和跨国公司,不包括非跨国媒体企业和跨国媒体企业。

企业的国际传播活动大体可以分为两类:广告与公共关系。

按照区域划分,广告可以具体分为地方性(或区域性)广告、全国性广告和国际性广告。国际性广告特指为配合企业的国际营销活动,在产品出口目标国或地区所做的商业广告(或公益广告)。公共关系同样如此,可以分为地方性、全国性和国际性。国际性公共关系是指企业运用人际交往和大众传播手段,在目标国或国际社会进行的企业及产品形象宣传推广活动。虽然国际性广告和国际性公共关系的目标与手段有所不同,但是它们同属国际传播范畴,其共同点在于:它们都是跨国界的信息传播活动,都要借助媒体(包括传统媒体和新媒体平台)进行传播。

随着新媒体的发展,互联网广告应运而生。互联网广告是指通过网站、网页、互联网应用程序等,以文字、图片、音频、视频或其他形式推销产品的广告形态。与传统媒体广告相比,互联网广告具有传播速度快、互动性强、触及面广等天然优势,可以满足企业快速吸引消费者目光、使其产生相期行为(如分享信息、购买产品)、增加产品销量的需求。随着移动互联网技术的发展,国内外消费者纷纷向移动端转移,于是出现了搜索引擎、社交媒体平台等多种网络营销形式。

搜索引擎营销是基于搜索引擎平台的网络营销方式,主要利用搜索引擎的用户黏度推送广告信息。国外著名的搜索引擎有谷歌、必应、雅虎等,其中最具代表性的是谷歌。谷歌覆盖全球区域,拥有其他搜索引擎无法比拟的巨大流量,因而吸引了许多国内外企业在此进行广告投放。在谷歌搜索引擎内,常见的推广方式是竞价广告,其优势在于,企业不仅可以通过广告系统快速获得大量流量,还能精准定位目标市场,将广告投放的时间精确到每个小时。这样一来,企业就可以根据自身需求自由开启和关闭广告投放,在流量增长的同时保证费用可控。

社交媒体平台(Instagram、LinkedIn、Pinterest、TikTok等)也是一种有效的广告投放渠道,对于试图将产品推广到国外的企业来说更是如此。社交媒体平台拥有以年轻受众为主的消费人群,企业可以借此与目标群体建立直接联系。举例来说,Instagram 平台的社交性就有助于企业提升产品在海外市场的知名度;Instagram 上的 Hashtags 可以显示相关搜索,让企业能够查看品牌账户的点击量、参与度和潜在用户,从而提高广告推广的精准度。

与广告不同,公共关系不以直接的产品推销和营利为目标,它旨在树立企业的良好形象或对于企业不良行为给消费者带来的损失进行补偿,以求长期效益和累积效果,最终使企业获得持续、稳定的发展。一般企业的公关活动大都在有限范围内展开,采用大众传播与人际交流手段相结合的方式;外向型的国内企业特别是跨国公司,由于业务遍及全球,其公关宣传则大多借力公共关系公司进行。国际性的公关活动形式多样,包括进行企业文化、企业精神理念的宣传,组织各种专题活动,提供社会公益性的资助和服务,等等。

随着网络技术的发展,国际性的公关公司也将业务扩展至互联网平台。例如,位居国际十大公关公司之首的爱德曼国际公关(中国)有限公司基于原有的品牌优势和与客户群体的密切关系,在社交媒体的使用和数字营销业务的开展方面持续发力,成为引领者。爱德曼国际公关(中国)有限公司还率先将公共关系发展的未来与出生于网络时代的"Z 世代"联系在一起。2021 年,爱德曼发布特别报告《Z 世代的力量:信任度调查与未来消费者》。报告显示,Z 世代是个性与规范性理念兼具的年轻力量,他们大多数在消费时并不激进,倾向于将安全和保障放在首位,信任专家和亲近的人,且容易受品牌信念的驱动。在全球范围内,人口超过 20 亿的 Z 世代拥有约 3600 亿美元(约 2.296 万亿元人民币)的消费能力。① 因此,与这一代人建立实质性的联系是品牌实现增长需求面对的挑战。

面对新媒体技术的变革,著名公共关系咨询公司——万博宣伟公关顾问同样进行了业务拓展,包括在数字营销传播和线上线下媒体关系管理等方面的创新。万博宣伟中国区董事总经理谢蔚亭认为,公司所要做的,是深入理解技术变革趋势和底层逻辑,在技术触达的基础上实现场景的应用,比如元宇宙

---

① 参见《全球 Z 世代购买力 3600 亿美元,美国 Z 世代占近一半,卖家如何抓住新消费阶层?》,2022 年 12 月 26 日,https://www.sohu.com/a/621113609_120473786,2023 年 3 月 5 日访问。

的应用——加强体验沉浸感、加强互动游戏感、激励去中心化的创作,这些营销层面的探索和尝试,是万博宣伟希望带给客户的创新价值。①

在传统公关公司纷纷采用新技术手段拓展业务的同时,网络公关公司应运而生。网络公关又称线上公关或e公关,此类公司专门从事与互联网相关的各类业务,包括口碑营销、事件营销、微博传播、舆情监测、危机处理等。网络公关兴起之初,存在一些乱象,尤其是一批以"网络打手""网络推手""水军""删帖"为主业的网络公关公司的出现,使社会公众对其产生反感与不良印象。但是,随着国家网络管理手段的日益规范化,网络公关业务的健康发展是大势所趋。与此相应,越来越多的企业开始重视网络公关,网络公共关系公司也将成为一种新型的社会监督平台。

三、企业参与国际传播的新变化

企业虽然是以营利为目的的经济组织,但它同时具有国家属性,国有企业作为某个国家中央政府(或联邦政府)投资或参与控制的企业,更是如此。因此可以说,企业与国家是无法分割的,国家在发展过程中面临的机遇与挑战,同样会给从事跨国经营的企业及其声誉(传播)带来直接影响。以"一带一路"建设中"走出去"的中资企业为例。

"一带一路"是中国政府提出的合作、发展理念和倡议,旨在借用古代"丝绸之路"的历史符号,建立并推动与沿线国家的经济合作关系,共同打造政治互信、经济融合、文化包容的人类命运共同体。"一带一路"建设启动以来,中国努力推进同各国、各地区发展战略和互联互通规划的对接,持续深化基础设施建设,加快产业、经贸、科技创新以及公共卫生、人文领域的务实合作。在各方的共同努力下,"六廊六路多国多港"的互联互通架构基本形成,一大批合作项目落地生根,其中的一些已经进入收官阶段。

但是,"一带一路"毕竟涉及不同地域的60多个国家和地区,每个国家的

---

① 参见《万博宣伟中国区总经理谢蔚亭升任中国区董事总经理,将重塑"创新"的价值观》,2022年3月28日,https://new.qq.com/rain/a/20220328A0BUEH00,2023年5月10日访问。

政治制度、经济状况、社会文化习俗和历史发展轨迹不同,对于中国的认知和评价也有所不同,这就使得"一带一路"共建存在一定的复杂性;世界大国美国的介入及其所进行的舆论裹挟和政治操弄,则进一步增强了这种复杂性。

例如,美国一些政界人士刻意渲染"一带一路"的"安全威胁",认为中国欲借"一带一路"对欧亚大陆进行控制并谋取"全球霸权"。美国前总统特朗普曾在私下场合称,"一带一路"倡议"可能扰乱全球贸易并具有冒犯性"①;美国前国务卿蓬佩奥甚至成为抨击"一带一路"的"专业户",他不仅代表美国政府在各种外交场合散布"中国债务陷阱"论调,还警告非洲国家警惕中国贷款,要求拉美国家抵制中国的"债务外交",施压意大利等盟友国家不要与中国签署"一带一路"合作谅解备忘录。②

拜登政府总体上继承了特朗普政府针对"一带一路"倡议的政策体系,通过举办美日印澳四国峰会、创建关键和新兴技术工作组等方式升级美国的"印太战略",以干扰"一带一路"倡议的实施。在2022年度的"七国集团"峰会上,拜登再次剑指"一带一路",并力推"全球基础设施伙伴关系"倡议,该倡议被认为是旨在抗衡"一带一路"合作的重大战略举措。

在新的国际关系、国际舆论环境下,叠加新冠肺炎疫情的影响,中国的"一带一路"共建以及中国企业的国际传播面临着一系列新的挑战。

第一,随着美国对华战略的调整和不断升级,美国将对中国的经济围堵、技术封控、军事遏制与意识形态打压更加紧密地结合起来,使之呈现出全面性、全球性、高频度的特点,这在"一带一路"建设上得到了集中体现。美国政府除了言辞抹黑之外,还采取了若干措施阻碍"一带一路"合作的进行:它不仅试图通过多边援助审查加强对世界银行等现有国际发展机构的控制,阻挠国际组织参与"一带一路"合作,还与日本、澳大利亚合作发起"蓝点网络计划",对大型基础设施项目进行所谓国际认证,用市场化、债务可持续、环境保

---

① 赵明昊:《美国的制衡挡不了"一带一路"前进方向》,2021年6月22日,https://fddi.fudan.edu.cn/61/98/c21257a352664/page.htm,2023年3月5日访问。

② 参见《外交部批蓬佩奥污蔑"一带一路"言论:他像播放反华磁带的复读机》,2020年10月13日,http://news.china.com.cn/txt/2020-10/13/content_76802642.htm,2023年5月10日访问。

护等方面的高标准与"一带一路"项目做出区隔。这些都会对"一带一路"共建产生负面影响。

第二,持续经年的新冠肺炎疫情已经对全球经济造成了巨大影响,很多行业受到重创。联合国秘书长古特雷斯曾预测:疫情之后全球经济"几乎肯定"会发生衰退,并"有可能达到创纪录的规模"。由于"一带一路"在很大程度上涉及商品、服务和人员的跨境流动,它将受到多方面的直接冲击,包括贸易、投资和客运规模的缩减等。事实上,新冠肺炎疫情暴发后,中国的主要贸易伙伴、投资伙伴受到较大的冲击,尤其是在供应链、产业链方面依赖中国的经济体,这也导致一些国家出现了"减少对华依赖"的声音。此外,各国对人员跨境流动的限制也造成相关投资活动周期的延长,使共建项目的落地、按期履约以及经济收益受到影响。由此可见,全球经济衰退带来的冲击一定程度上增加了"一带一路"共建的困难。

第三,新冠肺炎疫情暴发以来,美西方一些政要、媒体在拿不出任何证据的情况下炮制了大量虚假信息,对中国进行"有罪推定"式的抹黑与攻击,并在世界范围内带风向。受此影响,即使疫情结束,对于中国不利的信息和言论仍会继续存在,并波及中国企业,给企业经营带来一定的干扰。具体来说,一是中国可能面临国际舆论由防范疫情到防范中国企业、中国产品、中国制造的风险,或是借疫情把对中国、中国人的污名化延伸到对中国企业、中国产品的污名化。二是在新的国际环境下,中国企业在海外的基建工程以及营销服务可能面临新一轮的舆论孤立和围堵,对中国企业不信任的倾向也会随之出现,这也使"一带一路"共建面临一定的风险。

总之,虽然"一带一路"的本质是经济建设和互联互通,但它无法避开大国竞争和战略博弈的影响。面对新的变化和挑战,中国企业开始调整战略并采取多项措施,包括严控疫情跨境输入输出、建立快速反应机制、加强双边协调、做好企业服务、对受疫情影响的"一带一路"共建项目和企业给予开发性金融支持,等等。借助合理的保障措施,通过各种舆论应对准备,中国企业及"一带一路"共建有望进入更大的发展空间。

第四节 作为国际传播主体的社会组织

这里的社会组织泛指政府与企业之外的、不以营利为目的的组织机构和社会团体。按照本章第一节的分类方法,社会组织大体可以分为两类:非营利组织和非政府组织。目前,学术界对于这两类组织尚无普遍认同的界定,但是仅就覆盖范围而言,非营利组织的外延显然更大一些。美国研究非营利组织的专家莱斯特·萨拉蒙把非政府组织看作非营利组织的一部分。在不同国家,非营利组织和非政府组织的概念往往被各有侧重地使用,或者被交叉使用。在美国,人们一般不把非政府组织称为 NGO,而称为 NPO,联合国的各种文件和其他许多国家的官方文件中使用更多的则是 NGO。

在作为国际传播主体的社会组织中,政党组织也是不可忽视的一部分,应当被纳入考察范围。当然,社会组织还应包括宗教组织,但宗教组织是一类特殊的组织,有着不同于一般社会组织的宗旨、目标,其布道、传教活动也有特殊诉求。因此,有关这类组织的传播活动本书不做专门探讨。

以下将重点对在联合国及国际事务中日益发挥重要作用的非政府组织以及具有独特影响力的政党组织进行考察、分析,并揭示其作为国际传播主体的特点。

一、作为国际传播主体的非政府组织

非政府组织兴起于 20 世纪 70 年代,80 年代以后开始在世界范围内迅速发展,引起了西方学者所称的"全球结社革命"。一般来说,经济发达国家的非政府组织数量多、规模大、业务成熟;发展中国家的非政府组织则起步较晚,其数量、规模、成熟度都不及发达国家。尽管如此,非政府组织的作用和影响已经引起各国政府的普遍重视,尤其是它能够有效解决一些特定的社会问题这一点。如今,越来越多的非政府组织获得了联合国经社理事会内的咨商地位,可以在经社理事会发表意见并参与联合国的工作。由此看来,非政府组织在对国际事务的影响方面已经可以比肩政府和企业,正在成为全球治理体系

中的一个新角色。在中国,1995年北京召开第四次世界妇女大会时,许多相关非政府组织来到北京,在怀柔举办了声势浩大的非政府组织论坛。从那时起,非政府组织开始进入媒体和广大公众的视野。

非政府组织可以具体分为两类:一类是国际性的非政府组织,一类是主权国家内的非政府组织。

国际性的非政府组织是指为实现某一目标、某一宗旨或为了进行某种合作在世界范围内建立的、由多个国家或地区成员参与的非营利性组织。一般认为,非政府组织一词最初是在1945年6月签署的《联合国宪章》第71款中正式使用的。该条款授权联合国经社理事会"为同那些与该理事会所管理的事务有关的非政府组织进行磋商作出适当安排"。然而在此后二十多年的时间里,非政府组织的自身活动以及它们与联合国的关系都处于较低水平,没有实质性的进展。直到1968年,联合国经社理事会通过了1296号决议,规定了联合国与非政府组织关系的法律框架。该决议确定了非政府组织的范畴,同时允许非政府组织在联合国经社理事会以及联合国体系中的其他机构中获得咨商地位。自此以后,非政府组织的活动被有意识地、越来越广泛地引入联合国运行体系。

根据1296号决议的规定,非政府组织若要在联合国经社理事会获得咨商地位,首先应当关注经社理事会及其附属机构所关注的问题,包括国际经济、社会、环境、文化、教育、卫生保健、科学、技术、人道主义和人权以及其他相关问题,获得咨商地位的非政府组织的活动,不得与《联合国宪章》的精神、宗旨、原则相抵触。它们应当支持联合国的工作,传播有关联合国的知识与信息。它们还应具有一定的代表性和国际性,有代表其成员发言的权威性。1296号决议还规定,非政府组织若要在联合国注册,其成员必须以民主的方式参与组织活动,应有民主决策机制并保证决策过程的透明度。获得咨商地位的非政府组织必须向联合国提交预算和资金来源等相关资料,资金来源应公开,来自政府的资助须向经社理事会非政府组织委员会报告。该决议还鼓励各国具有同类性质的组织结成国际性联盟,以便更好地在联合国事务中发挥纽带作用。除经社理事会外,联合国的公共信息部也制定了与非政府组织保持联系的规则,允许非政府组织在公共信息部享有咨商地位，重点发挥非政府组织在信息传播方面的作用。由于在联合国经社理事会获得咨商地位的非政府组织本身就是国际性的组织，其开展的咨商及信息传播活动自然也就成为国际传播的一部分。

主权国家内的非政府组织是指为实现某一目标、某一宗旨或为了进行某项合作在一国范围内建立的、由国内各方成员参与的非营利性组织。1996年，联合国经社理事会通过的1996/31号决议对联合国与非政府组织的关系做出了新的规定。1968年通过的决议只承认国际性的非政府组织，1996年通过的决议则进一步认可了在各国和各地区活动的非政府组织，允许它们以自己的名义在经社理事会独立发表意见，而不必像以前那样须由在理事会享有咨商地位的国际性非政府组织代言。这就为主权国家内的非政府组织提供了通过联合国经社理事会直接参与和影响国际事务的通道。

发达国家内部非政府组织的出现与20世纪30年代至60年代的经济恢复、社会自治有关。经济危机和世界大战后的经济萧条和社会重组，特别是席卷全球的民族自觉和革命运动，激发了各社会群体的自我保护意识和自治意识，妇女组织、儿童组织、青少年组织、工会、农民协会等组织和团体纷纷出现，在社会重建过程中发挥了积极作用。随着经济发展和社会进步，许多公益性的领域开始成为竞争性的领域，对国内、国际事务产生越来越大的影响。发展中国家非政府组织的出现大都与扶贫活动的国际救助有关。在拉丁美洲和非洲，非政府组织密切配合联合国开展的反饥饿、教育扶贫、卫生保健等活动，扮演着国际援助项目的当地合作者的角色；在南亚和东南亚，非政府组织在农村地区拥有很大的势力，它们不仅通过国际援助项目建立了广泛的区域网络和跨区域的国际网络，还积极影响国家决策和国际决策。在此过程中，各种传播媒体功不可没。国家性的且以国际交流为目的的各种团体、组织，本身就带有浓重的国际色彩，其中的一些享有联合国认定的咨商地位，可以在世界范围内开展活动。改革开放以后，我国非政府组织的数量迅速增加，活动范围遍及各行各业，在扶贫、环保、医疗卫生、社会福利以及落后地区的发展等方面发挥着重要作用，已经成为社会生活中不可忽视的力量。

需要指出的是，虽然从界定上看，非政府组织以非政府、非营利属性区别于政府和企业,但是随着非政府组织数量的增加及其业务范围的拓展和社会参与度的加深,它与政府、企业之间也会出现界限模糊的情况——一些非政府组织开始承担政府转移的部分职能,或者采用商业模式从事公益、慈善活动。特别值得一提的是,在美国等西方国家,非政府组织不仅在社会治理中占有一席之地,还在国家对外战略中发挥着重要作用。特别是美国,其非政府组织历史悠久、数量庞大、运作成熟,对于国际非政府组织的咨商活动以及美国的对外战略具有重大影响。

早在冷战期间,美国的非政府组织就在国家的对外战略中扮演着重要角色,并在政府难以涉足的领域开展活动。在此过程中,美国的非政府组织表现出明显的两面性。一方面,这些非政府组织开展的文教、扶贫项目有助于促进所在国的社会发展;另一方面,它们又承担着美国意识形态输出、文化扩张的使命,成为美国政府落实对外政策的工具。

以美国的国家民主基金会(NED)为例。作为非政府组织的一种特殊形式,基金会在美国和世界范围内拥有巨大的政治能量,国家民主基金会就是如此。

国家民主基金会是由美国政府出资,于1983年在华盛顿成立的非政府组织。其宗旨是推动全球的"民主化"进程,并向相关非政府组织及团体提供资助。该基金会主要通过其四大核心机构,即国际私营企业中心、美国国际劳工团结中心、国际共和党研究所和全国民主党国际事务学会在海外从事"民主援助"活动。作为一个事实上的准官方机构,国家民主基金会始终服从、服务于美国的国家安全战略和外交政策,并以输出民主为名扶持亲美势力,干涉他国内政,颠覆目标国政权。国家民主基金会创始人艾伦·温斯坦早在1991年接受《华盛顿邮报》采访时就直言不讳:"我们现在做的许多事情就是25年前美国中央情报局做的事情"[①],该基金会因此在国际上被称为"第二中情局"。过去的几十年间,国家民主基金会多次介入或操纵中东欧、中亚以及西亚、北非一些国家的"颜色革命",2000年塞尔维亚的"天鹅绒革命",2003年格鲁吉亚

---

① 新华社:《撕下美国国家民主基金会的"画皮"》,2022年5月12日,http://www.news.cn/world/2022-05/12/c_1211646440.htm,2023年3月5日访问。

的"玫瑰革命",2004年乌克兰的"橙色革命",2010年席卷中东地区的"阿拉伯之春"等,背后都有美国国家民主基金会的身影。这些"革命"导致当地社会矛盾、冲突加剧,经济衰退,民不聊生。

在中国,美国国家民主基金会是诸多"疆独""藏独""港独"组织的主要资金来源。它为"疆独""藏独"分子设立专项奖金,公开发表支持性言论,鼓动分裂;在"港独"势力非法"占中""反修例"的暴力行动中,也有美国国家民主基金会在幕后组织、策划、指挥及输送资金。

除了国家民主基金会这样带有明显的美国标签的国内非政府组织之外,还有一类国际性的非政府组织,因为总部不设在美国,被误以为是某种独立机构。事实上,只要了解这类机构的资金来源(来自美国),就会确认其美国代理人的身份。正是这种隶属关系的模糊性,为"国际非政府组织"隐蔽行使其部分政治职能、效力美国国家战略提供了掩护。

例如,随着中国"一带一路"倡议的推进,美国境外的本国非政府组织将干扰"一带一路"建设作为其重要的战略议程,逐渐加大对中国海外投资项目的阻挠力度。在"一带一路"沿线国家印度尼西亚、孟加拉国、缅甸等,很多活跃度高的非政府组织都具有西方背景。在缅甸境内就有许多异常活跃的美国非政府组织,它们同时也大力扶持和发展缅甸本地的非政府组织,将其负责人派送到美国"进修"。据了解,针对缅甸的中资企业项目,具有美国背景的一些非政府组织曾通过资金支持和技术指导驱使当地非政府组织煽动民众闹事,通过舆论手段对中资企业施加压力,干扰"一带一路"共建的推进。

当然,世界上的非政府组织并不是一种底色。如前所述,当前,无论国际性的还是主权国家内的非政府组织在国家治理和全球治理中的作用和影响越来越大,已经成为双边、多边国际活动中的重要力量和国际事务决策的重要参与者。面对中国的"一带一路"倡议,国外仍有许多非政府组织积极响应,踊跃参与,以其人才、管理、资金等方面的优势在"一带一路"建设中发挥着不可替代的作用。

二、作为国际传播主体的政党

政党组织是政府和企业之外具有独特影响力的一类社会组织,其传播内容同样是国际传播信息流中的重要组成部分。

按照权威界定,政党是指代表某一阶级、阶层或集团并为维护其利益、实现其政治主张而以执掌或参与政权为主要目标开展共同行动的政治组织。① 既然政党是一种"以执掌或参与政权为主要目标开展共同行动的政治组织",这种目标在大多数情况下又是通过选举实现的,它就必然会有自我宣传、自我推销,以便广大公众了解它、信任它、支持它的实际需要。如果政党竞选的目的是支配或影响政治系统,从而支配或影响政治过程,那么,政党就要通过政治上的宣传鼓动去说服公众,把他们引导到本党的思想路线上来,从而影响人们的思想观念和立场。总之,无论从什么角度看,政党的信息传播、政治宣传和舆论引导都是一种重要的存在。而在一个开放的国度里,在信息全球化的背景下,一国政党的传播活动不仅会对本国政治生活产生影响,也会对世界政治格局产生直接或间接的影响。

政党组织的传播可以分为两类,一类是执政党的传播,一类是非执政党的传播。

由于各国政党制度的类型不同,执政党的传播又有几种不同的情况。

世界各国政党制度的类型大致有三种:一党制、两党制和多党制。所谓一党制,是指一党执政,不允许其他政党并立的政治制度。解体前的苏联、剧变前的东欧国家普遍实行这种制度,发展中国家的一部分也实行这种制度。两党制是指一国之内存在势均力敌的两个政党,两党通过控制议会多数席位或赢得总统选举轮流执政的制度。② 美国、英国以及一些英联邦国家实行这种制度。多党制是指一国之内存在三个以上政党,多党相互竞权的政治制度。绝大多数欧洲国家以及亚非拉地区的不少国家实行这种制度。

无论政党制度的形式有多少种或者可以派生出多少种,从根本上说都可归入两大类:轮替执政型和长期执政型。实行两党制的国家和实行多党制的国家中的绝大部分属于前者。在这种政治体制中,政党与政府是分开的,政府

---

① 参见《辞海(第五版)》,上海辞书出版社1999年版,第4165页。
② 在实行两党制的国家中,除对立的两大政党外,还存在一些较小的政党,只不过它们无法与两大主要政党抗衡。

作为国家权力机构独立行使职能,政党则通过选举影响政府,控制政府的政策,但不能长期干预政府的行为。与此相应,这些国家都有着独立于政府的政党信息传播系统,例如属于政党的报刊、广播电视频道以及互联网上的政党网站。除此之外,政党还可以借助具有倾向性的主流媒体或以付费方式通过主流媒体进行宣传。属于政党或倾向于政党的媒体不仅进行着日常的信息传播和宣传鼓动工作,还担负着为执政党连任(或非执政党未来执政)进行政治宣传和广告、公关宣传的任务。每当大选拉开帷幕,各大主流媒体,特别是各大电视网都会成为参与竞选的政党重金出击的地方。以美国历史上最烧钱的2020年大选为例。根据选举前拜登和特朗普提交给联邦选举委员会的文件,拜登和民主党全国委员会筹集了15.1亿美元,特朗普和共和党全国委员会筹集了15.7亿美元。虽然特朗普的筹款数额高于拜登,但是早期的大量支出,使特朗普在竞选的冲刺阶段陷入资金紧张状态。根据联邦选举委员会公布的数据,拜登的竞选活动总共花费5.929亿美元,其中84%用于电视和数字付费广告。充裕的资金使得拜登不仅可以针对特定选民群体进行信息精准投放,甚至得以在得克萨斯州等共和党传统地盘进行了400万美元的电视广告投放。2020年10月,当美国人准备投票时,特朗普只能眼睁睁看着棒球世界系列赛成为拜登的舞台。在全国直播中,演员萨姆·埃利奥特为长达一分钟的拜登竞选广告配音,在社交媒体上风靡一时。公共关系也是政党竞选中广泛采用的传播手段。大选期间,每个政党都有自己的策划班底,负责为该党的总统候选人炮制竞选宣言,设计媒体形象,制造媒体事件以吸引民众、扩大影响。然而,在许多情况下,人们谈论比较多的是"政府公关",而对"政党公关"较少提及。事实上,只要仔细观察就不难发现,所谓政府公关中的很大一部分其实是执政党的公关,是由执政党组成的现政府为争取选民、获得连任而展开的媒体攻势。由于这一时期存在着"党政不分"的情形,人们自然也就将执政党公关视为政府公关了。无论称谓如何,各国大选中的媒体战足以引起国际社会的瞩目,因为当选人的执政理念和目标,直接关涉一国的政治走向以及它与世界各国关系的发展。

实行一党制的国家均为一党长期执政型,实行多党制的国家中的一少部分也存在一党长期执政的情况。① 在这些国家的政治体制中,政党与政府基本上是一体化的,政党可以决定政府的组织形式及施政纲领,政府则在政党的领导和监督下行使管理职能。当然,在一党长期执政的国家中,情况又有所不同。有些国家不允许执政党之外的任何政党存在,有些国家则允许其他党派存在。就信息传播而言,这些国家的政党虽然有着相对独立的传播体系用以宣传党的方针政策,但是在实际运行中,政党传播和政府传播常常融为一体,或者政党传播常常以政府传播的形式出现,有更多的政府传播色彩。此外,在这些国家,由于一党长期执政,政权基础稳固,不存在其他政党取而代之的可能性,因而其开展内外公关宣传的需求并不十分迫切。但是,随着国家开放程度的不断提高以及对外交流范围的日益扩大,这些国家政党、政府一体化的情形也会发生变化。

多党轮替执政体制下的非执政党,同样有着宣传上的需要。其一,它要代表社会公众(某个阶级、阶层或集团)对执政党进行监督;其二,它要宣传自己的政见、纲领,争取公众支持,获得竞选优势。因此,在执政党所进行的日常的信息传播活动中它不能缺位,在执政党为连选连任展开的公关、广告宣传活动中它更是不能缺位。总之,在信息传播方面,多党轮替执政体制下的非执政党与执政党没有太大的区别,在此不赘。

三、社会组织作为国际传播主体的特点

从整体上看,社会组织作为国际传播的主体,具有以下特点:

(一)传播类型的多样性

非营利社会组织与政府和企业不同,后者是单纯的政府组织和营利组织,其信息传播也是比较单纯的政府传播和企业传播,社会组织则不然,由于它们数量众多,在目标宗旨、社会属性、利益诉求以及职业分工等方面又各有不同,其组织形态就不是单一的,而是多样的,因此其传播类型具有多样性。具体来说,政党、政治类组织的传播更多带有政治传播的特性;经济类组织的传播更

---

① 例如日本,自 1955 年 11 月自由党同民主党合并为自由民主党后,到 1993 年 8 月,一直单独执掌政权。第二次世界大战后的墨西哥、突尼斯、印度等国也有类似情况。

多带有经济传播的特性;文化团体的传播更多带有文化传播的特性;而各种专业、行业性团体的传播则更多带有不同专业传播和类型传播的特性。非营利社会组织面对的受众群体也是不一样的。政党组织为了竞选获胜,其传播尽可能面对最广大的国内人群(选民),甚至国际社会;文教、科研、出版等机构主要面向知识阶层;福利、慈善性机构主要面对各种边缘和弱势群体(当然同时要得到社会舆论的广泛支持)。从整体上看,上述组织都属于社会组织的范畴,具有社会组织传播的一般属性,但其中的每一个部分都有自己的特性,在传播上有着特殊的规律。这种特性与规律极大地丰富了国际传播的内容与形态,使它呈现出多样化的特征。

（二）传播主体的多层次性

与政府、企业不同,社会组织是多层次的,既有全球性的团体或组织、跨国界的团体或组织,也有一国之内的团体或组织。国内的团体或组织还可以具体分为国家性的、地区性的以及城市和农村的。不同区域的团体或组织,还可细分为事业性的机构,专业性、行业性的团体、组织等。有些团体或组织本身就具有多层次的特点。以红十字会组织为例,全球性的有红十字国际委员会(总部设在日内瓦),地区性的有亚太地区红十字会、欧洲国际红十字会、泛非红十字会等,各国也有自己的红十字会组织。即便是一国之内的红十字会组织也具有多层次的特点,例如中国红十字会是中华人民共和国的红十字组织,也是国际红十字运动的成员。而在中国境内,既有红十字会总会,也有省级红十字会,还有市(地)级、县级红十字会。这些红十字会组织虽然都在进行人道主义的社会救助和援助,都在传播红十字会的精神、理念,但是由于它们分属于不同的层次,其传播范围、内容也有所不同。

（三）具有一定的国家色彩

非营利、非政府组织虽然具有"非官方"色彩,其中的一些甚至持有反官方立场,但从总体上看,非政府组织与政府之间的互动关系是十分明显的。政党组织无须多言——竞选获胜即为执政党,可直接代表国家与他国及国际社会交往;非执政党同样有可能通过竞选获胜,成为国家的代表。政党之外的非营利组织的存在是为了弥补政府资源的不足,在政府未能展开活动的领域提供物资与劳务支持,以满足人们的需求;非政府组织甚至可以通过参与社会公共事务,通过对一些敏感问题或热点问题的探索,形成对政府决策的影响力。而在这些方面,它也离不开政府的支持与帮助。从这个角度讲,非政府组织的业务及传播活动无不在民族国家的框架内开展,无不带有国家色彩。正因为如此,非政府组织的行为才受到国家严格的监督与管理。例如,许多国家的政府都要求非政府组织依法注册登记,履行必要的法律程序。我国《社会团体登记管理条例》(2016年2月修订)规定:"全国性的社会团体,由国务院的登记管理机关负责登记管理;地方性的社会团体,由所在地人民政府的登记管理机关负责登记管理;跨行政区域的社会团体,由所跨行政区域的共同上一级人民政府的登记管理机关负责登记管理。"一些行业性非政府组织的管理条例还具体规定了对违纪违法组织的处理办法,与此相应,非政府组织的传播行为同样被置于管理体系中。

第五节　作为国际传播主体的个人

个人作为国际传播主体,需要具备一定的条件,这个条件就是国际互联网的兴起和广泛应用。而互联网在一个国家的广泛应用,离不开两个重要的前提:经济的发展和国家的开放。经济发展了,网络终端产品才有可能得到普及;国家开放了,才有可能接入国际端口,实现互联。

一、个人传播主体的产生与发展

互联网出现之前,个人很难作为传播主体而存在。个人既不能像政府那样,通过国家权力形成对媒体(传统媒体)的控制,也不能像企业和其他社会组织那样借助财力资源或社会关注度对媒体产生影响。在信息传播的世界里,个人是微不足道的"弱势群体",只能作为大众传播的"受众"存在,被动地接收着媒体发布的信息。当然,受众也可以做出信息反馈,甚至可以参与媒体的传播过程,撰写文章,发表言论。但那毕竟是少数人、小范围的事情,况且都要在媒体规定的框架内进行,受到媒体的把关控制。在这方面,政府之外其他主体(企业和社会组织)的境况也大体相同。就社会位势而言,他们与媒体是平行的,对媒体不具有控制、管理的权力,媒体对他们也没有配合报道的义务。正因为如此,当企业和其他社会组织试图对外宣传、扩大影响时,就不能不借助各种公关手段吸引媒体,而媒体是否注意并予以报道,就不在它们的掌控之中了。但即便如此,与个人相比,企业与社会组织在传播资源的拥有方面也可以算作"强势群体"了。

互联网从根本上改变了受众在传播中的被动地位。它在很大程度上降低了信息传播准入的门槛,在互联网时代,个人只需一台计算机、一个调制解调器和一根电话线或网线,移动传播时代则只需一部手机,就可以参与信息传播过程。这就一举打破了大众传媒的霸主地位,将受众由信息传播中的"赤贫阶层"变为传播资源的拥有者。互联网所具有的交互式传播的特点,又使网络传播的参与者在接收信息的同时,可以进行信息的生产、加工和发布,成为信息传播主体。

个人对互联网的利用,经历了一个由远及近、由浅入深的过程。最初人们只是通过电子信箱读取和发送电子邮件;随着网络技术的发展,网络新闻组(USENET)的功能被开发出来,它允许网络中的任何用户将信息发送给网上的其他用户,人们可以在网上就共同关心的问题进行讨论;之后又出现了以讨论问题为主的网络——BITNET,在这个网络中,不同的话题被分入不同的组,用户可以根据自己的需求,通过电脑订阅(这个网络后来被称为 Mailing List,即电子邮件群);其后又出现了电子公告板(BBS),它为有相同兴趣和爱好的人提供了一个建立在计算机和通信技术基础上的公共论坛。最初的电子公告板系统都是拨号上网,同时连接的用户数量有限。互联网流行以后,出现了以互联网为基础的电子公告板,用户可以通过连接到互联网上的计算机,利用 Telnet(远程登录协议)与提供电子公告板服务的主机相连。这种方式可以使较多用户同时上网,也使多人之间的直接讨论成为可能。即便如此,早期的电子公告板也只是一定数量用户的社交舆论场。随着互联网的进一步普及,随着微博、微信、内容社区、短视频及弹幕网站等新一代社交媒体的兴起,网络世界的社交话语权开始向广大网民转移,曾经辉煌的电子公告板则逐渐走向没落。

总之,随着对网络功能的不断开发与利用,人们逐渐由分散的、游离的、互不相干的个体聚拢起来,联结起来,并因共同关注某一问题,或力求达到某一目标而在网络空间里结成群体。尽管这个群体中的每个人都只是一个信息代码,相互之间或许从未谋面,互不知晓国籍、民族与身份,是纯粹的"自由人的联合体"(马克思语),但是通过信息往来与互动,可以形成相对集中的意向与话题,进而形成群体舆论。少数网络精英或舆论领袖也会利用虚拟空间,对网络群体施加影响,将社会舆论引导到既定的轨道上来,对当权者、决策者施加影响。例如,反全球化运动是一个来自不同国度的人参与的松散的组织,涉及的团体有数百个,包括工会、环保、人权等组织。它之所以能够在全球范围内掀起一波又一波的反全球化浪潮,在很大程度上得益于网络传播的先进功能。居住在不同国家的该运动领导人大都利用互联网筹划行动方案,安排其成员从一个国家到另一个国家开展运动,以期在全球范围内扩大声势和影响。由此可见,在互联网时代,个人已经不再是信息传播中的"弱势群体"和被动的"受众",他们已经成为足以对社会政治生活产生重要影响的传播主体。由于互联网所具有的国际性特征,这种影响已经延伸至整个国际社会。

二、个人作为传播主体的特点

在第三章中,我们探讨了互联网的特点以及互联网时代国际传播的特点,在此我们还将对网络传播中个人传播主体的特点做一个描述。个人传播主体的特点是:

(一)传播的交互性

大众传播时代,尽管受众拥有法律所规定的言论自由权,他们的意志、愿望、要求、兴趣等也声称被充分考虑到,但是由于大众传播的单向性质,受众参与传播的程度是十分有限的;作为一个集合群体,他们的具体情况也是不为媒体所确知的。这就使媒体与受众处在一种不平等的关系状态中:媒体是主动的一方,受众是被动的一方,后者只能在媒体设置的"议程"中进行有限的选择,间接发表意见和评论,而不能与媒体进行对等的交流,主动发布信息。而在网络传播中,作为受众的个人不仅可以便捷地获取信息,还可以主动发布信息,成为独立的传播个体。网络传播带来的个人集传、受角色于一体的特性,极大地改变了传统媒体时代的传受关系格局——作为受众,过去他们对所传信息没有自主选择权,只能被动接收,现在他们不仅有了更大的选择余地,而且可以决定在什么时间、什么地点、以什么方式接收信息,彻底摆脱了原有的被动地位;作为传播者,以往他们传递或反馈给媒体信息,媒体从做出反馈到采取相应行动需要一个过程,并且具有相当的滞后性,而在网络世界中,信息的传播会在很短的时间内被注意到并引起反响,信息的发布与反馈几乎可以同步完成,传、受之间的距离大大缩短。个人传播的交互性也使公众舆论的形成与表达变得更加直接,过去的舆情民意只能通过间接的民意调查获得,而当下的舆情民意,包括重大突发性事件中的公众舆论,可以从网上即时获得,这就在很大程度上提升了信息的公开性与透明度。

(二) 身份的模糊性

作为传播主体,政府、企业、社会组织的身份是公开的,其传播目的也是明确的:政府进行传播,是为了使其方针政策广为人知并得以贯彻;企业进行传播,是为了提升产品的知名度与美誉度,使消费者做出相期的购买行为;社会组织进行传播,是为了宣传其目标、宗旨,得到社会公众的认可与支持。因此,无论在传统媒体还是网络平台上,这些组织都是以真实的面貌出现的。从这个角度出发,我们可以将这些组织视为责任主体。而在以个人为传播主体的网络传播中,虽然任何合法用户都可以通过通信线路在公共信息存储区里存取信息,自由发表言论,但是这些个体用户的身份都具有一定的模糊性和隐匿性。这一特征决定了他们不可能成为信息传播的责任主体(当然这并不意味着参与信息传播活动的个体可以不负责任)。个人传播主体的非责任性主要体现在两个方面:第一,他们不是权威性的信息源,不掌握判断事实准确程度的正规渠道,所发信息大都为主观印象或个人感受,只能作为新闻报道的线索,而不能作为新闻报道的依据。这就向责任主体,尤其是政府和主流媒体提出了要求:在非责任主体的信息形成、传播之前,提供权威性的信息;在其信息形成并传播之后,迅速进行纠偏、校正,以准确、真实的信息覆盖讹传信息。第二,个人身份的模糊性和隐匿性,有可能带来传播权力的滥用,使各种消极有害信息(包括谣言、诽谤、淫秽色情等信息)大行其道。这又对责任传播主体,尤其是政府的网络管理提出了新的要求。

(三)参与的广泛性

互联网使用面广、互动性强、传播速度快的特点,使其注定成为拥有大量用户的社交媒体平台。在现实生活中,受诸多因素的影响,人们的精神交往带有很大的局限性,或不能充分展开,或不能向更多的人展开。而在互联网这一具有一定身份隐匿特性的、全天候的社交平台上,这种局限性大大减少。在这里,人们无须考虑自己的年龄、学历、财富、社会地位、外貌等状况,而基于这些条件形成的社会身份差异则是人们在现实交往中难以回避的。此外,在现实社会中或传统媒体上,迫于群体舆论的压力,人们会自动放弃(或不屑于)表达与主流言论相左的意见和观点,成为"沉默的螺旋"中的一分子。网络传播的互动性与隐匿性则为人们无所顾忌地表达不同意见并寻求支持提供了广阔的平台。在这里,他们不仅可以畅所欲言,彼此争辩,即使由论战升级为"骂战",也无伤大雅,不会影响现实社会中的人际关系和身份、角色认同。这种可以让人百无禁忌、恣意挥洒的特质,正是网络媒体能够吸引众多个体、聚集人气的原因所在。正是看到了这一点,无论新闻网站、综合门户网站还是生活服务型及电子商务型网站几乎都会设置留言区域。媒体网站常常以重大事件的发生为契机,适时设立网上论坛,供网民交流,彼此互动。这就使网络平台具有了更大的吸引力。而上网人数的增加、网民参与程度的提高,又进一步降低了网络准入的门槛,使更多的潜在公众发展成为现实公众。

三、个人作为传播主体带来的变化与影响

新媒体时代,传播者不再是拥有先进技术和专业设备的媒体人,而是变成拥有移动客户端和上网条件的所有人,这使原有的媒体生态发生了根本性的变化。

其一，传统媒体的传受关系得以改变。在传统社会中，主流媒体一枝独秀，稳稳占据着信息和观点市场，影响力无人可及。就传受关系而言，媒体是主动的，受众是被动的，信息反馈是间接的。新媒体技术改变了传统媒体时代的传受关系，受众因获得技术赋权转而成为信息的发布者和意见的表达者。不仅如此，自媒体无论在信息容量、时效性还是互动性方面都优于传统媒体，由此形成的粉圈文化、龙卷风效应以及类似于魔弹论所描述的强大力量，也令传统媒体望尘莫及。这种多主体的参与、短时间内的频繁互动以及由此形成的强大舆论效应，无疑对传统媒体时代的传受关系形成了巨大挑战。

其二，传统媒体的把关功能逐渐弱化。传统主流媒体的一大功能，是对媒体面向社会发布的信息内容进行把关控制，避免因事实、观点的偏差带来社会负效应。而社交媒体（自媒体）的使用者则不具备对事实和观点进行"把关"的能力。原因在于，首先，由于受自身素质及预存立场的制约，在信息发布环节，网民个人无法对信息真实与否做出准确判断，也不掌握这方面的渠道和手段；其次，一些意见领袖和利益集团也会有意带风向，对所传信息进行符合自身意图的解读，甚至误导舆论；最后，网络发布平台运营商出于种种原因，包括对商业利益的考虑，也不能成为合格的把关人。如此一来，许多信息在传播与再传播过程中就会不可避免地发生扭曲，甚至出现谬误，造成社会舆论的撕裂，从而导致主流媒体原有的、面向整个社会的信息把关功能弱化。

其三，传统媒体的专业属性受到挑战。当下有一种普遍的说法：我们已经进入全民记者时代。但是作为全民记者中的一员，网民或用户的内容生产模式与传统媒体完全不同。传统媒体的内容生产依循的是"记者+编辑"的专业模式，而网民或用户依循的则是对信息的简单编辑+运营商对信息的简单筛选（或基于大数据推送）这种非专业的操作模式，具有相当的随意性。问题在于，自媒体的使用者绝大多数并不了解信息采集的伦理和规范以及信息发布的规律和要求，只是以追潮流、蹭热点、博眼球、吸粉为诉求，进行自主传播，导致一些不健康、非理性甚至极端化的言论大肆扩散，对低龄网民和青年一代产生了不良影响。我们屡见不鲜的一些现象——某个事件发生后主流媒体尚未报道而网上早已形成新闻热潮和舆论声势,就充分说明了这一点。这也使政府的信息管理面临着严峻挑战。

随着互联网技术的日新月异以及平台智能化建设的持续推进,一批拥有强大内容制造力、传播影响力的"超级个体"传播者应运而生。短视频时代的视频博主就是这样的一个新型群体。近年来,短视频凭借其视觉化呈现与个性化互动的特点,成为年轻用户自我表达、社会交往的重要平台,其作用与影响受到各方面的广泛关注。目前,世界上最具人气的短视频社交平台主要有TikTok、Instagram、Snapchat、Houseparty、YouTube Go 等。这些社交平台不仅为用户提供了丰富多彩的、可在线观看的短视频,同时,也可以让用户发布自己拍摄、制作的短视频,进一步满足了他们的信息与社交需求。

以 TikTok 为例。

TikTok 是字节跳动(中国公司)旗下的短视频社交平台,于 2017 年 5 月上线,自 2019 年起,该应用多次位居全球非游戏类 App 下载量榜首,并在日本、印度尼西亚等国家多次登上"精选榜单""最佳应用榜单"。[①] 资料显示,截至 2020 年,该应用程序已覆盖全球 150 多个国家,在苹果和谷歌系统内产生收入 4.21 亿美元。

TikTok 之所以能够从美国本土一众社交软件中脱颖而出,首先在于其丰富的内容和使用的便捷性。TikTok 最大的吸引力在于它可以发布任何内容,并为那些将各种内容改编成短视频的用户提供分享的机会。使用 TikTok 编辑和上传内容比用 Instagram 或 Snapchat 等软件容易得多,只要拥有智能手机就可以轻松创建和发布信息。其次是知名品牌入驻。拥有超过 570 万粉丝的美国职业篮球联赛(NBA)很早就加入了 TikTok,分享比赛的亮点和明星球员的精彩客串;快餐店 Chiptole 是 TikTok 上的另一个早期用户,它利用该平台推

---

① 参见《全球 APP 下载最新排名:TikTok 继续榜首,拼多多冲入苹果商店全球第 9》,2020 年 8 月 11 日,https://www.shobserver.com/staticsg/res/html/web/newsDetail.html? id = 278568&sid = 67,2023 年 5 月 13 日访问。

荐自己的食品,也为用户举办短视频比赛,吸引更多粉丝;《华盛顿邮报》和美国全国广播公司(NBC)等媒体利用 TikTok 让受众预览视频新闻内容,并通过幕后视频的制作展示记者的个性。最后是精准推送。TikTok 以数据为中心,瞄准用户的兴趣点进行精准推送,使人长时间沉浸其中。eMarketer 数据显示,美国用户每天花费在 TikTok 上的时间从 2020 年的 38.6 分钟上升到了 2022 年的 45.8 分钟。①

正因为如此,TikTok 为各国网民所青睐也就在情理之中了。当然,也正是因为 TikTok 在全球拥有大量用户,一度影响到其他社交应用的发展前景,美国政府在打压中国的同时,也不惜对它"痛下杀手":2020 年 8 月,美国时任总统特朗普接连签署两份行政令,禁止 TikTok 在美国境内的相关交易,包括禁止通过美国移动应用商店发布或维护 TikTok 等。2020 年 8 月 24 日,TikTok 正式提起诉讼。2020 年 9 月 27 日,美联邦地区法院暂时叫停将 TikTok 从美移动应用商店下架的行政命令。2021 年 6 月 9 日,美国总统拜登签署行政令,撤销特朗普政府对 TikTok 和微信海外版 WeChat 的禁令,同时对商务部下达命令,要求启动对外国应用程序的审查。

应当指出的是,对 TikTok 的"解封"并不意味着美国对华战略的改变,但是它可以从另一个角度说明,作为一个短视频社交平台,TikTok 正在给用户带来舒适的使用体验,在世界范围内的影响也越来越大。而随着 TikTok 等短视频社交软件的不断优化以及 5G 等新技术的发展,全新的信息采集、处理和分发方式以及更具沉浸感和参与感的下一代应用程序与服务必将出现,与此相应,以个人为主体的传播活动必将对社会生活产生更大的影响。

当然,在全新的媒体环境下如何加强对个人使用互联网的管理,防止网上有害信息及行为的扩散,维护国家安全和公民的信息安全,是各国政府面临的共同课题,也是未来需要下大气力加以解决的问题。

---

① 参见《2023 年 TikTok 生态研究报告》,2023 年 3 月 10 日,https://new.qq.com/rain/a/20230310A0477B00,2023 年 5 月 15 日访问。

◆ **思考题**

1. 国际传播的主体有哪些？
2. 国际传播主体的特征是什么？
3. 政府作为国际传播主体的特点是什么？
4. 政府作为国际传播主体的职责有哪些？
5. 企业参与国际传播的形式有哪些？
6. 社会组织作为国际传播主体的特点是什么？
7. 个人作为国际传播主体的特点是什么？
8. 个人传播主体的出现给原有的媒体生态带来了哪些变化？

第五章　国际传播的控制

在传播学的控制研究中,大众传播学考察的是作为传播者的媒体主动施控(对新闻信息的把关控制)和被动受控(来自政治、经济、受众等方面的控制)的过程,呈现的是传播控制的一般规律;国际传播学考察的则是对于跨越国界的那一部分信息的施控过程,施控主体是政府,呈现的是传播控制的特殊规律。根据跨越国界的那一部分信息的走向,可以将国家(政府)的控制具体分为对出境信息的控制和对入境信息的控制。除了国家之外,信息在出境之后还要受到国际组织的控制。国际组织虽然不是强制性的施控主体,但是它与各国签订的条约、协议对于参与国际传播的各主体的行为是有约束力的,因而成为国际传播的另一个控制源。鉴于此,本章将分三个部分对国际传播的信息控制进行分析:对出境信息的控制、对入境信息的控制和国际组织的控制。

第一节　对出境信息的控制

一、对出境信息控制的主要方面

国际传播是信息出境、入境两个方向信息传播活动的总和。前者是主动传播的行为,后者是被动接收的行为。前者主要解决如何将本国信息传播到其他国家或国际社会,以扩大影响,促进合作交流,为本国发展创造有利的外部环境的问题;后者主要解决如何消除外来信息中的有害部分,进行有效的信息过滤和选择的问题。由于前者是主动施与的行为,更多体现国家意志,直接涉及一国与他国的关系和国际社会对一国的评价,因此,这一部分信息传播历来受到各国政府的高度重视,对于它的管理也就成为参与国际传播活动的各个国家实施控制的一个主要方面。

从整体上看,各国政府对于出境信息的控制主要体现在两个方面:一是对不同传播主体的出境信息进行把关控制;二是对出境信息传播与国内信息传播进行总体协调。

(一) 对出境信息的把关

由于出境信息事关重大,因此没有一个国家会放弃或放松控制,任其自由流动。各国对于出境信息的控制首先体现在专事对外传播的媒介机构的建立上,美国之音、英国广播公司世界新闻台(BBC WORLD)、自由亚洲电台、自由欧洲电台、德国之声(DW)、法国国际广播电台(RFI)、"今日俄罗斯"电视台以及我国部分重点媒体即属此类。这类媒体机构的经费大多由国家(政府)提供,因而被视为各国政府从事对外传播活动的专属媒体。以美国之音为例。第二次世界大战期间的1942年,隶属于战时情报局的美国之音作为"战争武器"于纽约开播。1948年,美国国会通过史密斯-曼特法案,在其第501款明文规定:"美国之音节目为美国境外受众制作,严禁在美国国内散发(美国媒体、学生、研究人员和国会议员索要以作研究之用除外)。"这就在法律层面规定了美国之音作为政府设立的对外传播机构的属性。2001年"9·11"恐怖袭击事件发生后,"基地"组织(伊斯兰教军事组织)的头目本·拉登被美国政府指控为该事件的幕后主谋。因为本·拉登与阿富汗塔利班领导人奥巴尔关系密切,且被认为藏身于阿富汗和巴基斯坦交界的山区,一些反恐专家猜测,本·拉登已在那里重建"基地"核心领导架构。于是,一场针对阿富汗的"反恐战争"开始酝酿。在此过程中,美国之音不顾政府方面的阻拦,执意播出奥马尔讲话录音,对美国政府的战争动员造成了一定的负面影响。为了惩戒美国之音,联邦政府削减了它的经费,撤销了该台台长职务,就连主管美国之音的广播局局长也受到牵连。

各国对出境信息的控制还体现在对传播主体信息发布行为的约束上。对于有条件参与国际传播活动的各类主体,尤其是伴随互联网发展起来的个人主体的传播行为,许多国家都采取了相应的管理措施,并通过立法形式规范信息发布和传播行为,以减少或消除不良影响。例如,英国于 2017 年颁布《数字经济法》,加强了对使用数字化服务的公民的保护;欧盟于 2022 年通过《数字服务法》,规定将包括谷歌、优兔、脸书在内的 19 家大型网络科技公司和平台纳入监管范围。

近年来,美国政府对网络安全的重视程度越来越高。2013 年 6 月,爱德华·斯诺登向国际社会揭露了以"棱镜"项目为代表的美国政府的秘密监控行为,引起了各个国家的强烈反响。在国内外的舆论压力下,美国政府先是采取紧急措施,以挽回泄密事件造成的负面影响;随后(2014 年 5 月)便将矛头指向中国,称有中国政府、军队及相关人员利用网络窃取商业机密,试图通过起诉中国的"违法行为"缓解斯诺登泄密事件带来的压力,同时转移公众视线,扭曲中国在网络空间的形象。

以打击来自外部的"网络间谍行为"为由,美国政府不断追加网络安全方面的投入,此项投入从奥巴马执政时期一直延续至今,数额居高不下。美国前总统特朗普推行比其前任更为激进的网络安全战略,他不仅将奥巴马时期成立的美军网络司令部升级为一级联合作战司令部,还多次对国家网络安全团队进行人事调整。在特朗普时期网络安全战略的基础上,拜登政府不断完善网络安全机构设置。2021 年 5 月 12 日,拜登签署《改善国家网络安全的行政命令》,提出多项行动方案,以加强美国网络安全防御能力。

针对国际联网后有可能出现的问题,(我国)国务院于 1996 年颁布《中华人民共和国计算机信息网络国际联网管理暂行规定》,要求从事互联网相关业务的单位和个人不得利用国际联网从事危害国家安全、泄漏国家秘密等违法犯罪活动,不得制作、查阅、复制和传播妨碍社会治安的信息以及淫秽色情信息,同时规定了违反"暂行规定"的处罚办法;2000 年,国务院颁布《互联网信息服务管理办法》,对禁止制作、复制、发布、传播的信息内容做了进一步的规定;2011 年,国务院又作出了对《互联网信息服务管理办法》进行修订的决定。

为了维护网络空间主权和国家安全,保障社会公众的利益,《中华人民共和国网络安全法》于2017年6月1日正式实施。该法规定,"国家采取措施,监测、防御、处置来源于中华人民共和国境内外的网络安全风险和威胁",积极开展"打击网络违法犯罪等方面的国际交流与合作",并规定任何个人和组织不得窃取或者以其他非法方式获取个人信息,不得非法出售或者非法向他人提供个人信息等。2021年6月30日,"滴滴出行"在美国纽交所悄然上市。两天之后的7月2日,网络安全审查办公室启动了对"滴滴出行"的网络安全审查;7月4日,国家互联网信息办公室发布通告,指出"滴滴出行"存在严重违法违规收集使用个人信息行为,根据《中华人民共和国网络安全法》要求其在应用商店下架,并要求"滴滴出行"在审查期间停止新用户注册。

(二)对出境信息与境内信息的协调

对出境信息进行把关,只是政府把关控制的一个方面。如果出境信息与境内信息不一致、不协调,出现噪音或自相矛盾的情况,政府对出境信息的管理与控制最终也会失效。因此,在进行较大规模的对外传播活动之前,尤其是在非常时期,各国政府都力求做好国内民众的舆论动员与协同工作,将其引导到国家利益的轨道上来,形成一致的对外传播口径,使出境信息产生最大的效力。

在这方面,美国可谓经验丰富。回顾历史不难发现,在每一场实体战发生前,美国政府都要在国内进行舆论动员,以获得美国民众的支持。美国于世纪之交发起的几次军事行动——1991年的海湾战争、1999年的科索沃战争、2001年的阿富汗战争、2003年的伊拉克战争无不如此。

1991年美国(领导多国部队)对伊拉克发动的海湾战争,是冷战结束后第一场大规模的局部战争。战争的导火索是伊拉克武装占领科威特,引发了海湾危机。为了"解放科威特",恢复其合法政权,更重要的是为了维护自身在海湾地区的利益,美国敦促联合国授权以美为首的北约对伊宣战。最初美国民众对这场战争的兴趣并不大,因为海湾战争之前,美国是伊拉克的盟友,两伊战争中始终站在伊拉克一边,不料两伊战争结束后,伊拉克却突然占领了科威特。从朋友到敌人需要一个转变过程,为了帮助民众尽快完成这个转变,

"在整个海湾危机期间,美国传媒力图把萨达姆·侯赛因魔鬼化。……'野兽'和'魔鬼'是用于这位伊拉克总统的典型称号。曾于1987年两伊战争高峰间敦促美国增加对萨达姆援助的《新共和》杂志,现在把封面照片上萨达姆的髭须也动了手术,修改成希特勒那样"[①]。伴随着媒体对萨达姆的妖魔化以及发布谴责性报道,美国民众对政府决策的支持率逐渐上升,战争打响后,媒体的报道和民众的热情也达到了顶峰。

2003年伊拉克战争的起因是"反恐"。2001年"9·11"恐怖袭击事件发生后,美国政府提出"邪恶轴心"之说,伊拉克名列其中,且其"邪恶"程度不断升级,直至成为美国人民的头号敌人。伊拉克战争前,美国政府先入为主,大造舆论,提出攻打伊拉克的两个"正当理由":一是萨达姆与拉登的"基地"组织互相勾结;二是伊拉克藏有对美国、对全世界构成威胁的大规模杀伤性武器。虽然美国始终拿不出萨达姆同拉登的"基地"组织联系的证据,在伊拉克也没有找到所谓"大规模杀伤性武器",甚至没有得到联合国安理会的授权,但是"倒萨"已和"反恐"紧密联系在一起,有如箭在弦上、不得不发。配合政府立场,美国最有影响的媒体——主要电视和广播网、《新闻周刊》《纽约时报》《华盛顿邮报》以及主要的有线服务系统高速运转,及时传达着总统、政府官员和军界人士的声音。由于"倒萨"成为"反恐"的重要环节,与美国国家利益以及每个公民的切身利益休戚相关,在政府与媒体的鼓动下,美国民众对出兵伊拉克表现出极大的热情,对政府的支持率居高不下(战前支持率达到60%—70%),美国军队也就在一片支持声中开始了"复仇"之战。虽然这场战争的合理性受到国际舆论的质疑,战争带来的创伤和负面影响也远未消除,但是它从反面告诉我们,在引导国内舆论、形成统一的对外传播口径方面,政府和媒体发挥着至关重要的作用。

我国政府一向重视对出境信息的把关控制,但是长期以来,由于在宣传上强调"内外有别",我们在对内部舆论与出境信息的协调管理方面缺乏应有的重视。事实上,随着互联网的发展和社交软件的广泛应用,"内"与"外"的界

---

① 谢金文:《海湾战争与美国新闻媒介的倾向性》,《国际新闻界》1997年第6期,第35页。

限已经逐渐模糊,国内新闻(包括因此形成的舆论)很快就能被国外网民知晓,甚至成为国外媒体涉华报道的信息源。在这种情况下,如果国内的舆论走势与政府对外表态、媒体对外报道不一致,甚至出现相悖的情形,就会对国家的外交政策与外交努力造成负面影响。正因为意识到了这一点,我国外交部新闻司于2004年成立了"公众外交处"(2008年更名为"公共外交处"),目的是通过与国内公众的互动,引导他们增强对本国外交政策的理解与支持。2009年10月,公共外交处升格为公共外交办公室;2012年8月,新闻司公共外交办公室再次升格为外交部公共外交办公室。公共外交办公室的日常工作包括:举办外交部公众开放日等大型公共外交活动;向国内媒体介绍中国外交政策和对国际热点问题的主张;协调外交部所属单位及外交部与其他部委间的公共外交工作;负责外交部公众信息网及其子网站的建设,管理外交论坛;协调指导各驻外使领馆公共外交工作;进行公共外交调研;等等。当然,由于内部传播和出境信息传播面对的受众不同,"内"与"外"还是有所区别的,但是这种区别不应当体现在立场和态度的差异上,而应更多体现在传播形式和传播技巧的差异上。

二、对出境信息的控制手段

我们在第四章"国际传播的主体"中提道:"政府的把关控制有两种形式:一是行政手段的控制,二是信息手段的控制。"在行政手段的控制中,考虑到行政执法的因素,法律手段也被列入其中。但是,行政手段与法律手段毕竟有所区别,因此在这一部分将分别对它们进行论述。除了行政手段、信息手段和法律手段,越来越多的国家开始利用经济手段对媒体进行间接控制。所以,经济手段也应被纳入讨论范围。

(一)行政手段

行政手段是指行政机构以指示、命令、规定等形式调节新闻媒体的信息传播活动以达到预期目标的一种控制手段。这种手段的具体形式有:(1)对媒体的创办进行审批、登记;(2)直接或变相地资助某一传播机构;(3)对倾向政府的传播媒体给予种种优惠或特权;(4)在纸张、无线电频道等方面进行有选择的配给;(5)压制持不同政见者的传播媒介;(6)遴选传播从业人员。①

无论哪一种制度类型的国家,媒体都摆脱不了来自政府方面的行政控制,只不过控制的方式有所不同——有些控制是直接的,有些则是间接的。例如20世纪70年代,美国总统尼克松以行政命令的手段拒绝公布有关"水门事件"的文件和录音;2001年11月,布什总统也曾下令禁止公开历届美国总统的文件记录。尽管这些禁令最终未能阻止消息的透露,但是对媒体的新闻报道还是起到了限制性的作用。英国虽然有公共服务的媒体行业理念和历史传统,但是英国政府从未放弃过操纵媒体的努力,只不过这种控制不是直接的,而是借助其他手段实现的。例如,在布莱尔执政时期,为了达到在不损害政府形象的前提下控制媒体的目的,英国政府与公共关系机构结盟,在深谙媒体运作之道的公关专家的指导下,对下属部门的传播行为进行了严格控制,如规定所有重要的访谈、讲话以及政策性文件的发布必须得到唐宁街10号新闻办公室的许可。从表面上看,这是针对政府工作人员的传播行为做出的限制性规定,实际上却达到了控制媒体的目的。

(二) 信息手段

信息手段是指政府以其占有权威信息源的优势,通过操纵新闻发布、控制消息来源形成的对媒体进行控制的一种方法。这种方法早先在发达国家十分风行,近年来一些发展中国家也开始采用。在此以美国为例,介绍政府实施信息控制的具体方式。

第一,打招呼。告诉媒体哪些内容可以报道,哪些内容不要报道。2003年面向伊拉克的"反恐"战争开始前,美国国防部将《纽约时报》《华盛顿邮报》、美国有线电视新闻网、美国广播公司(ABC)等17家重要媒体代表召集到停泊在阿拉伯海上的美军航空母舰上,向他们介绍报道战争的注意事项;随军记者也曾集中受训。

第二,封锁消息。政府是许多重大新闻信息的来源,如果它不愿意让媒体知道,常常会对重大消息进行封锁。例如,1991年1月,美国军方制定了打击

---

① 参见吴文虎主编:《传播学概论》,武汉大学出版社2000年版,第141页。

伊拉克的"沙漠风暴"计划,该计划事先对媒体严格保密。战争打响后,美国军方提供给新闻网的是经过剪辑的轰炸录像,而对伊拉克平民死伤的情况三缄其口。

第三,培植亲信。美国总统或政府官员时常会邀请一家或几家主要媒体接受采访,透露一些重要的决定,目的是拉拢和培植听话的媒体。媒体为了在行业竞争中胜出,压倒对手,也愿意以各种方式接近政府要员,与他们保持良好关系。

第四,主动吹风。白宫、国会、国防部和国务院定期举行的新闻吹风会和发布会,是媒体获得国内外大事最新消息的官方信息来源。这种形式延续了多年,培养了一大批专门报道政府活动的记者(如上千名白宫记者)。他们按照政府提供的材料进行报道,政府的说法无形中为媒体定了调子。

(三) 法律手段

法律手段是指国家通过立法形式对信息传播活动进行规范管理:既保证传播者的权益,同时又对其行为进行不同程度的限制。世界各国与大众传播有关的法律大致有以下几种:(1)著作权法;(2)煽动叛乱罪法;(3)色情管制法;(4)诽谤罪法;(5)保障隐私权法;(6)保密法;(7)反垄断法;(8)广告管理法;(9)许可证申请法;(10)广播、电视与电影管理法;(11)图书出版法;(12)新闻法。[①]

进入互联网时代,各国同样采取法律手段对使用者的网上言论和行为实施管理。互联网立法的重点在于:第一,对网络言论和行为进行界定,明确保护什么,禁止什么;第二,明确政府、服务商、网民等互联网主体参与者的权利和义务。美国互联网管理涉及的范畴很广,包括基础资源管理、国家安全、电子商务、网络犯罪、未成年人上网保护、个人隐私、知识产权保护、垃圾邮件等各个方面,代表性的法律有《电信法》《互联网免税法案》《数字千年版权法》《儿童互联网保护法》等;其他国家在互联网管理方面也制定了相应的法律法令,如英国的《调查权力法案》、日本的《犯罪搜查通信监听法》、澳大利亚的

---

① 参见吴文虎主编:《传播学概论》,武汉大学出版社2000年版,第141页。

《联邦政府互联网审查法》、韩国的《互联网内容过滤法令》,等等。一些国家还针对新媒体制定了专项管理法规。具体包括:(1)实名制。如韩国从 2005 年 10 月起,实施互联网"实名制",规定网民在访问个人空间及发表言论时,必须登记真实姓名和身份证号码,且需通过认证。(2)分类许可制。如 1996 年 7 月,新加坡政府广播管理局宣布对互联网实行管制,实施分类许可证制度。(3)安装过滤软件。如法国要求互联网服务供应商必须向用户介绍并推荐使用内容过滤软件。在我们国家,互联网管理领域的主体法律是《中华人民共和国网络安全法》,此外还有《关于加强国际通信网络架构保护的若干规定》《文化部关于网络音乐发展和管理的若干意见》等法律规定。世界各国对互联网实施管理的主要目的,是防止或消除对于国家安全、公共秩序、种族与宗教和谐有害的信息与行为。

(四)经济手段

经济手段是指国家通过参股、控股等形式,通过税收、拨款和制定相关的产业政策等方法,对信息传播活动进行间接控制的手段。

首先是国家独资创办媒体或以参股、控股的方式决定媒体的运作。各国都有政府独自创办或隶属于政府的媒体,而各国主要的对外传播媒体绝大多数为政府所办,接受政府的资助,美国之音、英国广播公司世界新闻台、自由亚洲电台、自由欧洲电台、德国之声、法国国际广播电台等即属此类。为了对国内的重要媒体施加影响,一些国家也会以参股、控股或股权变更的方式实现对媒体的控制。例如 20 世纪 90 年代,俄罗斯大众传媒经历了私有化、市场化的转型期,一度被金融寡头操控。21 世纪伊始,普京政府实施一系列传媒新政,开始强化和整合国家媒体,将大众传媒定位为"国家的服务者"。普京迫使媒体寡头从传媒领域退出后,政府通过参股、控股、强制股权变更等方式,一跃成为国内媒体最大的"股东",控制了 70%的电视媒体、20%全俄性质的报刊以及 80%的地区报刊,国家由此成为传媒领域最大的控股者。

其次是通过税收、贷款、财政补贴等方式对媒体施加影响。出于宏观发展的需要,许多国家对媒体采取区别对待的原则。对于那些与政府不合作的私营媒体(特别是那些进行对外传播的私营媒体),国家往往采取严格的税收政策;而对于国有媒体,特别是那些支持政府的媒体,则采取优惠的税收政策,并通过增加银行贷款、加大财政补贴力度等方式扶持其发展。例如,在英国,政府曾通过大量提供"信息补贴"对媒体施加影响。媒体接受"信息补贴"后,来自政府的信息往往不加改动就变成新闻稿,政府也就不露声色地实现了对新闻议程的操纵。

最后是通过制定相关产业政策为媒体发展创造条件。例如,美国政府在确保美国"21世纪的领导地位"的口号下提出了信息高速公路计划,并对《1934年通信法案》进行修订,通过了《1996年电信法》。该法案取消了之前对电信运营商平等竞争的限制,大力推进传媒产业的结构调整,以期为本国传媒参与国际竞争打下宽松的制度基础。在我国,从"十一五"规划至"十四五"规划,我国政府持续提出互联网发展的战略目标——从"三网融合"到"互联网+",再到数字经济、云计算等新兴科技的落地应用,为互联网产业的迅速发展提供了重要支撑。

以上几种手段,是各国政府对新闻传播活动施控过程中普遍采用的,只不过在不同的国家和同一国家发展的不同历史阶段,它们被采用的具体情况有所不同。例如,在社会转型期或国家面临重大危机时,绝大多数国家会选择采取行政手段,借助国家强制性的约束力渡过难关,避免更大的震荡发生;在社会稳定发展时期或社会发展的成熟期,由于法制体系相对健全,许多国家主要采用法律手段规范媒体的行为,或者通过经济手段间接地影响媒体运作。

三、出境信息的控制模式及"最佳目标"

(一)出境信息的控制模式

如前所述,对于出境信息,任何一个国家都不可能不予控制,只不过控制的方法及程度有所不同。关于不同国家的传播控制类型,《报刊的四种理论》一书做了概括性的归纳。所谓报刊的四种理论,即集权主义理论、自由主义理论、社会责任理论和苏联的共产主义理论,实际上是指大众传播的四种控制观念及与之相应的四种控制模式。虽然它基本上囊括了各个国家的主要控制模式,具有一定的对应性,但其缺陷也是明显的。且不论该书体现出来的冷战思维与意识形态色彩,"四种理论"(或模式)本身也带有某种绝对化的意味。仿佛一些国家的传播控制是不控制、弱控制或者有限控制,而另一些国家的传播控制是强控制和无限控制,是必然的和不可改变的。事实并非如此。一个国家传播控制的强与弱,不仅取决于它的社会制度,还取决于其他种种因素,包括经济发展水平、开放程度、传播资源的占有量以及国家在特殊时期的特殊需要,等等。伴随着这些因素的变化,国家的传播控制也会发生相应的变化。比如,在建国初期或经济发展的初级阶段,当国力尚不足以应对外来威胁时,出于维护国家安全的需要,许多国家都会采取强行控制的传播策略;随着经济发展水平、开放程度的提高以及传播资源占有量的增加,国家的传播控制就会发生变化,由强控制变为次强控制或弹性控制。许多发展中国家的实践都说明了这一点。相反,在一些已经实行弱控制或者有限控制的国家,出于国家特殊时期的特殊需要,其控制有时也会发生由弱到强的转化。"9·11"以后美国传播控制的逐渐强化,就充分说明了这一点。由此可见,世界各国传播控制的强与弱不是静止的、一成不变的,而是随着客观条件的变化处于不断的变化、调整中。

有鉴于此,按照辩证唯物主义和历史唯物主义的发展观,我们在此提出"传播控制的相对论模式"。这个模式不以传播控制类型框定国家,也不以国家选择的控制类型论短长,而是从世界各国的传播控制形态中抽象出"强"与"弱"两个极限,同时引入时间概念和相关变量(除了上述经济发展水平、开放程度等变量外,国家的"特殊时期"还可具体分解为社会转型期、战争、灾害、政权更迭、社会动荡等非正常状态),说明随着时间的推移和相关因素的改变,一国的传播控制在两极之间会发生怎样的变化。

"传播控制的相对论模式"是一种动态模式,它不仅可以对所有国家传播控制的历史与现状做出符合实际的解释,同时有助于人们摆脱冷战思维,客观看待各国传播管理体制的调整与变化,掌握其中的规律。

(二)传播控制的"最佳目标"

在"传播控制的相对论模式"中,我们从世界各国的传播控制形态中抽象出"强"与"弱"两个极限,同时设定若干变量,以说明各国政府的传播控制在两极之间的动态调整。从理论上说，这些变量（如经济发展水平、国家开放程度、特殊时期的特殊需要等）的设定有它的合理性，但是又不可避免地带有某种主观色彩。据此人们可能会问：政府在进行传播控制"强"与"弱"的决策时到底以什么为依据？有没有客观（一致）的标准？我们说，客观（一致）的标准是有的，各国政府正是在向这个标准迈进的过程中不断修正自己的控制行为，进行策略上的调整。这个标准就是"最佳目标"。

对于"最佳目标"，需要做几点说明。

第一，如同理论与实践有距离、理想与现实有距离一样，学者的"最佳目标"与政府的"最佳目标"在很大程度上是不一致的。学者在理论层面上构建的目标往往是理想化的目标，是抽象掉了具体条件的模式与模型；政府也有自己的"最佳目标"，这个目标则因更多考虑到实施过程和执政成本等方面的因素而与学者的目标有一定的差异。学者以其设定的目标衡量政府，不断对政府进行批评，呼吁其改变现状，政府则在与学者的磨合中，在希望达成"最佳目标"的努力中不断调整自己的行为，双方形成了非合作的博弈关系。在博弈的过程中，政府越来越接近"最佳目标"，学者也在对政府的批评中调整自己的理论构想并提出新的目标。国家越开放，社会民主化程度越高，政府与学者的这种互动就越频繁。这就告诉我们，在一个国家中，学者对政府的批评和政府政策的相机调整是正常状态，这并不意味着政府出现了更多的问题，而恰恰说明政府正在朝着"最佳目标"前进，同时也说明国家民主化程度和开放程度的提高。

第二，由于国情和具体情况不同，每个国家对外传播"最佳目标"的设定是不同的。比如同样是进行国际领域的传播，同样是要树立或修复国家形象，提高国家在国际舞台上的地位并扩大影响，美国、俄罗斯和中国的目标诉求是有所区别的。美国的"最佳目标"是将自己的物质、文化产品连同价值体系输入更多的国家，最大限度地获取经济利益，确保自身在世界体系中的霸主地位；俄罗斯的"最佳目标"是强化国家权力，恢复昔日的大国（超级大国）地位；中国的"最佳目标"是全面展示和平崛起、和谐发展的国家形象，消除外界对我国经济发展的负面认识。由此可见，每个国家的"最佳目标"都有其质的规定性,正是这种质的规定性决定了一国采取什么样的传播控制手段与方法。

第三,由于客观事物处于不断的变动与发展中,一个国家此时的"最佳目标"与彼时的"最佳目标"很可能是不一致的。最典型的例子就是非正常状态下不能以和平发展时期的目标作为"最佳目标",反之亦然。这也是一种质的规定性,它决定着一国在何时采取何种控制手段与方法。以美国在新冠疫情中的媒体控制为例。疫情期间,美国前总统特朗普的每日简报会和连续不断的推文发布,成为美国民众(乃至全球受众)了解疫情信息的唯一权威性渠道。通过这个渠道,特朗普与民众建立起直接的信息联系和信任关系,而将传统主流媒体彻底边缘化——既不让它们接触权威信息源(因为接触不到权威信息源,媒体报道动辄被指"假新闻"),又从道义上剥夺了它们以专业主义立场进行舆论监督的权力,一度形成了对舆论的高度垄断,而任何试图打破这一垄断的努力都是徒劳无功的。对于特朗普而言,这就是他认定的"最佳目标"。

第二节 对入境信息的控制

与出境信息控制主要是对由内而外的信息传播进行把关不同,对入境信息的控制主要是对由外而内的信息传播进行把关。

无论哪一个国家,只要不是处于封闭状态,就不可能不接触外来信息。然而,外来信息泥沙俱下、鱼龙混杂,其中既有对国家发展有利的良性信息,也有对国家发展不利的消极有害的信息。因此,如何对外来信息进行过滤与筛选,剔除其中消极有害的部分,就成为各国政府不能不认真面对的问题。

一、入境信息的分类

从不同角度出发,可以将入境信息划分为不同的种类。

(一)从内容角度分类

从入境信息内容的涉及面看,可以将其分为政治类信息、经济类信息、军事类信息和社会文化类信息。

政治类信息是指与社会政治生活密切相关的信息,包括国家权力机构和政治利益集团执政、参政的信息,国家政治形势与外交走向的信息,国际秩序或国际格局变化的信息,以及各国在国际事务、国际问题上的立场与观点等方面的信息。一般来说,对于关乎本国利益和人类共同命运的重大事件,各国政府都有明确的立场和态度,并借助媒体发出声音,以影响国际舆论,使之朝着有利于本国的方向发展。因此,在国际传播中,政治类信息始终占有突出的位置,是国家之间信息交流的重要组成部分。由于关系到政治权力和国家利益,这类信息往往带有浓重的意识形态色彩和较强的政治敏感性。当两国或多国处于和平友好状态或有着密切的合作关系时,这类信息大都是有益无害的,为各方受众广泛接收;当两国关系交恶或处于交战状态时,这类信息则因带有相互攻讦的性质和妖魔化色彩而受到入境方的抵制。

经济类信息是指与经济活动相关的信息,具体包括宏观与微观两个方面。宏观经济信息是指有关国际经济、贸易、金融组织的信息,国际市场的动态信息以及反映世界各国、各地区经济发展整体状况的信息,包括投资环境、政策条件以及国家之间的经济合作等。微观信息是指与经济组织发展以及产品的生产、销售、消费相关的信息,包括市场供求、价格涨落、利润率水平以及消费者行为习惯等。一般来说,经济信息需求量的大小,与国家的开放程度和经济发展水平成正比。当一个国家处于低水平发展阶段和相对封闭的状态时,它不会关心世界上其他国家的经济发展状况;当一国与世界融为一体,进入快速发展阶段时,出于市场拓展的需要,自然就会产生了解外部世界的愿望;当一国经济步入发达阶段时,与世界市场的联系更是须臾不可缺少,其对于外来经济信息的需求在数量和种类上就会有大幅度的提升。

军事类信息是指与军队情况和军事动态相关的信息,包括:平日的军队建设、武器装备、国防科技的发展情况以及国家之间的军事合作情况等;战时的军队调动、交战双方的力量对比、人员死伤情况以及国际舆论的反响与评价等。由于此类信息直接关系到国家的战略部署、军队士气和民众的支持度,因此,各国政府无不对其进行控制性传播,战争时期尤其如此。特别值得一提的是,在战争时期或特殊状态下,军事信息有时配合军事打击出现,成为舆论战或心理战的一部分。舆论战是由军事斗争派生出来的一种特殊作战手段,是舆论功能在战争中的具体运用,它旨在蒙蔽、误导或威慑敌方,打击敌方的民心士气,以达到"不战而屈人之兵"的目的。在这种情况下,允许对方信息进入无异于引狼入室。

社会文化类信息是涉及面最广、内容最为丰富的一类信息,包括语言、文学、艺术、民俗、体育、教育等各个方面。一个国家的社会文化传统,往往是该民族世代延续的结晶,因而各国无不致力于宣传其独特的民族文化以树立国家形象。这就使社会文化类信息成为国际传播信息流中大量存在的一部分内容。文化属于意识形态范畴,是一国核心价值观的具体体现,不同国家的文化之间既有和谐的一面,也有不和谐的一面。对于前者,各国大都采取主动接收的姿态,以促进多元文化的交流;而对于那些带有歧视性、侮辱性和贬损色彩的信息,含有暴力、色情内容的不健康的信息以及带有强加意味的、对民族文化有可能造成冲击或不良影响的信息,往往采取限制性的措施。各国的媒介管理体系中大都有类似的规定。

(二) 从国家关系角度分类

从国家关系的角度出发,可以将入境信息分为友好国家的信息、敌对国家的信息和一般国家的信息。

友好国家是指在良好关系状态的基础上形成的利益共同体,如战争期间的同盟国、世界范围内或某个区域内的合作联盟组织。这些国家有着相同或相近的利益诉求和价值取向,在国际事务中采取相对一致的策略与行动,有些国家甚至形成了共谋发展、联合"御敌"的关系格局。例如,基于地缘文化的基础和政治、经济等方面的共同利益,欧洲国家在建立泛欧国际文化一体化秩序方面进行了长期的努力,在媒介体制、传播技术、市场运行等方面采取了相近的措施和统一的步骤。在数字电视广播方面,欧洲开发出统一的技术标准(DVB);在卫星电视的管理方面,欧洲国家也采取了相同的做法。为了解决欧共体内部电视越界传播的问题,为了抵御外来文化(尤其是美国文化)的入侵,欧共体于1989年颁布了《无国界电视指导原则》,要求在成员国内部形成相对统一的广播电视法规,实现"广播国际化"和"广播一体化";1993年年底,欧盟成员国全部依此原则通过了相应法规。进入互联网时代,面对传播科技带来的新挑战,欧盟于 2007 年 5 月通过《视听媒体服务指令》,以规制 IP 电视、互联网广播电视、手机电视和移动多媒体广播等新兴视听服务业务,并由成员国根据各自的实际情况执行。其他地区也有类似的情况,在这类国家之间,信息开放的程度往往比较高,基本上不进行新闻控制与检查。

敌对国家有两种情况:一种是非战争状态下的敌对国家,一种是战争状态下的敌对国家。前者如冷战时期以美国、苏联为代表的两大阵营——资本主义阵营和社会主义阵营。由于两大阵营长期处于政治对抗与较量中,彼此之间的信息攻击和信息封锁自然不可避免。例如,美国政府于冷战时期建立了"解放"电台("自由"电台前身),专门针对苏联和东欧地区进行反共宣传;苏联、东欧国家等则通过广播信号干扰阻止美国信息的进入,这种干扰一直持续到 20 世纪 80 年代末期。非冷战时期一些国家或两个国家之间因某种情况交恶,彼此对来自对方的信息也大都采取主动控制的方法。战争状态下的敌对国家是指局部战争中的交战双方,譬如海湾战争中的美国和伊拉克。在战争状态下,交战国家的任何一方都不希望对方宣传性的信息长驱直入,对本国既定的战略目标形成干扰。伊拉克如此,美国也如此。两次海湾战争期间,伊拉克媒体对美军空袭致当地平民死伤情况进行了多次报道,伊拉克电视台还播放了巴格达一所难民营中儿童被烧焦的画面,然而在美国的主流媒体上,这些内容很少能见到。"五角大楼拿出的片子里只有命中目标的,而不见脱靶的","公众看到的是整洁的不含血污的战争"[①]。

一般国家是指利益共同体和敌对阵营以外的国家,从国与国关系的角度看,这类国家占绝大多数。虽然这些国家既不在区域性的联盟中,也不参与敌对双方的争斗,但是它们大都会就国际事务和国际争端发表具有倾向性的观点和意见,由此形成的国际舆论对于当事国的内政外交也会产生或大或小的影响。因此,对于一般国家的信息,当事国往往采取两种做法:对于其发出的与当事国利益相吻合的信息或对当事国表示支持的信息,当事国会放松对它的入境控制;对于那些反对或者指责当事国政策、行为的信息则会采取控制手

---

① 谢金文:《海湾战争与美国新闻媒介的倾向性》,《国际新闻界》1997 年第 6 期,第 33—34 页。

段。例如，美国遭受恐怖袭击后的半年，布什政府的许多做法，如提出"邪恶轴心国"之说、发表"核态势报告"、撕毁"反导条约"等都遭到国际舆论的谴责。然而，美国媒体对此保持缄默，极少报道世界各地的反对性意见，即使报道也是轻描淡写一笔带过；而对于北约国家，尤其是它的盟友英国方面的支持性言论，则多次在媒体中予以突出报道。

（三）从国家发展阶段角度分类

从国家发展阶段的角度出发，可以将入境信息分为和平发展时期的信息、危机状态下的信息和战争状态下的信息。

和平发展是一个国家的常态。在这一时期，国家没有明显的敌对方，不受战争的威胁和内忧外患的困扰，整体上处于稳定发展状态。这种状态使国家有可能扩大对外合作与交流范围，广泛吸引资金和寻找投资场所，以获得更多的发展机会，而全球经济一体化的潮流也需要它的加入。因此，在和平发展时期，国家在对外交流和信息传播方面往往采取更为宽松的政策，除了依照法律规定对确有危害的信息（如色情、暴力、恐怖信息等）进行限制外，一般不进行特殊的检查与控制。当然，进入互联网时代以后，和平发展时期进入的外来信息也会涉及国家安全问题，并且会对国家的发展产生直接或间接的影响，关于这一点，我们将稍后进行讨论。

危机状态是非常态，也是任何一个国家都有可能面临的状态，如政治动荡、经济危机、自然灾害、疾病流行、恐怖袭击等。当危机发生时，各种传闻与流言便会不胫而走，甚至形成强大的舆论洪流。如果对它们不加防范，就可能造成极为恶劣的后果。例如，自2010年12月起，西亚、北非地区多个国家出现大范围的政治动荡，起因虽然各不相同，但是以美国为首的西方国家的介入及其影响却是毋庸置疑的。一方面，美国的一些社交软件如推特、脸书、优兔和谷歌等被这些国家的反政府人士用作工具，持续发布针对政府的攻击性言论（包括传播谣言）；另一方面，美国借助网络平台推波助澜，煽动当地民众对政府的不满情绪，致使对抗不断升级，直至演化为整个地区的政治骚乱。这些国家的政府也曾进行过反抗，但是最终在网络舆论的强大攻势下败下阵来。因此，危机来临时，为了防止事态进一步恶化，为了扭转不利的舆论局面，各国政府大都会对入境信息,尤其是不实信息进行严格控制,以保证主渠道信息不受干扰。

这里所说的战争状态,不是指国家远距离参战或局部参战的状态,而是指全面战争状态。第一次世界大战和第二次世界大战中的各交战国就处于这样的状态。战争期间,出于国家安全需要,各国均实行战时管制,包括战时新闻管制,严格进行新闻检查,封锁敌方消息。例如,第一次世界大战期间,各交战国纷纷采取保护本国电缆、破坏他国电缆的策略。第二次世界大战期间,各国也曾利用多种方法进行信息控制,包括禁止国内民众收听敌台、拦截敌方的广播信号等。如德国人曾干扰英国广播公司的广播信号;意大利曾干扰盟军传入其境内的广播信号;法国和苏联也曾干扰德国传入其境内的广播信号。1942年太平洋战争爆发后,美国发布了《美国报刊战时行为准则》,同时设立政府的新闻检查局,对各种信息进行强制检查,以引导战争期间媒体的舆论走向。总之,战争状态是特殊状态,在此状态下,各国政府都会采取高度集中的手段进行新闻管制。

二、入境信息对国家安全的影响

如前所述,出于国家安全的需要,在诸如危机状态和战争状态等特殊时期,国家对于入境信息的控制远比和平发展时期严格;前面同样提到,和平发展时期外来信息的进入也会涉及国家安全问题,互联网时代尤其如此。所以,和平发展时期的入境信息控制也是一个不容忽视的问题。

对于信息接收国而言,入境信息是外来信息,具有明显的异质性。由于国体、政体不同,外来信息中的一部分会与接收国的国家利益相抵牾,一旦进入,便有可能引起混乱、恐慌,对民族国家的社会稳定造成危害;外来信息中也有一部分(如社会文化类信息)不带敌意,也没有明显的意识形态色彩,但是由于历史和现实的原因,它们的进入和过度进入,也会带来文化不适应的问题,甚至会对接收国的历史文化传统造成严重冲击。

以往受信息传播量和传播速度的影响,外来信息的进入可以被控制在一定范围内。但是,今天,在互联网以及新兴媒体手段广泛应用的情况下,如何实现对入境信息的有效控制,即在信息进入的同时不致对国家安全造成危害,已经成为各国政府共同面临的重大课题。

入境信息对国家安全可能产生的影响主要集中在以下方面:

(一)"文化殖民"导致文化排挤

目前国际信息流的很大一部分来自西方国家,尤其是美国。美国向来认为自己的思想、价值观和社会制度是"最优越"的,并且认为自己有责任向世界宣传这种思想、价值观和推广这种制度。[①] 为此,它利用强大的信息技术优势进行广泛的文化渗透和意识形态输出,把包括电影、电视、音乐等在内的文化产品行销到世界各地,控制着全球信息流通的命脉。而当媒体把西方国家的文化产品传入千家万户的时候,西方世界的生活方式、交往方式、道德观、价值观等也会在很大程度上受到膜拜、模仿,人们外在的欣赏会逐渐变成内在的心理趋同,最终的结果必然是本国传统文化的萎缩,民族精神的失落,甚至传统价值体系的崩塌。这种削弱一国文化自主性、强化其对另一个(些)国家文化依赖性的做法,被称为"文化殖民",它的影响是潜移默化的、持续的。对于广大发展中国家来说,"文化殖民"始终是其经济发展和社会进步面临的一个现实困境。

(二)"数字鸿沟"拉大贫富差距

数字鸿沟一般是指在全球数字化进程中,不同国家、地区、行业、企业、社区之间,在信息、网络技术的拥有程度、应用程度以及创新能力方面的差别造成的信息落差和贫富两极分化的趋势。世界经济论坛发布的网络就绪指数(NRI)对世界 130 个经济体 2021 年的互联网发达程度进行了赋值、排名。数据显示,排名前十的经济体中,只有新加坡来自亚洲地区,其他均为欧美地区的高收入经济体;排名后十的经济体,无一例外都是非洲国家。从全球化的角度看,"信息富国"有更多机会参与数字经济活动和数字公共生活,并能为本国经济发展注入新的活力;"信息穷国"则难以获得这样的机会,从而在经济、文化、政府治理等方面处于下风。从信息传播的角度看,发达国家掌握着世

---

① 参见中国现代国际关系研究所编:《信息革命与国际关系》,时事出版社 2002 年版,第 345 页。

上绝大部分信息资源并占据着相关产业的垄断地位,且长期利用这方面的优势对发展中国家进行技术控制和产品倾销,使之形成信息依赖、技术依赖和经济依赖,其结果是穷国愈穷、富国愈富。

(三) 信息攻击威胁国家安全

如果说,在传统社会中,一个国家的政治、经济、军事活动主要是一国之内的事情,那么,在信息社会中,由于互联网的介入,这些活动已经越来越多地被置于国际社会的注视之下,受到整个世界的"监督与控制"。正因为如此,一国受到外部势力攻击、胁迫与颠覆的可能性也就越来越大。许多事实已经证明了这一点。例如,在格鲁吉亚、乌克兰和吉尔吉斯斯坦发生的"颜色革命",就是以来自国外的非政府组织传播美国的价值观念为先导,进而促成了当地亲美政权的出现。可以说,在当今国际舞台上,信息这种软性力量的影响力正在超过硬性的武装力量。正如曾任里根政府经济政策顾问委员会主席的沃尔特·里斯顿所说:"信息革命增加了个人权力,打破了等级组织结构,使得诞生于工业时代的世界秩序的三大支柱——国家主权、国家经济和军事力量面临严峻的挑战。"[①]

(四) 网络犯罪干扰正常社会秩序

外来信息纷繁复杂,其中不免夹杂着黑客制造的病毒。从20世纪80年代密尔沃基市的黑客小组入侵洛斯阿拉莫斯实验室计算机系统,到90年代CIH病毒席卷全球,再到今天"黑客程序"的泛滥,黑客对互联网的攻击从技术水平到出击频率都呈现出上升的趋势,使世界各国蒙受了巨大的损失。虽然各国为了预防和减少黑客犯罪加大了反击和追踪的力度,但目前尚未见到打击黑客活动卓有成效的措施和手段。网络的普及,也使其他各种犯罪活动呈现出全球蔓延的趋势:国际犯罪组织在电子商务中进行商业诈骗,使许多国家正常的经济秩序受到干扰;恐怖分子通过网络开展宣传攻势,并且与黑客勾结,袭击电脑网络,制造社会恐慌;网上淫秽色情信息泛滥,严重污染网络环

---

① 转引自中国现代国际关系研究所编:《信息革命与国际关系》,时事出版社2002年版,第57页。

境,对青少年成长造成恶劣影响,已经成为一种新型社会公害。

鉴于入境信息有可能对国家安全造成影响,没有一个国家的政府对其不加甄别、不予控制。

从宏观层面看,控制的方式无非两种:一种是封闭型控制,一种是开放型控制。前者是指回避信息全球化潮流,阻止外来信息和技术的进入,及至断绝与外界的来往,如同冷战时期苏联、东欧国家的做法。事实证明,这是一种消极的控制方法,它或许能够阻挡不良信息的侵害,但同时也阻挡了自己从全球化中获得发展机会并受益。后者是指不排斥、不回避,甚至主动加入信息全球化潮流,通过必要的政策措施和立法形式规范信息活动和传播行为,消除不良影响。同时通过对新的传播技术手段的开发、使用以及国际信息资源的利用,增强自己的竞争力,由信息弱势向信息强势转化。在信息全球化时代,在科技发展日新月异的今天,封闭型的控制方式显然违背了事物发展的规律,它带来的结果只能是强者更强、弱者更弱,这对发展中国家极为不利。而开放型的控制方式适应时代发展的要求,是一种积极的应对策略。当然,作为后来者,发展中国家在与发达国家的合作与竞争中不可避免地处于劣势,但是如果背离全球化潮流,发展中国家的损失将会更大。这是一个悖论,也是历史的辩证法。

三、各国对入境信息的把关控制

国家安全名义下的审查遍及所有的现代民主国家。[1] 在此我们不打算一一介绍世界各国对入境信息进行把关控制的具体情况,而是试图对这种情况进行整体性的概括。根据"传播控制的相对论模式",我们将世界各国对入境信息的把关控制归纳为四种类型:完全封闭型、相对封闭型、相对开放型和完全开放型。

(一) 完全封闭型

所谓完全封闭型,是指国家对外来信息采取强制性的控制手段,严禁其入

---

[1] 参见〔美〕叶海亚·R.伽摩利珀编著:《全球传播》,尹宏毅主译,清华大学出版社2003年版,第65页。

内。采取完全封闭型控制模式的国家,大都处于某种特殊状态下,或是战争对峙状态,或是集中统治状态,或是面临敌对国的威胁,或是受到国际社会的制裁与封锁。面对来自外部世界的强大压力,这些国家一般都会实行战时体制或紧急状态下的应对机制,对外来信息进行拦截,实行全面的新闻封锁。例如,1990年伊拉克因入侵科威特遭受国际制裁后,经济状况恶化,处境艰难,与外部世界的联系也几乎中断。在此期间,政府对外来信息的入境控制十分严格,国外影片(特别是西方国家的影片)一律不许播放。2003年,美国对伊拉克开战后,伊朗在原已严格控制的基础上进一步加强了对互联网上关于美国消息的封锁。在伊朗境内,所有来自美国的娱乐节目以及反映不同政见的时事节目信号都受到干扰,因为伊朗政府不希望看到这类节目对国内民众的思想形成诱导和影响,尤其是战争前后美国鼓吹的打击"邪恶轴心"国言论的影响。又如朝鲜战争后,朝鲜与驻韩美军长期处于军事对峙状态,长期以来,美国等西方国家将朝鲜视为"危险国家"和"支持恐怖主义的国家",对其进行政治、经济、军事制裁与封锁,这使朝鲜长期处于备战状态,在新闻传播方面也沿用了战时体制,进行全面的新闻检查与控制。

与一般国家只是在战时或敌对状态下阶段性地采取封闭控制的做法不同,上述国家封闭状态延续的时间比较长,以至于形成了带有明显特征的相对固定的控制类型。这种控制类型的主要特点是:以国家强制性的行政手段控制为主,一般没有相关的新闻立法。

(二) 相对封闭型

相对封闭型的国家是指那些对外来信息采取控制性接收姿态的国家。这类国家一般处于非战争、非冷战状态,没有突出的敌对方,也没有遭受战争的威胁。但是由于历史或现实的原因,它们与其他国家之间或多或少存在着某种芥蒂与分歧,譬如领土争端、民族纠纷、意识形态对垒等。还有一些国家处于全球化的潮流中,按照游戏规则,它们一方面要开放文化市场,同时又担心外来文化的过度进入会对本国既有的传统与秩序造成不利影响。

这些国家一般不会像前类国家那样,阻断国内民众获取外来信息的渠道,但是为了维护政治和经济主权,它们也会采取各种方法控制外来信息和技术的进入。当然,这里也存在着一个选择:对于友好国家的信息或对国家发展有益无害的信息,它们往往采取宽松的政策,而对于非友好国家的信息或者对国家发展有害无益的信息,则采取屏蔽政策。卫星电视时期,法国虽然身处发达国家之列,但对有可能冲击法兰西文化的外来信息也采取了较为严格的控制手段。法国几乎禁止国人收看卫星电视,目的在于保护民族文化传统,防止其遭受外来文化的侵袭。进入互联网时代,法国也采取了一系列公共外交手段保护法语文化,并促进其在法语文化圈群内的传播。东南亚一些国家的情况也是如此。例如印度尼西亚、马来西亚等国家通过法律规定,限制国内观众收看外国电视节目。

相对封闭型控制的特点是,以国家的行政控制为主,行政手段与法律手段相配合。

(三) 相对开放型

实行相对开放型控制模式的国家,多为开放型国家。与开放的经济政策相呼应,它们在新闻传播方面也是颇为开放的。这类国家媒体自身的国际化程度比较高,对外来媒体的准入也采取了宽松的政策;除了战争、重大灾害、恐怖袭击等非常时期之外,一般不实行新闻检查。这些国家大都有"言论自由"的法律规定,按照规定,政府不能采取公开行动剥夺公众了解信息的权利,即便是在国家安全受到挑战的情况下,政府也要依法行事。[①] 然而,事实并非完全如此。当国家处于非正常状态时,政府的权威总是胜过法律的权威。海湾战争期间的美国就是如此。"记者们在得到去沙特阿拉伯的签证之前,必须先签字同意遵守有关报道的规定。……所有照片、录像和战地电讯都必须经过军方审查官们的'验关'。记者只被允许进入预定的圈子,身边还始终有美国卫兵。这样美国官员引导记者们不进行某些活动就容易许多。"[②] 近年来,随着国际关系格局的变化以及新兴经济体的崛起,美国政府的涉外话语更多与"国家安全"挂起钩来,这方面的警觉度、敏感度显著提升,对舆论的限制也较

---

① 参见〔美〕叶海亚·R.伽摩利珀编著:《全球传播》,尹宏毅主译,清华大学出版社 2003 年版,第 64 页。
② 谢金文:《海湾战争与美国新闻媒介的倾向性》,《国际新闻界》1997 年第 6 期,第 32 页。

前严格了。这使美国的新闻管理政策并非它所宣称的那么自由、开放,而是具有了相对开放型的特征。

这种控制模式的特点是,新闻信息管理以法律手段为主,辅之以行政手段。

(四)完全开放型

完全开放型的控制模式,是指国家对于入境信息不予监控、一概准入。这种模式理论上存在,但在现实社会中并不存在。因为没有一个国家可以对危害国家安全和正常社会秩序的外来信息坐视不问,放任自流。不过从实际情况看,世界上的确有一些国家,在对入境信息的控制、管理方面比前述国家更为宽松。这些国家包括自古以来就实行中立政策的永久性的中立国,在历次战争中保持中立的国家,世界性的金融、旅游中心,等等。因为没有敌对国,不存在与其他国家的政治、军事纠纷,它们没有必要采取战时体制或新闻管制,信息的开放程度更高一些,对政治类信息如此,对淫秽、色情类信息也不例外。例如,有些国家拥有庞大的色情文化产业;有些国家对于淫秽、色情作品的法律规定也是比较含糊的。在完全开放型国家,成年人对色情文艺作品的消费不受阻碍。这类国家虽然不多,却也形成了某种带有自身特征的管理类型。

在以上四种类型中,属于第一种类型(完全封闭型)和第四种类型(完全开放型)的国家数量较少;属于第二种类型(相对封闭型)和第三种类型(相对开放型)的国家占绝大多数。需要说明的是,以上控制方式类别的划分不是固定不变的,而是随着国家发展阶段的变化而变化的——战争时期与和平时期不同,社会转型期与成熟发展期也不同。此外,即便是属于同一控制类型的国家,由于国情不同,执政方式不同,其信息控制的方法与手段也不尽相同。其中并无优劣之分,也不可能有统一的模式。

第三节 国际组织对国际传播的控制

国际传播是跨越国界的信息传播,而信息一旦跨出国界,就会涉及国家之间的关系和利益格局。为了使国际传播正常有序地进行,就需要国际性的组织出面协调关系,平衡利益,制定统一的规范与标准,约束传播者的行为。由于国际组织制定的规范和标准是"市场准入"的前提,不能不遵守,自然也就成为国际传播一个重要的控制源。

一、与国际传播相关的国际组织

与国际传播活动相关的国际组织主要有:

（一）国际电信联盟

国际电信联盟组建于1932年,前身是1865年成立的国际电报联盟。1947年,国际电信联盟成为联合国的一个专门机构,总部设在日内瓦。它扮演的主要角色是,围绕无线电频率的使用和分配问题制定国际公约、协调国际合作。该联盟主持缔结了第一项无线电报公约、国际电话服务的最初条款,组织了第一次世界太空无线电通信会议,以及第一届世界电信标准化会议。

国际电信联盟主要负责国际电信的三项事宜:(1)协调无线电频率的分配,包括为具体的服务项目分配波段,为卫星划分与地球旋转同步的轨道和时间;(2)为国际通信推荐技术标准,包括有线联结的标准、特定广播和电视服务的宽带,以及其他服务的技术参数;(3)管理国际"共用载波"业务——电报、电话、资料传输和其他新型业务。

国际电信联盟拥有自己的公约、宪章和操作规章,所有这些都享有国际条约地位。它的成员均为民族国家(来自193个国家),包括大多数联合国成员国。2005年11月17日,在于突尼斯举行的信息社会世界峰会(WSIS)上,国际电信联盟发布《国际电信联盟互联网报告2005:物联网》,正式提出了"物联网"的概念。

（二）国际通信卫星组织

国际通信卫星组织是政府间全球性商业通信卫星机构,创建于1964年8月,总部设在华盛顿,宗旨是建立和发展全球商业卫星通信系统,供世界各国平等使用。国际通信卫星组织的服务工作主要包括国际电话服务、国际电视服务、国内通信服务、国际通信卫星组织商业服务、国际互联网服务、VISTA服务和线路修复服务等。该组织最初与国际电信联盟一样,是一个以民族国家为参与主体的政府性组织。1984年,美国总统里根做出决定,允许私营卫星组织与国际通信卫星组织展开竞争,并令后者对前者开放。加之1988年大西洋光缆铺通,越来越多的区域性卫星服务组织出现,该机构逐渐以商业合作模式运作。按照规定,国际通信卫星组织的每个成员国都要向它提供资金,用于购买卫星设施和支付日常开支,年终按比例从收入中分红。1977年8月16日,中国政府加入国际通信卫星组织,授权邮电部签署《国际通信卫星组织业务协定》,并由邮电部按照中国使用卫星电路数量的比例进行投资,获得相应比例的全球商业通信卫星系统所有权。目前,国际通信卫星组织向全球200多个国家和地区提供包括公共交换网络、私营与商业网络、国际互联网以及电视图像在内的各项服务。

(三) 联合国教科文组织

联合国教科文组织成立于1946年,总部设在法国巴黎。截至2011年年底,联合国教科文组织拥有195个成员国(中国是联合国教科文组织的创始国之一,1971年恢复合法席位)。该组织以促进文化、教育、科学领域的国际合作为己任,并从社会人文角度关注国际传播问题。在国际信息的交流方面,教科文组织的职责是"鼓励新闻在国际和国家范围内的自由流通;在对言论自由不做任何妨碍的情况下,促进新闻更广泛更均衡地传播;发展各种手段,加强发展中国家的交流能力,以扩大其对交流过程的参与"[①]。

早在1970年,联合国教科文组织第十六届大会就围绕新闻和信息传播不均衡、不平等问题展开了辩论。由于发展中国家与发达国家在一些关键性问题上产生了分歧,双方的论争持续了八年之久。在此期间,教科文组织正式提出建立"世界信息与传播新秩序"的主张。1978年,教科文组织第二十届大会通过了折中性的决议《关于大众传播工具为加强和平和国际了解,为促进人权以及反对种族歧视、种族隔离和反对煽动战争作贡献的基本原则宣言》,为全球大众传播业的发展提供指导。20世纪80年代中期,由于美国、英国相继退出联合国教科文组织,该组织面临空前的财政困难,建立世界信息与传播新秩序的进程也受到了影响。进入21世纪以后,建立国际信息传播规范的活动又

---

① 转引自关世杰:《国际传播学》,北京大学出版社2004年版,第414页。

活跃起来。2001年,教科文组织召开第三十一届会议,通过了《世界文化多样性宣言》,这是国际社会首次就文化多样性问题发表宣言。在建立国际传播规范的同时,教科文组织还对欠发达国家展开发展援助项目,帮助其加强新闻传播力量。2017年10月12日,美国前总统特朗普宣布美国退出联合国教科文组织(这是时隔30多年后美国再次退出该组织),2018年12月31日生效。

(四)世界贸易组织

世界贸易组织(WTO)诞生于1995年,总部设在日内瓦,有160多个成员(2001年12月11日,中国正式加入该组织)。该组织的前身是1947年建立的关税和贸易总协定(GATT)。关贸总协定主要涉及货物贸易,而世界贸易组织将货物贸易延伸到服务贸易和知识产权贸易领域。《服务贸易总协定》和《知识产权协定》是该组织一揽子协议的重要组成部分。其中《服务贸易总协定》是迄今为止第一套有关国际服务贸易的具有法律效力的多边贸易规则。国际服务贸易包括国际运输、金融服务、国际旅游、国际电信服务、国际视听服务、商业批发与零售服务、专业经济服务(包括广告服务)等方面,其中国际电信、国际视听、广告服务等与国际传播密切相关。制定《服务贸易总协定》的宗旨之一,就是在推进"服务贸易自由化"的同时,对国际信息流通中的知识产权加以保护,从经济贸易的角度为国际传播制定规则。

世界贸易组织设有三个机构:部长会议、总理事会和秘书处。部长会议是世贸组织的最高权力机关,由该组织成员的代表组成,至少每两年举行一次会议。总理事会由成员代表组成,在部长会议闭会期间代为行使职责。该机构是贸易政策审议机构和贸易争端解决机构。在总理事会之下,分别设有货物贸易理事会、与贸易有关的知识产权理事会、服务贸易理事会。秘书处由总干事领导,总干事由部长会议任命。总干事是世贸组织的行政首长。总干事和秘书处职员的职责具有国际性质。

(五)世界知识产权组织

世界知识产权组织(WIPO)是以促进知识产权保护为己任的世界性的组织,总部设在瑞士日内瓦。截至2019年,该组织拥有192个成员国(我国于1980年6月3日加入该组织)。世界知识产权组织来源于1883年3月由11

个国家通过签署《保护工业产权巴黎公约》而建立的保护工业产权国际联盟和 1886 年 9 月由 10 个国家通过签订《保护文学和艺术作品伯尔尼公约》而建立的保护文学作品国际联盟。成立知识产权组织的公约于 1967 年签署,1970 年生效。1974 年 12 月 17 日,知识产权组织成为联合国的一个专门机构。该组织的主要目标是通过协调民族国家之间的合作,提高人们对于知识产权的重视程度和保护意识,通过鼓励创造性的活动、推动技术转让和文学艺术作品的传播,促进工业和文化的全面发展。它对知识产权的关注包括两个类别:一是工业产权,主要涉及发明、商标和工业设计等方面;二是版权,主要涉及著作,以及文学、艺术、音乐、摄影和视听作品。世界知识产权组织的主要工作任务是:促进更广泛地接受现有条约,在必要时督促修正现有条约,鼓励缔结新条约;向发展中国家提供法律援助和技术支持;办理国际登记业务,协调各"联盟"成员国之间的合作。1996 年,在原有条约的基础上,世界知识产权组织通过了两个新条约:《世界知识产权组织版权条约》和《世界知识产权组织表演和录音制品条约》。前者是为了在信息技术和通信技术领域,特别是在互联网领域更加充分地维护版权人的利益;后者是为了在互联网领域更好地维护表演者和录音制品制作者的权利。

除此之外,与国际传播活动相关的国际组织还有万国邮政联盟、国际太空通信组织、国际海洋卫星组织等。除了国际性的组织机构外,还有一些地区性的协调组织,如亚太电信联盟、亚太广播联盟、泛非电信联盟、非洲国家广播电视组织联盟、阿拉伯国家电信联盟、阿拉伯国家广播联盟、欧洲邮电管理会议、欧洲广播联盟、美洲电信委员会,等等。

二、国际组织的控制方式

上述国际组织对国际传播活动的控制与影响,主要通过以下方式进行:

(一) 制定规则

国际传播活动得以正常进行的前提,是国际传播规制的建立。如果两个国家的通信系统互不相容,如电缆带宽、电压、阻抗不一致,发送、接收卫星信号的技术标准不一致,电视制式不一致等,或者出现技术干扰、信号溢波等问题,有效的传播沟通就难以实现,国家之间的矛盾和纠纷甚至可能发生。因此,以制定统一规则的形式对参与国际传播的主体(主权国家)的行为进行约束是十分必要的。在这方面,国际组织发挥了重要作用。

早在电报技术应用之初,伴随着国际电报联盟的成立,就出现了第一个国际公约——1865年在巴黎签署的电报公约,制定国际电报技术标准和税费监督原则的问题也被提上了议事日程;无线电技术发明后,在国际组织的协调下出台了无线电公约,确定了无线电管理的基本原则;广播电视出现后通过了一系列有关无线电频率使用的国际协定;随着互联网时代的到来,《国际互联网条约》(前述世界知识产权组织于1996年通过的《世界知识产权组织版权条约》及《世界知识产权组织表演和录音制品条约》)应运而生。总之,对于跨国界的信息传播,无论有线的还是无线的,国际组织都力求制定统一的标准,从而使电报出现后100多年来的国际传播活动能够持续有效地进行。

当然,国际组织主持制定的国际协定更多的是一种"道德期望",不具强制性。例如,国际电信联盟的章程中就明确规定,任何国家对国际会议做出的决定均有权采取"保留态度"。这就使一些国际协定在执行过程中缺乏效力,也使制裁缺乏力度。此外,无论在哪个领域,游戏规则一般都由先到国家(政治、经济、军事强国)制定,信息传播方面的国际协定也是如此。于是,"先到先用"就成为国际组织恪守的一个原则。尽管国际电信联盟、国际通信卫星组织等对后发国家(广大发展中国家)也采取了某种扶持政策,但是从国际传播系统中获益的主要是那些制定规则的国家。

(二) 分配资源

在国际传播中,无线电频谱、电磁波频谱以及卫星轨道等,都是重要的传播资源,需要国家之间的协议、协定对其进行合理分配与利用。而对国际传播频率的分配正是国际组织的一项职责。1906年制定的无线电公约,就将无线电频谱按不同服务内容划分为不同的频带,并规定哪些频率用于海岸站之间的长途通信,哪些频率供政府的无线电站使用,不传递任何公共信息,以避免无线电站之间相互干扰。广播电视需要使用电磁波频谱。电磁波频谱是一种天然物理现象,利用它,人们可以将无线电波所携带的信息从发射机传至接收机。无线电波无法被限制在一国境内,为了防止溢波的出现,国际组织(国际电信联盟)就要进行频谱划分。按照规定,各国不能使用未经分配的频谱,进行的相关实验必须得到国际电信联盟或各国电信管理机构许可,并在指定的频段内进行。通信卫星得到使用后,国际通信卫星组织成为空中卫星设备的提供商,负责出租或出售卫星设施,收取卫星服务费用。尽管在国际通信卫星组织出现后,又出现了新的国际性的卫星组织,如泛美卫星组织,与前者形成了竞争,但正如国际通信卫星组织在其协议中所规定的,任何新的卫星系统都应与之协调,以保证技术上的兼容性,并避免给该组织带来严重的经济损失。[1]

无论是国际电信联盟还是国际通信卫星组织,最初都只服务于先发国家,后来才逐渐扩大到发展中国家。虽然它们试图将发展中国家纳入国际传播系统,比如国际通信卫星组织在国际协定中规定了"全球平均价格",降低了使用卫星语音频道的费用,以便使比较贫困的国家能够进入国际卫星系统,但是由于经济实力和基础设施相对薄弱,发展中国家,特别是贫困国家对于卫星资源的利用仍然十分有限。

(三) 调解争端

与国内传播不同,所有的国际传播活动都是以主权国家签署协议为基础展开的。而在签署协议的过程中,围绕频道分配、频谱使用、费用收缴以及技术标准制定等问题出现的矛盾与纷争不可避免。例如,某些国家希望国际协议制定出某设备的世界通用的标准,以控制相关产品的生产,由此遭到其他国家的反对;一些国家在媒体发展规划中仍然使用不相容的传输系统,对其他国家的标准化努力造成冲击和影响,这自然也会受到谴责;一些大国位于边境的发射机发射的信号常常深入他国境内,对他国信息控制形成挑战,从而引发争议;在频谱的分配方面,一些较为发达的国家主张以技术和经济因素为基础分配频谱服务,发展中国家则要求实行"计划式"管理,即有计划地保留频谱和卫星频道,以满足其未来发展的需要。在国际传播中,以上问题经常被提出

---

[1] 参见〔美〕罗伯特·福特纳:《国际传播:全球都市的历史、冲突及控制》,刘利群译,华夏出版社2000年版,第185页。

来,在各种国际会议上讨论,有些论争甚至持续了许多年,如发展中国家与发达国家之间关于新闻和信息传播不平等问题的论争。

为了调解或解决各类争端,国际组织大都设置了相关程序。例如,世界贸易组织就有争端解决程序,它的总理事会会议就是贸易政策审议和争端解决机构。世界知识产权组织、联合国教科文组织、国际通信卫星组织、国际电信联盟等也都有类似的协调职责或解决争端的专门机构。国际组织的调解或协调有时能够使问题得到解决,有时却效果不佳。例如,国际电信联盟的会议常常因为围绕某一议题的持续争论而陷入僵局。[①] 此外,尽管国际组织为发展中国家申诉权利提供了讲坛,也试图在发展中国家和发达国家之间建立某种平衡,但这并不能从根本上解决二者之间的"数字鸿沟"问题。

三、国际组织对国际传播的影响

关于国际组织对国际传播的影响,可以从两个方面展开探讨,即对发达国家的影响和对发展中国家的影响。

(一) 对发达国家的影响

在国际传播中,国际组织对发达国家的影响主要体现在以下方面:

第一,为发达国家开辟全球信息市场。

如同世界商品市场的形成有利于早期资本主义的发展,统一的信息市场的形成同样有利于发达国家在全球范围内获益。而发达国家在其中起着主导作用的国际组织在这方面可谓功不可没。从最初制定国际电报技术的使用标准,到规定无线电管理的基本准则,从协调频道、频谱的使用,到制定标准,以使不相容的电视信号在统一的传播系统中发挥作用,国际组织的努力是显而易见的。而在各个国际组织中,美国又起着至关重要的作用。如果说早期的国际组织(如国际电报联盟、国际电信联盟等)是由老牌帝国主义国家发起并主导的,那么,随着美国经济的超越式发展,它在国际组织中的地位和作用越来越突出。1984年,在联合国教科文组织没有采纳美国提出的信息自由流通

[①] 参见〔美〕罗伯特·福特纳:《国际传播:全球都市的历史、冲突及控制》,刘利群译,华夏出版社2000年版,第172页。

的原则之后,美国退出了该组织,加强了在其他国际组织中的工作力度;当国际电信联盟的协调功能未能满足美国的利益诉求,它试图改变该组织投票制度的努力遭到否决后,又试图改革关贸总协定,将信息自由纳入贸易自由,将贸易的范围从货物贸易扩大到服务贸易,最终获得成功。贸易范围拓宽的结果是,加入世界贸易组织的经济体必须在文化市场的准入方面做出承诺,采取"非歧视性原则",给外国产品以"国民待遇"。这就使得以美国为代表的发达国家可以借助国际组织的规定,在全球范围内无障碍地进行信息传播和文化产品推销,从而将自己的影响扩大到整个世界。

第二,使发达国家占有信息资源优势。

国际传播直接涉及国际信息资源的分配问题,而最初有资格参与资源分配的都是经济发达国家。它们为了争取尽可能大的份额相互争辩,最终以具有法律效力的公约或协议的形式将自己的利益体现出来。作为规则的制定者和既得利益者,发达国家大都占有了最初的资源并将继续占有追加资源,从而使自己长期处于优势地位。而后发国家只能接受既有的规则,在有限的空间里争取自己的权利。例如,在广大的殖民地国家独立之前,国际上的通信系统早已形成,而由于经济基础薄弱,这些国家的通信联络信号仍然需要通过宗主国的首都,才能进入自己的国家。电视制式的采用情况同样如此。虽然一些发展中国家与发达国家之间不再存在殖民地与宗主国的关系,但是出于种种原因,它们之间"建立了一种长期的殖民的或政治经济的关系,这些关系限制了(或导致了)小国和弱国的选择权,他们往往选择各自'宗主国'的标准"[①]。比如,拉丁美洲国家通常采用美国的 NTSC 标准,英属非洲国家采用英-德的 PAL 标准,法属非洲国家则采用法国的 SECAM 标准。占主导地位的系统标准通过专利有效控制了技术的发展,并通过在国际传播系统中使用这些专利来获取更多的利润。

第三,发达国家因不均衡发展而起摩擦。

虽然国际传播的规则是在发达国家的主导下制定的,反映了它们的共同

---

① 〔美〕罗伯特·福特纳:《国际传播:全球都市的历史、冲突及控制》,刘利群译,华夏出版社 2000 年版,第 49 页。

利益,但是由于发达国家的力量对比处于不断的变动中(后起的资本主义国家美国在经济上很快超过老牌资本主义国家),原有的平衡状态被打破,新的矛盾与冲突不断出现。例如,早期法国电影最发达,在世界上占有绝对优势,但第一次世界大战后其地位逐渐被美国取代。随着美国全球营销战略的实施,好莱坞大片不但占领了发展中国家的电影市场,也使包括法国在内的欧盟各国感到了威胁。据阿根廷《民族报》2003年2月8日《好莱坞战胜欧洲》一文报道,欧洲市场上3万多家影院,2002年共卖出10亿多张电影票,其中售出的美国电影票占70%左右,而欧洲电影票所占比例不到30%。2002年法国电影所占市场份额从上一年的43%下降至35%,而美国电影的比例则从47%增至60%。以法国政界人士为首的欧洲战略家认为,美国对欧洲影视贸易的巨额顺差有冲击欧洲文化认同和欧洲经贸的负面影响。[①] 于是,欧洲国家在国际传播方面采取了共谋发展、联合御敌的策略。早在20世纪20年代,为了反对好莱坞的"电影霸权",以德国为首(其后是英国、法国、意大利、匈牙利、奥地利)的欧洲国家就开始限制美国影片的进口;八九十年代,限制美国电影和电视节目播出量的浪潮又一次席卷欧洲国家。直到今天,对好莱坞影片的配额限制问题仍然体现在欧洲的文化议程表上。欧共体于1989年颁布的《无国界电视指导原则》,在对欧洲本土文化进行保护的同时,也限制了外国电视节目(特别是美国节目)的进入,使绝大多数欧洲电视频道中美国节目的播出时间总量不超过50%。对此美国十分不满,认为《无国界电视指导原则》侵犯了它在世贸组织中的权益,规定的配额比例也与世贸组织成员的义务不符。美国表示将保留根据世贸组织争端解决程序采取进一步行动的权利。

(二) 对发展中国家的影响

国际组织对发展中国家的影响主要体现在以下方面:

第一,提供分享全球信息资源的条件。

毫无疑问,在信息全球化中受益的首先是发达国家。而发达国家要想形成一体化的大市场,使自己的信息产品在世界范围内无障碍地流通,就必须解

[①] 参见陈卫星主编:《国际关系与全球传播》,北京广播学院出版社2002年版,第205页。

决技术问题(与其他产品市场的形成不同,信息产品市场的形成有赖于成熟的技术手段支撑)。而将经济基础薄弱的广大发展中国家吸纳进国际组织,向它们提供技术援助,让它们分享新的传播技术成果,不失为一条有效的途径。长期以来,国际组织中的发达国家在这方面做出了积极的努力。比如,在非洲国家,几乎所有的电视台都是由西方国家提供资金和人员建立的。美国的汤姆森集团于20世纪60年代相继在肯尼亚、苏丹、埃塞俄比亚建立了电视台;英国的海外放送协会在利比亚建立了电视台;法国无线电话合作局则帮助非洲的大部分法语国家建立了电视台。为了使更多的发展中国家加入国际卫星放送系统,国际通信卫星组织在制定收费政策时考虑到发展中国家的实际情况,适当降低了空中设备的租用费用。上述努力一方面满足了发达国家的信息传播需求,另一方面也为发展中国家在传播手段尚不先进的情况下脱离信息封闭状态、进入国际化的信息传播系统提供了客观条件。

第二,形成对发达国家的信息依赖。

如前所述,国际组织最早是由发达国家联合组建的,发展中国家加入信息全球化进程也是以遵从发达国家制定的规则、接受发达国家提供的技术条件为前提的。在此基础上进行信息传播,发展中国家自然就会形成对发达国家的依赖。这种依赖体现在两个方面:一是对发达国家技术手段的依赖。发达国家经济起步早,在传播技术方面的优势和垄断地位早已形成。例如,日本等国控制了录像机、摄像机和其他复制设备的生产专利权,除非与有专利权的跨国公司联合生产,否则发展中国家很难自己生产这些产品。在利用卫星作为传播工具的传播中,由于发展中国家不具备发射卫星和生产空间设备的能力,因而只能租用世界通信卫星组织的卫星。在互联网的使用方面,美国控制着网络核心技术,如中央处理器(CPU)、操作系统(Windows)、基本浏览器(IE和Netscape)等。离开这些技术,发展中国家就不可能进入全球信息传播系统。二是技术依赖带来的信息冲击。技术手段是为传播内容服务的,既然发达国家在传播技术的软硬件上对大部分发展中国家形成了控制,它们也就基本上控制了国际信息传播的内容和流向,在这些方面,发展中国家是被动的。而包括中国在内的发展中国家对新型传播科技的开发与利用,正是为了打破发达国家在信息传播中的垄断地位,彻底摆脱信息依赖。

第三,一些发展中国家借势崛起。

在国际传播中,发展中国家虽然长期受制于发达国家,但是发达国家不断拓展的信息市场及其在传播手段方面的进步与更新,也为发展中国家传播业的发展提供了契机。一些善于利用传播资源、实施追赶战略的国家因此获得了跨越式的发展。中国和印度就是如此。

改革开放以来,尤其是加入 WTO 以后,随着中国经济的快速发展和大步融入世界,中国媒体获得了一个绝好的发展机会。几十年间,中国传媒由传统媒体向新媒体、融媒体过渡,由低成本制作向高科技编排手段发展,由粗放式经营向集约式经营转变,走完了西方国家用上百年的时间走完的路程,实现了质的飞跃。印度政府于1991年放宽了对传媒业的限制,允许私人经营广播电视业,同时允许外国传媒公司进入。这之后,私营电视台开始出现,印度的电视频道因此由1991年的一个——国家控制的全印电视台(DD News)——发展到1998年的近七十个。最初人们对西方广播影视产品的大举进入颇为担忧,认为其必定会对印度本土文化造成冲击和影响,但结果是,人们最初的担心不仅没有变为现实,相反,面对直接播放英语节目的外来对手,印度电视频道开始用本土化的需求对这些产品进行改造,并达到了预期效果。印度本土的 Zee TV 电视频道由小到大、由弱渐强,最终发展成为"世界最大的亚洲电视网络"①。

应当说,在国际传播中,国际组织发挥了重要的作用,没有它们在各国之间搭建桥梁、疏通渠道、建立秩序、解决争端,国际传播活动就不能正常进行,信息传播的国际化、全球化过程也就不能实现。但是正如前文所说,它们建立了传播网络,却不能保证所有国家从中受益;它们制定了传播规则,却无法改变信息流动不平衡的状态。其中的许多问题不是国际组织可以解决的。

---

① 〔英〕达雅·屠苏:《国际传播:延续与变革》,董关鹏主译,新华出版社2004年版,第249页。

◆ **思考题**

1. 出境信息的控制模式是什么？
2. 出境信息的控制手段有哪些？
3. 传播控制的"最佳目标"是什么？
4. 入境信息对国家安全有可能产生哪些影响？
5. 世界各国对入境信息的把关控制有几种类型？
6. 与国际传播相关的国际组织有哪些？
7. 国际组织通过什么方式实施对国际传播的控制？
8. 国际组织对国际传播有哪些影响？

第六章　国际传播的手段

以传播过程的五要素而论,这一章应当叫作"国际传播媒介"。之所以不称"媒介"而称"手段",是因为一般性的信息传播(比如一国之内的传播),只需将原始信息经采编(一般性的编码、释码)变成可被接收的信息,通过媒介传播出去就可以了。国际传播则不然。国际传播是跨越国界的信息传播,一般性的编码、释码显然不能满足它的需要。为了将信息有效送达终端,在一般性编码、释码的基础上,还需要对信息进行二次处理,即进行跨文化的编码、释码,以实现传播者与受众之间的语言转换和文化对接。而语言转换和文化对接显然已经不是传播"媒介"那么简单了。

第一节　拉斯韦尔模式的扩展

在传播学研究中,哈罗德·拉斯韦尔的传播过程模式(五 W 模式)具有划时代的意义。它揭示了传播活动的一般规律,为后人的研究奠定了坚实的基础。但是,拉斯韦尔的五 W 模式毕竟形成于战后初期的传播环境中,对于当今信息时代国际传播过程的规律与特征缺乏对应性的描述,而国际传播实践的快速发展又迫切需要相应的理论阐释。鉴于此,我们以拉斯韦尔的传播过程模式为基础,同时吸取其他模式的优长,对其原有的某些要素进行拓展,以符合国际传播实践的需要。

一、拉斯韦尔传播过程模式

1948年,哈罗德·拉斯韦尔在《社会传播的结构与功能》这篇论文中提出了传播过程的五个要素或五个环节,即"谁"(Who)、"说什么"(Say What)、"通过什么渠道"(In Which Channel)、"对谁说"(To Whom)、"产生什么效果"(With What Effect),并按照一定的结构顺序将它们排列,形成了为大家熟知的"拉斯韦尔传播过程模式",也称"五W模式"。后来,英国传播学者丹尼斯·麦奎尔(Denis McQuail)等将这一模式图示如下:

谁
传播者 ──→ 说什么
讯息 ──→ 通过什么渠道
媒介 ──→ 对谁说
受传者 ──→ 有什么效果
效果

图6-1 拉斯韦尔的传播过程模式[①]

这一模式为人们理解传播活动的一般过程与规律提供了出发点。"拉斯韦尔的工作……第一次为传播学搭建了一个比较完整、全面的理论构架,从而使传播学的最终确立成为可能。进入21世纪以来,传播学处于逐步形成的过程中,对此感兴趣的人越来越多,在各个环节、方面、领域参与和推进传播研究的人也越来越多。但正像造房子那样,砖瓦水泥再多,如果没有蓝图,没有脚手架,仍将一事无成。拉斯韦尔正是以他的五W模式,为传播学贡献了一张'蓝图',或者说一个'脚手架'。"[②]

当然,作为早期的传播过程模式,拉斯韦尔的模式还是不完全的,主要表现为它是一个单向直线模式。拉斯韦尔虽然考虑到了受传者的反应(效果),却没有提供一条反馈渠道,因而这个模式没有揭示人类社会传播的双向和互

---

① 参见 Denis McQuail and Sven Windahl, *Communication Models*, London and New York: Longman Group Ltd., 1981, p.10。

② 吴文虎主编:《传播学概论》,武汉大学出版社2000年版,第44页。

动性质。①

认识到直线模式的局限性之后,一些传播学者提出了有关传播过程的其他模式。1954年,施拉姆在《传播是怎样运行的》一文中,在查尔斯·奥斯古德(Charles Osgood)观点的启发下,提出了一个新的过程模式,即"循环模式",见图6-2。

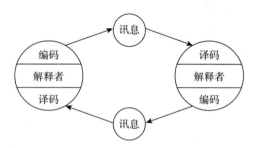

图6-2　奥斯古德与施拉姆的循环模式

这个模式最突出的特点,是强调了信息传播的互动性质,它把传播者与受传者放在一个有信息反馈的传播环境中,二者同时将经过编码、释码的信息传给对方,并对来自对方的信息进行译码(互联网时代的个体传播者即处于这样的状态下)。该模式引入了"循环"与"互动"概念,对拉斯韦尔的线性模式形成了很好的补充。

虽然如同麦奎尔所说,奥斯古德与施拉姆的循环模式意味着"与传统的直线/单向型传播模式的断然决裂"②,但是由于这一模式过于简单,不能对信息传播中的复杂情境做出进一步的解释,因此受到学者们的质疑。在此之后,包括施拉姆本人在内的其他学者对其进行了一系列改造,从而使传播过程模式更趋合理、完善。因为模式的演进过程不是我们关注的重点,故在此不展开阐述。

出于对国际传播手段探讨的需要,我们将主要依托拉斯韦尔的传播过程模式,同时借鉴奥斯古德与施拉姆循环模式中关于传播者(或受传者)角色功

---

① 参见郭庆光:《传播学教程(第二版)》,中国人民大学出版社2011年版,第51页。
② Denis McQuail and Sven Windahl, *Communication Models*, London and New York: Longman Group Ltd., 1981, p.14.

能——"编码""释码""译码"的描述,重点说明国际传播主体或媒介在信息处理过程中所应采取的策略与方法。

应当指出的是,在奥斯古德与施拉姆的循环模式中,作者赋予传播者和受传者"解释者"的地位,让其行使译码和编码的职能,而在国内一些学者的解读中,"解释"也被作为传播者与受传者角色功能中的一项,与"编码""译码"并列,称"编码""释码""译码"。也就是说,传播者在"编码"之后,还要进行"释码"——"编码"是"执行符号化和传达功能","释码"是"执行解释意义的功能"。① 事实上,在任何形式的传播中,"编码"和"释码"都是在同一个过程中完成的,没有明显的界线,不可能将二者截然分开。但是考虑到国际传播的特点,考虑到国际传播中对信息进行二次处理的客观需要,即在对原始信息一次性处理的基础上还需进行语言转换和文化对接,而文化的对接过程中又的确存在"解释"(释码)的问题,我们就沿用了这种表述。

同样应当指出的是,对拉斯韦尔模式进行奥斯古德与施拉姆式的改造,变直线为循环、互动,是十分必要的,但是国际传播中传播者与受传者之间的循环或互动,是一个十分复杂的过程,不是一般性的互动模式可以解释的。对此,我们将在后文有关"受众"和"效果"的章节中做进一步的探讨。

二、拉斯韦尔模式在国际传播中的扩展

拉斯韦尔的五 W 模式,包含着传播过程的所有要素。这个过程链(图6-1)以"媒介"为线,可以分为前后两部分。"媒介"之前是对原始信息的采集、加工部分,即编码、释码部分;"媒介"之后是受众对采集、加工的信息的选择接受部分,即译码部分。在此,我们将重点分析"媒介"之前(包括媒介在内)的部分。

这一部分包括三个要素:传播者、讯息和媒介。按照奥斯古德与施拉姆循环模式的描述,传播者和媒介都是对讯息进行编码的"解释者",只有经过这一"符号化"的过程,讯息才能抵达受众。传播学先驱的论证分析,为我们提

---

① 参见郭庆光:《传播学教程(第二版)》,中国人民大学出版社2011年版,第56页。

供了基本的理论依据。

当然,无论是拉斯韦尔模式还是奥斯古德与施拉姆模式,描述的都是传播过程的一般规律,鉴于他们所处的时代,他们不可能对国际传播这种特殊的传播现象进行有针对性的理论分析。因此,为了国际传播研究的需要,我们将在"三个要素"的基础上,对"解释者"(传播者和媒介)的角色职能进行扩展,使它在首次编码之后,再进行二次编码——首次编码是将原始信息转换为可被一般受众接收的信息,二次编码是将可被一般受众接收的信息转变为可被他国受众或全球受众接收的信息。简言之,二次编码就是语言的转换和文化的对接。

那么,在国际传播实践中,二次编码的职能由谁来承担?是传播者还是媒介?抑或由二者共同承担?

通过观察分析可见,长期以来,在国际传播中,除了一部分信息的二次编码由传播者(传播主体)直接完成外,绝大部分信息的二次编码由媒介完成。

在本书第四章"国际传播的主体"中,我们将国际传播主体具体分为四个部分,即政府、企业、社会组织和个人,同时强调政府在国际传播过程中的主导地位:它不仅进行直接的信息传播,还要对出境信息进行总体上的把关控制。由政府所具有的这种特殊地位所决定,它代表国家向外发布的重要文件、文告、声明等,由它直接完成二次编码过程;此时的媒介只能作为单纯的信息载体发挥作用。

除此之外,一国之内的绝大部分出境信息,均由专业性的媒介机构完成二次编码过程。正因为媒体承担了很大一部分二次编码的职能,世界各国都设立了专事对外传播的媒体,由此形成了专业化的国际传播机构和专业化的国际传播流程。

具有跨国性质的国际传播机构包括:

(一)国际性的通讯社

早在新闻通讯事业发展初期,按照活动范围的大小和实力的强弱,通讯社即被划分为国际通讯社和国内通讯社。国际通讯社也称世界通讯社,它们在全球范围内采集和发布新闻信息,在许多国家建有分社并派驻记者,向遍及全球的大量用户发稿。目前主要的国际通讯社是美国的美联社、合众国际社、彭博新闻社,英国的路透社,法国的法新社,俄罗斯的塔斯社,中国的新华社,德国的德意志新闻社,意大利的安莎社,西班牙的埃菲社,日本的共同社等。其中美联社、合众国际社、路透社、法新社被称为西方四大通讯社,实力尤为雄厚。据估计,全世界每天即时国际新闻的80%由四大通讯社提供,四大通讯社每天用英文、法文、西班牙文、德文和阿拉伯文提供的新闻稿多达30万字。[1]经过十余年的国际传播能力建设,我国的新华社在驻外记者站的覆盖面、人员配置、技术手段、采编能力等方面取得了重大进展,已经成为具有世界影响力的国际通讯社。

国内通讯社一般以采集和发布本国新闻为主,服务对象主要在国内,其国外新闻通常向国际通讯社订购,有时也与关系密切的其他国家通讯社相互交换。目前,一些大的国内通讯社也逐步走出国门,在关系友好国家派驻记者,设立分支机构,并在一定范围内向国外发布新闻。发展中国家的通讯社多为国内通讯社,影响力远不及西方国家。为了抵制西方通讯社的信息控制和垄断,发展中国家的通讯社根据平等合作的原则,建立起一批地区性的协作组织,包括不结盟国家通讯社联盟(POOL)、亚洲-太平洋通讯社组织(OANA)、国际新闻社(IPS)、泛非通讯社(PANA)、阿拉伯通讯社联盟(FANA)、拉丁美洲特种新闻社(LASFI)、加勒比通讯社(CANA),等等。

(二)国际性的广播电台

国际广播是国际政治斗争的产物,诞生于20世纪20年代,第二次世界大战期间是它的大发展时期。战争结束后,主要发达国家的国际广播规模持续扩大,新兴发展中国家也纷纷开办对外广播,从而形成西方报刊所说的"世界上所有大国和许多小国都积极参加的世界范围内的电波战"[2]。东西方对峙的"冷战"局面结束后,国际舆论剑拔弩张的态势有所缓和,广播的信息传播

---

[1] 参见〔美〕罗伯特·福特纳:《国际传播:全球都市的历史、冲突及控制》,刘利群译,华夏出版社2000年版,第190页。
[2] 转引自张允若、程曼丽主编:《外国新闻事业史教程(第二版)》,高等教育出版社2017年版,第443页。

功能得以彰显,成为国际信息交流、文化交流以及经济联系的渠道。但是,国际政治领域的斗争并未因冷战的结束而终止。近年来,随着国际关系格局的变化,这个领域中的矛盾、冲突逐渐显现并有进一步强化的趋势,国际舆论斗争也相伴而生,日趋激烈。主要国家都在致力于巩固舆论阵地,掌握斗争中的话语权。

从使用语种、播出时数、发射功率等综合因素看,世界上实力最强的广播电台有:美国之音、英国广播公司国际广播电台(BBC World Service)、德国之声、法国国际广播电台、俄罗斯卫星广播电台(Информационное Агентство и Радио Sputnik)、中国中央广播电视总台旗下的中国国际广播电台(CRI)等。其中,美国之音是世界上规模最大、实力最雄厚的国际广播电台,也是美国官方对外传播的重要机构,每天使用 50 多种语言向世界各地广播。早在 1994 年,美国之音就在互联网上建立了自己的网站,每天针对世界各地的热点事件进行报道、评论。为了扩大国际广播的影响力,世界各国(特别是大国)近年采取的主要措施有:增加播音时间,增强发射功率,强化短波信号的传送;通过境外建台、租机播放、互转节目、卫星传送等方式扩大中波和调频的覆盖面;增加语种(尤其是亚洲、拉丁美洲等地区的各民族语种);采用最新传输技术,通过互联网平台传送节目;等等。

(三)国际性的电视台

虽然从 20 世纪 60 年代起,电视信号的交换和互传就已经出现,但是以国外观众为对象定时播放节目的国际电视台的兴起却是在 20 世纪 80 年代。1980 年,美国特纳广播公司创立的有线电视新闻网开始通过卫星向邻近国家的电缆电视系统播送新闻,标志着国际电视业的诞生。此后的二十多年间,国际电视台不断涌现,至 20 世纪末期世界上已经有几十个国家开办了官方、半官方的国际电视台,商业性的国际电视台更有上百个之多。与国际广播相比,国际电视的发展进程有两个明显的特点:一是民办先行、官办后上。各国的国际广播几乎都是政府掌管的宣传机构,而国际电视却是民办的商业台首先兴起,政府掌管的国际电视机构在它之后出现。二是新闻节目和娱乐节目并举。国际广播通常以新闻时事类节目为主,少量的音乐文娱节目只是陪衬而已。

国际电视则不然,其新闻节目固然影响巨大,娱乐节目更是丰富多样,还有不少专播娱乐、电影、体育节目的频道,文化传播的比重比国际广播大得多。① 目前世界上主要的国际电视台有:美国有线电视新闻网、美国新闻署于1984年创办的世界上第一家官方国际电视台——世界电视网(World Network)、英国天空广播公司(BSkyB)、英国广播公司世界新闻频道(BBC World News)、德国之声新闻频道(DW News)、欧洲新闻电视台(Euro News),等等。除此之外,泰国(1993年)、菲律宾(1994年)、新加坡(1993年)、文莱(1994年)、印度(1995年)、韩国(1995年)、马来西亚(1996年)等国也陆续开办了国际电视频道。我国于1992年开办了以海外华语观众为主要对象的中央电视台第四套节目(国际频道);1997年开办了以国外受众为收视对象的第九套节目(英语传送频道);2016年12月31日,在整合中央电视台国际频道资源的基础上,面向全球播出的国际新闻传播机构——中国国际电视台(英文简称CGTN,中文别称中国环球电视网)成立,2018年成为中央广播电视总台的重要组成部分。

(四) 国际互联网

互联网是国际性的信息通道,20世纪90年代以后得到快速发展。如果把互联网上的网站看作国际传播组织机构的话,那么,网上出现的传播机构大体上可以分为两类:第一类是由传统媒体建立的传媒网站(包括传统媒体与其他行业共建的网站),第二类是无传统媒体依托的网络机构。传统媒体建立网站始于80年代末期,90年代中期以后,随着互联网的持续升温,越来越多的传统媒体乘上网络快车,形成了一道世界性的景观。近年来,社交媒体和移动阅读对人们的日常生活和信息交换方式产生了越来越大的影响,鉴于此,世界上一些老牌传统媒体(如《纽约时报》《华盛顿邮报》等)都在进行数字化转型,并借助脸书等社交平台将触角伸向世界上更广大的人群。2015年5月,脸书启动了名为"即时文章"的新闻发布计划,直接在其平台上发布媒体的新闻报道和文章,使用户能够以更快的速度获得更多的交互式阅读体验。该计划首批就

---

① 参见张允若、程曼丽主编:《外国新闻事业史教程(第二版)》,高等教育出版社2017年版,第450页。

有《纽约时报》、英国广播公司等美欧九家知名媒体加入。

无传统媒体依托的网络机构主要是指以门户网站为主的商业网站，如谷歌、雅虎、新浪、网易、搜狐、腾讯等，它们又可分为搜索引擎式门户网站和综合性门户网站两类。搜索引擎式门户网站主要为网民提供搜索引擎入口和各种网络服务。随着技术的不断改进，搜索引擎的互动性、个性化、智能化程度日益提高，有些已经逐渐脱离"网址导航"的产品属性，具有了"内容聚合+推送"的特征（综合性门户网站的特征）。综合性门户网站是指拥有综合性的互联网信息资源并提供各类信息服务的网站。综合性门户网站功能强大，涉及的领域也很广泛，包括新闻信息、娱乐资讯、招聘求职信息、在线商城、电子图册、视频直播、在线影院，等等。例如，谷歌公司旗下的优兔是一个视频网站。作为在线视频服务提供商，优兔系统每天要处理上千万个视频片段，为全球成千上万的用户提供高水平的视频上传、分发、展示、浏览服务。2015年2月，我国中央电视台首次将春节联欢晚会推送到优兔等境外网站。除了各种门户网站外，还有一些专业机构设置的网站，如政府机构、社会团体、企业、社区类的网站，设立的目的是通过互联网平台发布与自身有关的信息，获得广大网民的信任与支持，扩大社会影响力。此外还有一些个人建立的网站（包括个人注册的自媒体账号），这类网站一般规模较小，在国际传播中不占主导地位。

三、拉斯韦尔模式扩展的意义

为什么要对拉斯韦尔模式中传播者与媒介的职能进行扩展？这样做的意义何在？

（一）使国际传播研究特色更加突出

拉斯韦尔模式是大众传播模式，描述的是传播过程的一般规律与特征。国际传播具有特殊性，它是一种跨国界、跨文化的信息传播，其受众因所在国社会制度、文化传统以及语言文字的不同而与一般受众（如国内受众）有着很大的区别。这种区别决定了传播者不能以对待国内传播的一般做法去对待国际传播，而应根据受众的特殊需要采取有效的策略与方法。这种区别也要求国际传播的传播者和媒介不仅能够进行一般性的编码、释码，还能够在全球传播的环境下进行特殊的编码、释码——这不仅意味着要将一种语言文字转换为另一种语言文字,还意味着要以对象国受众能够接受的话语方式和表现方式进行传播。国际传播的特色决定了国际传播研究的特色。作为一门应用性学科,国际传播学不仅要对传播现象进行理论探讨,还要对传播实践中出现的问题进行合理解释、提供相应对策。而国际传播面临的一个非常重要的问题,就是语言和文化的转换与对接,也就是原始信息的二次编码问题。这个问题解决不好,就不可能获得良好的传播效果。而一般的传播理论和模式在这方面都没有给予明确的描述。因此,我们在拉斯韦尔传播过程模式的基础上,对传播者将信息传给受众之前的这一部分做一个拓展,增加二次编码的环节,以突出国际传播学研究的重点。

（二）使理论研究更加符合现实需要

如前所述,国际传播中最值得关注的问题,就是语言转换和文化对接的问题。当国际传播只在少数国家之间展开,尚未形成全球化规模时,这个问题并不突出;随着世界经济一体化的发展和传播技术的不断进步,当世界上绝大多数国家都成为国际传播整体中的一部分,从而使国际传播具有了全球传播性质时,这个问题就显得十分突出了。首先是语言的使用问题。我们知道,信息在世界范围内有效流动的前提,是形成统一的技术标准和相对一致的语言符号。目前世界上有几千种语言,经常使用的也有上百种,如何达到"相对一致",就成为一个难题。英语是世界上使用最广泛的语言,也是互联网中使用率最高的语言,这使美国文化及其价值体系可以借助语言辐射全球各个角落。20世纪90年代,这种"一语独霸"的现象被称为新式殖民主义。语言承载着民族文化,代表着国家利益,在全球化进程中如何不致受到损害,已经成为各国政府与学界高度重视的问题。此外,文化的对接也十分重要。世界上有一百多个国家,上千个民族,如何采取对应性的表达方式,使自己的"释码"与对象国的社会文化情境相吻合,对传播者来说也是一个挑战。正因为这些问题是国际传播中十分重要并亟待解决的问题,所以我们在传播学模式中将对传播者二次编码的职能予以突出,以便围绕重点问题展开探讨。

（三）使国际传播理论研究进一步深化

国际传播学是传播学的组成部分，它应当以传播学的基本理论、原则为基础，遵循大众传播的一般规律。但是，作为一门学科，传播学（或大众传播学）产生于20世纪40年代，传播学的基本模式也大都形成于战后和冷战时期，它们所依托的信息传播环境和今天已经大不相同。从20世纪70年代起，随着技术革命的不断深入，以生物工程、新材料、新能源、微电子技术等为主要内容的高新技术群开始涌现，进入90年代，科学技术的快速发展更是把人类社会带入信息时代或知识经济时代。随着冷战的结束和新的国际格局的形成，世界经济的发展日益走向全球化、一体化。而电子计算机技术、通信手段和信息技术的发展，又使各国的经济联系越来越紧密，世界范围内的分工与协作进一步增强。伴随着经济一体化进程，全球化的信息网络形成，互联网的发展更使这一信息网络得以高速运转。由此可见，信息时代的传播已经越来越明显地呈现出国际传播的特点，或者说国际传播已经成为全球化时代信息传播的主要形态。国际传播的快速发展引起了学术界的广泛关注，研究者纷纷在不同的学科领域对此展开研究。但是从目前的情况看，较之实践的快速发展，理论研究仍处于滞后状态，这不能不说是一件憾事。因此，在今天的新形势下，面对国际传播实践中出现的诸多问题，理论创新与拓展就显得十分必要。

第二节　国际传播中的语言转换

在这一部分内容中，我们既要从微观角度探讨语言符号的转换问题，又将在宏观层面探讨国际传播中媒介语言的发展问题。

一、语言符号的转换

按照符号学的解释，语言符号是人类最基本的符号系统，人类的信息交流活动主要是借助语言完成的。而在借助大众媒体进行的传播活动中，语言符号更是须臾不可缺少。如同传播学者指出的那样，信息传播出去之前，先要进行"编码"——将无形的信息转换成具有一定外在形式的语言符号，然后接收者再对语言符号进行"译码",从中获取信息。这是就一般情形而言。如果人们想突破时间、空间界限,使信息为不同国家、地域的受众所接受,形成全球范围内的信息流动,就需要在信息初次编码的基础上进行二次编码,即将一种语言转换为另一种语言。

简单地说,语言的转换就是翻译(但是翻译不应当是简单的文字转换,与之相关的文化因素我们将在后文进行探讨)。由于文化背景不同,各种语言在语音、语义、词汇系统、文字系统、语法结构、修辞和语体风格等方面都存在很大的差异。我们以世界上使用人数最多的语言——汉语和世界上使用范围最广的语言——英语为例来说明这个问题。根据方文惠编著的《英汉对比语言学》一书中所做的比较,两种语言仅仅是在词义上就存在以下四方面的差异:

(1)在一种语言里的某些事物或概念,在另一种语言里根本找不到对应的词来表达。如汉语中的"炕""磕(或叩)头",在英语里只能音译并加注释;英语里的 brunch(把早餐和午餐合起来吃的一顿饭)、motel(为自驾车旅客提供服务的小型旅馆,附设免费停车场),汉语里没有对应词。

(2)概念的内涵(或外延)不一致。如亲属称谓词在汉语里有伯父、叔父、舅舅、姑父、姨父,英语里只有一个词 uncle,伯母、婶婶、舅母、姑母、姨母,英语里统称 aunt。汉语里的一个"牛"字,一个"鸡"字,英语里至少各有三个词:bull(公牛)、cow(母牛)、calf(小牛),cock(或 rooster,公鸡)、hen(母鸡)、chick(小鸡),却没有一个同"牛""鸡"对应的词。

(3)词义表面相似而实质不同。如现代汉语中"爱人"一词在中国是指夫妻相互间的称谓,如按照字面译成英语的 lover,对方听了就会觉得惊奇或好笑,因为 lover 在英美社会里是指情夫和情妇。英语里的 busboy,如按照字面译成公共汽车上的服务员,就完全错了,虽然 bus 是公共汽车,但这个词与公共汽车完全无关,是指在餐馆里收拾碗碟和擦桌子的杂工。

(4)词所蕴含的意义不同。如"龙""狗""蝙蝠"(与"福"字谐音)等词在汉英两种语言中含义相反。各种颜色在两种语言中也有不同的象征意义。[①]

[①] 参见方文惠编著:《英汉对比语言学》,福建人民出版社1991年版。转引自沈苏儒:《对外传播学概要》,今日中国出版社1999年版,第61—62页。

通过两种语言词义上的对比就可以看出,将一种语言翻译成另一种语言时,在语义、词汇、语法、语用等所有方面进行对应性的转换,是很难做到的。既然如此,在国际传播中,对语言符号转换的要求是不是可以降低呢?答案是不可以。国际传播中使用的语言符号,主要是媒介语言符号,而媒介语言最大的特点是它的广泛传播性。与一般口头语言、文字语言的流传范围不同,媒介语言一旦形成,就会借助现代化的传播手段迅速传播出去,在世界范围内产生影响。这时语言符号体现出来的已经不是某个记者、编辑或译员的语言文字水平、翻译能力和综合素养,而是一个国家或民族的文化品质和整体形象。由此可见,在国际传播日益突破以往一对一(或一些国家对另一些国家)的传播格局、逐渐形成全球传播态势时,客观上也就对媒体(或媒体中从事语言转换工作的人员)提出了更高的要求。

那么,媒介语言应当具有什么特质?

首先,媒介语言应当是规范化的语言。

规范是对媒介语言(转换)最基本的要求。所谓规范,就是按照所使用语言的语法、句法、修辞等方面的要求进行文字转换,不能采用非正规的转换形式或不标准的表达方式。例如,为了适应我国加入世界贸易组织以及进一步扩大对外开放的需要,国家质量技术监督局于2000年2月公布了《国家标准英文版翻译指南》,以期对国家标准的通用用语进行规范,也使媒体的对外报道具有了统一的标准。

其次,媒介语言应当是地道、精当的语言。

媒介语言转换的目的,是让传播对象国的受众接受所传信息,而对象国受众接受的前提,是对这种语言符号产生认同感和亲近感。如果媒介语言转换精当、地道,效果就会是良好的,反之效果必然不好。为了增强对外传播效果,许多国家的涉外媒体都聘请了不同语种的外籍记者、编辑和译员,目的是对出境信息的语言转换进行把关。例如,中国国际广播电台长期聘请外籍专家负责对外广播稿件的编辑、翻译和播音工作;中央电视台英语新闻频道(CCTV NEWS)也曾聘请多位外籍记者和主播,以保证语言转换上的"原汁原味",拉近与国外观众的距离。

最后,媒介语言应当是新鲜的语言。

语言是信息的容器和重要载体。随着科学技术的发展和社会的进步,新生事物层出不穷,与此相应,用以指代新事物和新现象的词汇也不断出现。例如,随着国际互联网的普及,网络专用术语和流行语脱颖而出,在相当数量的人群中广泛使用。为了与时俱进,权威性的工具书《牛津英语词典》经常进行修订,编辑部每 3 个月上网发布一次新修订的内容,每年 4 次。修订与更新的部分既包括新词汇,也包括现存词汇的全新定义。对于媒体中专事语言转换的人员与机构来说,要想达到有效传播的目的,就要对传播对象国的语言环境和语言系统的变化给予密切关注,避免使用已被淘汰的传统用语,多使用与时代发展、与当地社会发展合拍的新鲜语言。

二、媒介语言的发展

以上从技术角度探讨了媒介语言的转换问题。从宏观上看,随着全球经济一体化的不断推进,国际传播也将日益突破国家之间的界限,形成全球化的信息平台。而当所有国家都加入全球信息传播的时候,媒介语言的使用,就成为一个共同性的问题。具体来说,上百个国家之间的信息传播应采用什么样的语言符号系统? 如何实现彼此之间的转换?

通过对国际传播历史的考察,可以发现一个带有规律性的现象:随着信息传播国际化程度的提高,媒介语言的使用也逐渐呈现出集中化的趋势,国际化程度越高,媒介语言的集中化程度就越高。这里存在着一个语言转换成本的问题。试想,在国际传播中,如果每个国家都使用对象国的语言进行一对一的交流,就需要培养大量掌握对象国语言的专业人员,这不仅大大增加了信息传播的成本,也不利于国际信息的有效传播。于是,国与国之间的语言转换就逐渐被多种语言与使用范围较广的少数语言之间的转换所取代。经过长期的演进,国际传播领域逐渐形成了几种通用性的语言(类似国际贸易中的硬通货)主导国际传播过程的局面。如今国际传播通道里的语言相对集中在几种使用范围比较广的语言上,包括英语、法语、日语、德语、俄语、汉语等。其中英语又占有绝对的优势,几乎成为国际通用语言。如今互联网上使用最多的是英语,联合国各种场合中使用最多的也是英语。英语所承载的强势文化显然对其他语言文化形成了挤压,从而使世界上不少国家心生忧虑。但是从国际传播发展的趋势看,语言符号的使用由分散走向集中似乎是不可避免的。

为了改变英语独霸天下的局面,为了使平等、中立的原则在语言使用上得到体现,许多建议和方案被相继提出。

国际世界语协会呼吁联合国将世界语作为国际辅助语言,用于国际文件和正式的交往场合。世界语是由波兰眼科医生柴门霍夫博士于1887年创造的一种国际辅助语言,我国沿用日译称其为"世界语"。世界语的词汇尽可能采用自然语言中的国际化部分,语法是在印欧语系的基础上加以提炼的,简易、规则,便于学习和掌握。世界语诞生后,主要在欧洲国家流行,如法国、英国、荷兰、德国、匈牙利、保加利亚和南斯拉夫等。在亚洲,日本的世界语基础最为雄厚。据统计,目前世界语已传播到120多个国家,约有1000多万人掌握和使用这种语言,并被应用于政治、经济、科技、旅游和互联网等多个领域。据不完全统计,中国目前活跃的世界语使用者约1万人,曾经学习过世界语的约有40万人。[①] 作为一种中立的语言,世界语打破了不同国家、不同文化的障碍,为人类和平、友谊和相互理解做出了贡献。但是就目前的情况看,世界语使用和推广的前景并不十分乐观。首先,作为既得利益者,美、英等国不会放弃英语而去推广世界语,发展中国家也没有更多的财力去支持世界语;其次,各民族都对自己的语言文化有着特殊的感情,对其他语言则有着天然的排斥,而世界语的推广机构并不具有强制性,这就使世界语始终达不到普及的程度。

为了保护自己的语言文化,改变国际传播中的语言不平等现象,许多国家都在有计划地实施各自的语言战略,并努力扩大语言的国际影响。比如,法国致力于协调由34个国家和3个地区构成的法语区的语言问题;西班牙利用"西班牙语世界"这一概念向世界进行语言传播;日本、韩国建立基金会不遗余力地推进日本语、韩国语的国际传播。

---

① 参见辛奉娟、李晓林:《世界语创立日丨传递连接世界的意志》,2021年7月26日,https://www.sohu.com/a/479709678_121124212,2023年3月5日访问。

作为世界上使用人数最多的语言,汉语的发展空间很大。据国家汉办粗略估算,截至2017年,除中国之外,全球学习使用汉语的人数超过1亿,其中包括6000多万海外华人华侨以及4000多万各国主流社会的学习和使用者。在汉语热持续升温的同时,我们应当看到,汉语虽然是世界上使用人数最多的语言,却不能算是强势语言。目前将汉语作为国家通用语言或工作语言的国家和地区不多,汉语在国际社会重要交际领域(如外交、贸易、科技、教育等领域)的使用也非常有限;联合国虽然将汉语列为工作语言之一,但是地区性或国际性的组织、会议正式使用汉语的尚不多见。究其原因有多种,其中汉语的规范化、标准化程度低,缺乏一致性是不可忽视的一个方面。比如,我国香港、澳门地区的中文(汉语)大都以粤语为主,海外华人社会则绝大多数以某种方言(粤语、闽语、吴语、客家话等)作为主要的交际工具和通用的语言。例如,除新加坡以外的东南亚国家基本上是以闽语或客家话作为汉语或中文的标准;美国、澳大利亚等国家的华人社区则主要以粤语作为汉语或中文的标准。近些年来,这种差异开始缩小,例如,随着中国移民读者群体规模的扩大,越来越多的海外华文媒体开始使用普通话和简体字,但华文媒体同文不同体、同字不同音的现象仍然存在。此外,由于海外华人华侨分布在不同的国家和地区,移民海外的时间不同,文化、教育背景也不同,彼此之间的矛盾与分歧时有发生,这些都会影响当地社会对于汉语和中华文化的认知与认同。

汉语是中华文化的重要载体,中国政府一直在进行这方面的整合、协调工作,试图构建相对一致的语言符号和话语体系,提高汉语的国际声望,使它与中国的大国地位相匹配。为了促进汉语的标准化、规范化使用,2001年1月1日,《中华人民共和国通用语言文字法》正式颁布实施。这是我国第一部以语言文字为主要内容的法律,对于推广普通话、加强语言文字的规范性以及提高汉语的国际地位,都具有重要意义。而对于海外华人社会来说,只有建立汉语使用规则、统一使用标准,才能更好地实现中文信息的全球传播与分享,才能进一步扩大汉语的使用范围。

第三节 国际传播中的文化对接

如果说语言转换(翻译)更多的是一种技术性的要求,尚属浅层次转换的话,那么,文化对接就是一种深层次的转换了。

按照克利福德·格尔茨(Clifford Geertz)的界定,文化是"代代相传并用符号体现出来的一种意念模式,是人类借以交流、保存和发展有关生活的知识以及对生活的态度的思想体系"[①]。文化传播的主要符号是语言,而语言的表达(或话语方式)只有与受众群体的"意念模式""思想体系"相吻合,传播才能有效。作为一种深层次的"转换",国际传播中的文化对接应当包括两个方面:一是与国际通行的认知、规范体系对接,二是与传播对象国的社会文化习俗对接。前者涉及与国际接轨的问题,后者涉及传播的针对性问题。

一、与国际通行的认知、规范体系对接

国际传播是由世界各国共同参与的全球一体化的信息与互动系统。加入这个系统的前提,就是要遵循人类共同的伦理、道德标准和价值观念,按照国际通行的标准与规则行事。

人类共同的伦理、道德标准和价值观念,是人类社会在长期发展过程中形成的,它超越了国家、民族和意识形态界限,被世界上绝大多数国家所认可、奉行,成为人类文化或文明的共性特征。例如,20 世纪人类社会经历了两次世界大战,战争带来的重大伤亡和资源浪费使人们认识到和平、稳定的国际环境对于人类社会的重要性,于是,维护世界和平与安全成为国际社会的共识。在此共识之下,联合国应运而生,用以维护世界和平、调解国际争端的一系列原则被写进了联合国基本大法——《联合国宪章》,成为国际社会规范体系的组成部分。《联合国宪章》规定,其宗旨是"维护国际和平与安全""制止侵略行为""发展国际间以尊重各国人民平等权利自决原则为基础的友好关系"和

[①] 转引自〔美〕叶海亚·R.伽摩利珀编著:《全球传播》,尹宏毅主译,清华大学出版社 2003 年版,第 180 页。

"促成国际合作"。为了实现上述宗旨,《联合国宪章》规定了联合国及其会员国应当遵循的原则:联合国组织基于所有会员国主权平等;各会员国应忠实履行它们依宪章规定所承担的义务;各会员国应该以和平方式解决它们的国际争端;各会员国不得对别国使用武力或进行武力威胁;联合国对任何国家采取防止或强制性行动时,各国不得对该国提供协助;在维护国际和平与安全方面,联合国应要求非会员国遵循上述原则;联合国除执行决议外,不得干涉任何国家国内管辖的事项。虽然少数大国利用自己在国际组织中的强势地位屡屡做出违背《联合国宪章》和国际法准则的事,使人们对《联合国宪章》的实际效能心生忧虑,但是总的来说,根据《联合国宪章》和国际法准则调整国际关系的做法仍为世界上绝大多数国家所遵循,违反人类道德准则的行为也遭到国际社会和国际舆论的谴责。

反对恐怖主义也是国际社会共同遵循的道义准则。继"9·11"事件后,针对无辜平民的恐怖袭击事件接连发生,给世界和平与安全带来严重威胁。恐怖主义分子采取各种极端手段向人类文明和尊严挑战,包括绑架、暗杀、爆炸、空中劫持、扣押人质,使用生化武器,等等,其攻击目标和活动范围已经超出国界,具有了全球性质。尽管人们对恐怖袭击产生的根源做出了种种分析,也对某些国家脱离联合国框架的"反恐"行动予以指责,但是对于恐怖主义漠视基本人权、践踏人道正义、挑战人类文明底线的做法必须进行打击,这已经成为国际社会的共识。如果一个国家在国际传播中的行为与此相悖,就会遭到世界舆论的谴责。

在经济方面,随着各国经济相互依赖程度的提高,随着全球经济一体化的发展,一些相应的国际协调机构建立起来,贸易、投资、金融等方面的制度和规则也不断得到丰富和发展,为世界上大多数国家认可和遵循。世界贸易组织在协调国际经济和贸易活动中,就起到了重要作用。世界贸易组织的原则主要有两个:一个是"非歧视性原则",一个是"稳定贸易发展原则"。"非歧视性原则"的第一种形式是"最惠国待遇",即要求世贸组织成员之间进行贸易时,大小国家一律平等,享受的待遇应当相同,不能歧视性对待;第二种形式是"国民待遇",即成员国产品一旦进入其他成员国的市场,应获得不低于当地制造的同类商品所拥有的优惠待遇。"稳定贸易发展原则"要求以市场供求价格参与国际竞争,如果出现人为降低价格的情况,允许对方采取反倾销和反补贴措施进行保护。世界贸易组织还允许成员国组成经济贸易集团,促进贸易自由化;提倡磋商协调,鼓励通过争端调解机制处理贸易纠纷,不主张采取报复性措施;各国的贸易政策及政府管理行为要透明,与其他成员发生纠纷时,以公布的贸易政策为解决依据。作为世界贸易组织的发起国,美国主导制定了从关贸总协定到世贸组织的一系列根本性原则。然而在特朗普时期,美国政府却将"美国优先"作为最高原则,在贸易问题上采取单边主义政策,频繁制造贸易摩擦(包括对主要的贸易伙伴极端施压),在很大程度上破坏了世贸组织的非歧视性原则和公平竞争原则。尽管如此,国际规则毕竟具有制约作用,它一旦确立就成为成员共同遵守的行为准则,美国的单边主义政策也受到了普遍谴责。

总之,反对恐怖主义,反对非正义战争,维护世界和平,维护世界经济秩序,是人类共同的道德伦理标准,是国际社会价值体系的核心部分,对此不能有所动摇。如果一个国家在这些原则性问题上偏离国际社会的道德准则,不但会失去话语权,还将被置于人类道德的审判席上,遭到世人唾弃。日本篡改教科书、严重歪曲历史、美化侵略战争的行为,就遭到中国、韩国、菲律宾等亚洲国家的强烈反对。政府如此,参与国际传播的企业和其他社会组织也不例外。在向国外传递信息和进行广告、公关宣传时,如果背离国际社会通行的道德规范和行为准则,不仅达不到预期效果,还有可能产生负效应,给企业和国家形象带来损害。

参与国际传播,除了要与人类共同的道德标准和价值观念对接外,还应当在关注重心和诉求点上与国际接轨。战争与和平问题是人类共同关心的话题,而与现代文明发展、科技进步相伴而生的一系列社会问题,比如环境污染、人口膨胀、资源短缺、毒品泛滥、疾病流行等,也正在引起人类社会的普遍关注和重视。这些问题大都具有跨地域、跨国界的特点,与人类社会的可持续发展密切相关,需要世界各国共同面对,寻找解决问题的途径与方法。加入国际传播,就不能不对国际社会面临的共同问题予以重视,形成一致性的关注和共同的话语,否则就会偏离国际舆论中心而被边缘化。

由于受传统思维的影响,在很长一段时间里,我国的对外宣传往往以政治向背为出发点,力求在与我有关的重大问题上表明自己的态度和立场,而在外界关注的其他方面较少发声,这就使我国对外传播的话语体系和话语方式相对陈旧、单一,与外部世界缺乏共情、共鸣。随着改革开放的深化和融入世界经济一体化步伐的加快,我国政府和民众对于人类社会面临的共同问题的关切程度越来越高。响应联合国的号召,我国积极参与"世界环境日""世界卫生日""世界知识产权日""世界人口日""国际禁毒日"等主题活动,利用媒体进行广泛的宣传教育,与国际社会形成互动,分享我们在保护生态环境、防止疾病传播、扶贫减灾、禁毒等方面取得的实际成效,同时将我国关于人类未来发展的理念、宗旨和原则传播到国际社会。在互联网上,环境、气候、人口等问题也常常成为网民关注的热点问题,由此引发的交流与探讨此起彼伏。总之,中国正在一系列具有现实公共性和潜在风险性的全球议题上发出自己的声音,并为解决这些问题提供有效的中国方案,这就使我国的国际传播逐渐突破狭小的话语空间,与国际社会形成互动与共鸣,产生了良好的效果。

二、与传播对象国的社会文化习俗对接

国际传播不仅是国际社会共同参与的传播,也是不同国家之间跨文化的传播。因此,它不但要符合人类文化或文明的共性要求,还要对具体对象国的文化特性予以高度重视。

我们知道,由于世界各国所处的地域不同,历史发展轨迹不同,政治经济制度不同,宗教信仰不同,它们在语言文化形态上也存在很大的差异。因此,当一种文化传播到另一个文化圈时,就必须适应这一文化圈的特殊环境。如果缺乏这种适应性,在一种文化符号被转换成另一种文化符号的过程中出现误读、误解的现象,就不仅达不到预期效果,还有可能引起文化冲突,进而给两国关系带来严重的后果。这方面的例子并不少见。1945年7月26日,美、英、中三国政府首脑发表《波茨坦公告》,敦促"日本政府立即宣布所有日本武装部队无条件投降"。日本首相铃木宣布,他的政府"mokusatsu"《波茨坦公告》。

"Mokusatsu"一词既有"藐视或不理睬"的意思,又有"高明老练地不做出反应"的意思。根据战后"太平洋战争研究会"的看法,当时铃木取的是后一种意思,即他没有拒绝《波茨坦公告》。但是英文里找不到与 mokusatsu 完全对应的词,日本的译员就选择了"藐视或不理睬"的意思将其译成了英文。该消息通过对外广播电台向全世界做了广播。这一误译使美国断定日本不愿意投降,于是在广岛和长崎投下了原子弹。一些西方学者由此推测,如果当时在翻译时选择了另外一个词,也许美国就不会使用原子弹了。[①] 1989 年,英籍作家拉什迪的小说《撒旦诗篇》一出版就遭到伊斯兰国家的指责。该书描写了一位名叫马洪德的"冒牌先知"在贾希利亚创立宗教,对民众实行黑暗、野蛮的统治。伊斯兰国家普遍认为该书影射了穆斯林先知穆罕默德,因此,巴基斯坦、沙特阿拉伯、印度尼西亚、埃及等国相继宣布该书为禁书。1989 年 2 月 14 日,伊朗宗教领袖霍梅尼下令处死拉什迪,由此引发了英国和伊朗之间的外交冲突。

以上实例说明,在两种不同的文化语境下进行传播,首先要深入了解对方,提高适应性思维能力。扬·金(Young Kim)把这种适应性的要求提炼为"适应理论"(具体内容将在后文介绍)。

文化传播中的"适应理论"不仅适用于不同国家的政府之间的传播,也普遍适用于以企业、社会团体、个人为主体的国际传播。比如,企业要进行跨国界的公关、广告宣传和国际性的营销活动,就要充分了解对象国的民族传统、风俗习惯和受众的接受心理,了解对象国的文化禁忌,以免出现伤害对方民族感情的问题。

文化禁忌一般包括颜色禁忌、数字禁忌、图案禁忌等。

颜色禁忌。不同的国家、民族对于色彩有不同的爱好与忌讳,如日本人忌用绿色,认为它不吉祥,而在欧亚一些国家,绿色却受到普遍欢迎;巴西人把棕黄色视为凶丧之色;叙利亚和巴基斯坦忌用黄色;埃及、比利时人忌用蓝色,但在荷兰、挪威、瑞士、叙利亚、伊拉克等国家,蓝色是人们十分喜爱的颜色;土耳

[①] 参见关世杰:《国际传播学》,北京大学出版社 2004 年版,第 182 页。

其人喜用素色,忌用花色。有些国家出于政治或历史的原因,对颜色的使用也有禁忌。如爱尔兰忌讳红、白、蓝色组合(英国国旗色);委内瑞拉忌用红、绿、茶、黑、白色(五大党的代表色);法国、比利时忌用墨绿色(纳粹军服的颜色),这两个国家在第二次世界大战中都被希特勒的军队占领过,所以人们见到墨绿色,会自然流露出厌恶的情绪。

数字禁忌。在宗教生活中的各种禁忌中,就有数字禁忌。例如,基督教忌讳数字13,因为13是出卖耶稣的犹大在最后的晚餐上的排序数和神话中天国凶神的象征。因为不喜欢这个数字,人们在13号一般不举行活动,甚至门牌号码、旅馆房间号、楼层号、汽车的编号等都避免使用13,宴会也不安排在13日举行,更忌讳13人同席共餐。在非洲,大多数国家认为奇数带有消极色彩(在日本,奇数则被看作吉祥的数字);在日本,人们忌讳使用数字4和包含4的数字组合,因为在日语中4与"死"发音相同,所以无论医院的病房,还是饭店、旅馆、停车场、电话号码,都尽量避免使用4。

图案禁忌。一些国家对于图案图形也有着特别的喜好与禁忌。大象在泰国和印度代表智慧、力量和忠诚,被看作吉祥的动物;但是在英国人们则忌用大象图案,认为大象是蠢笨的象征。孔雀在我国是喜庆的标志,可是在英国孔雀象征祸患,就连孔雀开屏也被视为自我炫耀的象征。蝙蝠在我国被看作"福"的象征,但是在美国人眼里它却是吸血鬼、恶魔。仙鹤在我国和日本被看作长寿的象征,而在法国却是愚蠢和淫荡的象征。日本人不喜欢装饰有狐狸、獾、金色的猫等图案的物品,认为这些动物是晦气、贪婪、狡诈的化身。澳大利亚人不喜欢别国用袋鼠和树熊(考拉)作为商标图形,因为他们把这种图形视为本国的特权。伊斯兰教盛行的国家和地区,忌用猪做图案。

因此,在进行跨国传播活动时,传播者首先要了解对象国或地区的文化传统和社会习俗,了解对象国或地区的人喜欢什么、不喜欢什么和忌讳什么。拿企业来说,如果企业因为不了解、不重视某地的社会习俗而触犯了文化禁忌,往往会令当地人对其产品、服务产生反感,甚至会对这个企业所在的国家产生憎恶情绪。例如,曾有一家面向中东地区服务的航空公司在其广告宣传中用了一位空姐微笑着向头等舱乘客提供香槟酒的画面,结果遭到投诉,甚至险些失去既有的业务。原因在于伊斯兰教禁止饮酒,而这则广告触犯了该地区的文化禁忌。2003年12月初,中国《汽车之友》杂志刊登了一则日本丰田公司的"霸道"广告:一辆"霸道"汽车停在两头石狮子面前,一头石狮抬起右爪做敬礼状,另一头石狮俯首,配图广告语为"霸道,你不得不尊敬"。广告背景看上去像是卢沟桥,石狮也似乎是卢沟桥上的石狮。广告一出,便引起我国社会各界的强烈反响,认为此广告涉嫌辱华。

因为意识到企业业务的跨国延伸与所在地社会文化传统和民众的心理诉求等方面存在着矛盾,这个矛盾不解决,企业就无法生存与发展,一些大型企业纷纷采取适应性的本土营销战略,在一定程度上契合与适应当地文化,为企业拓展创造良好的外部环境。例如,为了避免碰触到一些国家的宗教文化禁忌,微软公司在其即时通信软件MSN Messenger内置的聊天表情符号中,就没有设计猪和牛的图案;国外的一些知名企业在面向中国的业务拓展中,也采取了与中国政府、企业、社会团体合作,与中国主流媒体充分沟通的适应性的本土战略。

第四节 国外相关理论

在国外,有关跨语境、跨文化传播现象的研究,主要在两部分学者中进行:一部分以语言文化学者为主,另一部分以社会政治学者为主。前者主要从符号转换机理、机制的角度进行研究,后者主要从符号转换所产生的社会文化影响的角度进行分析。以下择要进行介绍。

一、语言文化学角度的研究

语言文化学角度的研究整体上早于社会政治学角度的研究,这方面代表性的理论有:

(一)符号学理论

符号学研究萌生于20世纪上半叶,作为一门独立的学科,则勃兴于60年代的法国、美国、意大利以及苏联。第一次把符号研究当作一门学科提出来的是瑞士语言学家费尔迪南·德·索绪尔(Ferdinand de Saussure)。他在《普通语言学教程》中预言将有一个专门研究"符号系统"的学科出现,并为其做了最初的理论准备。之后,皮尔士、巴特尔、叶姆斯列夫、莫里斯等一批学者在这方面进行了深入的理论开掘。

按照索绪尔的解释,符号是形式(能指)和意义(所指)的统一体,其作用是指称现实现象。按照皮尔士对符号的阐释,符号可以用来指称所有的物象。由此可见,符号涉及的范围是相当宽泛的。符号是文化的载体,文化(信息)的传播是以符号为媒介的,就这一点而言,符号学与几乎同一时期发展起来的传播学具有某种相通之处。正因为如此,符号学的理论框架与方法被广泛应用于传播学研究中。

由于带有实际操作的目的,传播学领域中的符号研究更多地集中在符号的制作与交流方面。施拉姆认为,两个或两个以上的人为了一组双方都有兴趣的信息符号聚在一起,就构成了传播关系。当然,这并不等于说传播双方能够做到符号共享,就可以毫无障碍地进行沟通。简单的符号意义是容易获得和易于理解的,而对于复杂符号意义的获得和理解,则因人们认识水平和生活经验的不同会有很大的差异。因此,如何把讯息转化为适宜传播的各种符号,使受传者能够将符号还原为讯息,获得它原本的含义,始终是传播研究中有待深入探讨的问题。

(二)修辞学理论

修辞学是以揭示语言交际规律为目的的一门科学。由于修辞观念的差异、修辞研究对象的不同,修辞学在不同的历史时期呈现出不同的形态。古希腊的修辞学是辩论演说性的,中世纪的修辞学是布道性的,文艺复兴时期的修辞学则是手段性的。17世纪至18世纪,修辞学开始与哲学、文学联姻,因此富有哲学性和文学性。19世纪修辞学衰落至谷底,20世纪开始复兴的美国修辞学则是多维性的。[1] 在中国,"修辞"一词古已有之,《易传·文言》里就有"修辞立其诚"的说法。修辞学在中国成为一门系统性的学科,则是现代的事,一般认为,陈望道的《修辞学发凡》是中国现代修辞学的奠基之作。虽然无论我

---

[1] 参见陈汝东:《认知修辞学》,广东教育出版社2001年版,第18页。

国古代的"修辞",还是现代汉语界所讲的"修辞",与英语"rhetoric"(西方修辞学)一词的内涵与外延都存在一定的差别,但是从宏观上看,它们都是研究如何完善传播与沟通的技术技巧,以达到特定目标的学问。正因为如此,修辞学的一些原则和规律也被运用到新闻传播实践中来,作为增强传播效果的手段。与传播学研究重视信息的编码和译码过程相同,修辞学也强调,修辞不仅是一种语言表达,同时包括话语理解或者对其他符号的理解,离开了话语理解,修辞学就是不完整的,也是不系统的。修辞学理论认为,修辞者组织话语、传输信息的过程和理解者接受话语、解析话语的过程,实际上是一个完整的心理认知过程或信息加工过程,从现实的修辞交往实践看,增强话语的修辞效果,圆满完成交往任务,只靠掌握修辞手段的结构和功能是不够的。修辞交往中许多失误现象的根源,并不在于修辞者的语言知识不够,或者他们掌握的修辞方法不足,而是他们的语境知觉不够,解析话语的能力不足。因此,现代修辞学已经把话语理解视为修辞研究的一个重要方面。

(三) 适应理论

适应理论是跨文化交流学的重要理论,它是在对侨居者文化适应过程中的种种因素进行考察、分析的基础上形成的。在这方面,金·扬的研究具有一定的代表性。1977年,金·扬对芝加哥地区韩国移民文化适应的诸多因素进行分析,建立了相应的理论模式。此后,金·扬不断对理论加以改进,在其中增加了"压力—调整—进展"的动态过程,并将注意力放在移民的"跨文化"转变上。在描述跨文化现象的"现阶段理论"中,金·扬将"实现跨文化适应"看作"陌生人与接受陌生人的环境双方共同努力的结果"。

金·扬的"现阶段理论"就移民的跨文化适应问题归纳出十条规律,前五条为跨文化适应的广义原则,包括:吸收及适应主流文化与反吸收及适应主流文化都是跨文化适应过程;"压力—调整—进展"的动态过程是适应过程的内在动力;跨文化转变是"压力—调整—进展"动态过程的功能;随着陌生人逐渐完成跨文化转变,"压力—调整—进展"动态过程的难度不断降低;跨文化转变给陌生人带来功能上的强健和心理上的健康。后五条规律阐述了跨文化转变与一些主客观因素的相互关系,即跨文化转变的情形与居住地人的传播能力、居住地人的传播活动、种族文化间进行的传播活动、环境情况以及文化适应者的个人素质有关。① 金·扬认为,适应是一个积累的过程,在这个过程中,交流很重要。一个人如果能把自己的交流能力应用到人际交流和大众传播活动中,他就能够顺利地完成适应过程。

(四)信息内涵的同位调整理论

信息内涵的同位调整理论是在文化人类学研究的基础上形成的,主要代表人物是费农·克罗农(Vernon Cronen)。1998年,克罗农等人考察了文化在信息内涵调整中的作用,并提出信息内涵同位调整的三个目标:(1)"同位调整"寻求对以下问题的解释:我们是谁,生活的意义是什么,这与传播现象有何关联;(2)在承认文化异质的情况下,"同位调整"寻求不同文化的可比性;(3)"同位调整"寻求对包括研究者自身在内的各种文化现象的启发性评论。

在信息内涵的同位调整理论中,克罗农等人认为:人类的交流天生就是不完美的,完美的相互理解与交流不仅不可能获得,而且是一个荒唐的目标。不是所有的交流行为都是有意义的或有目的的,因此,不需要信息内涵的完全一致或完全的相互理解。交流的目的不在于双方获得"共同方向"(Co-orientation),而在于"相互调整"(Co-ordination),即参加交流的人获得意义。在克罗农等人看来,通过交流获得"共同方向"是一条路,通过这条路可以实现"相互调整",但"共同方向"不是唯一的道路。在传播活动中,差异与多样性是决定人们对信息如何解释与传递的重要因素。要想理解文化内和文化间的传播,就必须描述文化语境,由此了解个人对信息传播的诠释过程。信息内涵的同位调整理论被视为以美国实用主义为基础的"规则"理论,因为它可以帮助参与者了解在具体情景中要想"建设性地交流"该做些什么和如何做。

除了上述理论之外,跨语境、跨文化传播现象方面的相关理论还有认知管理理论、传播网络理论、建构理论、跨群体/跨文化有效传播的理论、文化冲突理论,等等。

---

① 参见[美]威廉·古迪孔斯特:《美国跨文化传播理论综述》,赵晶晶、秦筠译,《中国传媒报告》2005年第2期,第61页。

二、社会政治学角度的研究

和语言文化学者的研究视角不同,社会政治学者(也有一部分传播学者)更加关注语言符号制作与传播对社会文化生态产生的影响。这方面具有代表性的理论或学说有:

(一) 现代化理论

现代化理论是一种与国际信息流动密切相关的理论。该理论认为,国际信息传播在使西方国家获益的同时,也有利于第三世界国家现代化的发展。这一理论的首创者是美国麻省理工学院的政治学教授丹尼尔·勒纳(Daniel Lerner)。1958 年,勒纳在《传统社会的消逝:处于现代化进程中的中东》一书中,通过对 20 世纪 50 年代初期中东一些国家的民众接收国内与国际媒体信息的状况进行对比研究后指出,大众媒体是推进现代化的催化剂,人们接触的媒体越多,所受到的束缚就越少,现代化的进程也就越快。在勒纳的理论中,西方的发展道路被说成是发展中国家摆脱落后状态的最有效的途径。另一位现代化理论的研究者是施拉姆。1964 年,任斯坦福大学传播研究所主任的施拉姆出版了颇有影响的《大众传播媒介与社会发展》一书(该书由斯坦福大学出版社与联合国教科文组织联合出版)。在这本书中,施拉姆将大众传媒看作"连接大世界的桥梁",是从发达国家向发展中国家、从发展中国家市区向郊区传递新思想和新模式的工具。该书问世的时机非常重要,因为当时正值联合国宣布 1960 年至 1970 年为"发展的十年",所以联合国对此项研究给予了资助。但是,现代化理论有两个明显的弱点:一是它在探讨国家发展时,片面强调大众传媒的作用,忽略了政治、经济、文化因素,有技术决定论和传播影响社会发展方向的倾向;二是该理论将传统生活与现代化生活对立起来,认为二者彼此格格不入。[①] 正因为如此,现代化理论受到发展中国家学者和一些西方学者的质疑。其后,现代化理论经过修正转而成为发展传播理论,"从对大众媒体的支持转变成对新的信息与传播技术潜力的盲目信仰"[②]。

[①] 参见关世杰:《国际传播学》,北京大学出版社 2004 年版,第 98 页。
[②] 〔英〕达雅·屠苏:《国际传播:延续与变革》,董关鹏主译,新华出版社 2004 年版,第 72 页。

(二)依附理论

依附理论是20世纪60年代末至70年代初基于对拉丁美洲国家发展状况的研究而形成的,用以解释第三世界国家发展缓慢及其沦为西方国家附庸的原因。依附理论与上述现代化理论是对立的,现代化理论的衰退也主要源于依附理论对它的质疑与批判。依附理论的代表人物有美国经济学家冈德·弗兰克(Gunder Frank)、巴西社会学家费尔南多·恩里克·卡多佐(Fernando Henrique Cardoso)以及埃及经济学家萨米尔·阿明(Samir Amin)等人。

依附理论将经济发达的资本主义国家归入"中心"国家范畴,而将经济欠发达的国家归入"边陲"国家范畴,认为世界经济体系是一个"中心—边陲"的体系,并认为欠发达国家之所以不发达和未能实现现代化,是"中心"国家利用不平等的经济秩序对"边陲"国家进行经济控制和剥削的结果,而这种控制和剥削主要是通过跨国公司垄断全球贸易实现的。跨国公司不仅控制着全球市场和贸易规则,同时控制着发展中国家的自然资源和人力资源。这种不平等状态加强了"中心"国家的统治权,从而使"边陲"国家始终处于依附状态,无法独立自主地发展本国经济。由于依附理论的研究从欠发达国家的内部经济关系转向了发达国家的外部经济关系,认为发达国家的发达源于不发达国家的不发达,因此依附理论有时也被称为外在因素决定论(对应于现代化理论被称为内在关系决定论)。

在学者们看来,依附理论也存在某种缺陷,比如把"边陲"国家的不发展完全归因于西方世界的控制与剥削,忽略了发展中国家经过努力改变依附状态的可能性。当代依附理论学者伊曼努尔·沃勒斯坦(Immanuel Wallerstein)通过对依附理论的改进,使之逐渐发展成为世界体系论。世界体系论从国际关系角度研究世界整体的发展问题,而不仅限于经济领域。

(三)文化帝国主义理论

文化帝国主义理论是依附理论在文化层面上的延伸,它与依附理论的研究相互影响。文化帝国主义理论是由美国著名学者赫伯特·席勒提出来的。1969年,席勒在《大众传播与美利坚帝国》一书中阐明了文化帝国主义的思想;1976年,他在《传播与文化统治》一书中又对美国文化帝国主义进行了全面论述。席勒认为,以英国、法国、荷兰为主的老牌殖民帝国衰落以后,取而代之的是具有强大经济、军事和信息力量的美利坚帝国。美国的跨国公司不断增加,主导了全球经济。这种经济增长,得到了传播业的支持,美国的商业和军事组织因此在以电子技术为基础的全球传播系统中取得了领导地位。通过这种领导地位,美国等发达国家把第三世界国家拖入了所谓的现代世界体系,并把自己的文化价值观强加给第三世界国家。1992年,席勒在《大众传播与美利坚帝国》一书的修订版中指出:20世纪90年代冷战结束后,联合国教科文组织支持的争取世界信息与传播新秩序的斗争失败了,美国对全球传播的控制增强了。然而,美国主导的经济基础发生了变化,在国际关系中,跨国公司获得了日益重要的地位,它们把美国的文化帝国主义转变为"跨国公司的文化统治"①。

与文化帝国主义理论类似的是1977年由奥利弗·博伊德-巴雷特(Oliver Boyd-Barrett)提出的媒介帝国主义理论。博伊德-巴雷特在《媒介帝国主义》中,分析了以美国为首的西方国家统治全球新闻社、报刊、电影、广播和电视等媒体的情形,指出国与国之间信息与媒体的不对等加深了发展中国家对发达国家的依赖程度。

文化帝国主义和媒介帝国主义理论也存在一定的局限性。比如有学者认为,它忽略了媒介的形式、内容和受众的作用;也有人有针对性地指出,在传播过程中,受众不是消极的消费者,而是积极的参与者。

(四)霸权理论

霸权理论是由意大利马克思主义者、意大利共产党创始人安东尼奥·葛兰西(Antonio Gramsci)提出来的。葛兰西1921年创建了意大利共产党,1926年被法西斯逮捕,1928年被判处20年徒刑,1937年死于狱中。他在狱中写下《狱中札记》,阐述了霸权理论。1971年该书英译本出版,在英语世界中产生了很大的影响。

葛兰西"霸权"概念的出发点是,他认为社会统治阶级在很大程度上能够决定社会的智力和道德方向,并能构造一个新的社会联盟去支持其目标。军

---

① Herbert I. Schiller., *Mass Communications and American Empire*, 2nd ed., Boulder, CO: Westview Press, 1992, p.39.

队并不一定是维护统治阶级权力的最好工具,更有效的方法是通过对文化产品的生产和分配进行意识形态控制。在葛兰西看来,存在着一个起支配作用的社会阶级,该阶级对其同盟军和从属阶级实施着智力和道德领导,并对学校、宗教团体、大众媒体等机构实施控制。政府以"一种统治的集体意志,一种组织起来的,而不是一般性的和含糊的集体意志","以一种正确的而不会受到严峻挑战的形式,在建立这种社会和知识的权威"。"国家的确有这种集体意志,需要这种集体意志,并且在'教育'这种集体意志。"葛兰西认为,国家的一项重要职能,是提高大众的文化和道德水平,使其与生产力发展的需要相适应,也符合统治阶级的利益。学校、法院以及"主动和活跃"的群众构成了统治阶级政治和文化霸权的工具。①

在国际传播中,霸权这一概念被广泛地用来解释大众媒体的功能,即它是宣传和维护统治阶级意识形态的重要工具,虽然从表面上看媒介不受政府的控制,但它们实际上充当着使统治阶级意识形态合法化的代理人。

(五) 批判理论

批判理论是指法兰克福学派理论中的文化产业论。该理论在国际上享有盛名,其代表人物有马克斯·霍克海默、西奥多·阿多诺(Theodor Adorno)和赫伯特·马尔库塞(Herbert Marcuse)等。

"文化产业"的概念首先在霍克海默和阿多诺于 1947 年出版的《启蒙辩证法》一书中使用。在分析电影、广播、音乐和杂志等文化产品的全球发展趋势时,他们认为,在资本主义社会中,文化产品的制作是朝着商品生产的方向发展的,正如大量生产工业产品汽车一样,文化产品的生产显现出与生产汽车产品同样的管理方法、技术理念和组织安排。文化产品如同工业产品般的标准化制作,导致了由一系列产品组成的、打上了文化产业印记的大众文化的形成,从而也导致了文化与哲学的退化。这种大众文化不是有助于资本主义社会中工人阶级的团结合作,而是限制了他们的视野,消磨了他们的意志,使他们不再对资本主义进行挑战。也就是说,大众文化实际上起着稳定资本主义

---

① 参见 Antonio Gramsci, *Selections from the Prison Notebooks*, edited and translated by Quintin Hoare and Geoffery Nowell Smith, London: Lawrence and Wishart, 1971, pp.258-259。

政治和经济体系的作用。马尔库塞在1964年出版的《单向度的人》中认为,当代工业社会是一个新型的极权主义社会,因为它成功压制了这个社会中的反对派和反对意见,压制了人们的否定意识和批判意识,从而使这个社会成为单向度的社会,使生活在其中的人成为单向度的人。

批判理论关于文化产品的所有权和控制方式直接决定艺术家活动的言论,引发了一些作家的争论,他们认为创造行为和文化消费本身是独立于生产周期的,并且生产本身并不像法兰克福学派所说的那样被建构和被严格地标准化。

除了上述理论外,这方面相关的理论还有约翰·加尔通(Johan Galtung)的结构帝国主义理论、塞斯·哈姆林克(Cess Hamelink)的文化同时性理论、托马斯·麦克费尔(Thomas McPhail)的电子殖民主义理论、阿芒·马特拉(Armand Mattelart)的意识形态帝国主义理论和经济帝国主义理论,等等。

◆ 思考题

1. 这一章的标题为什么叫作"国际传播手段"?
2. 为什么要对拉斯韦尔模式进行扩展,意义何在?
3. 具有跨国性质的国际传播机构有哪些?
4. 国际传播中语言转换的要求是什么?
5. 国际传播中文化对接的要求是什么?
6. 国外有关跨语境、跨文化传播的理论有哪些?

第七章　国际传播的内容

国际传播的内容,就是国际传播信道里流动的信息。因此,对传播内容的研究也就是对信息的研究。在大众传播学中,内容研究主要关注大众传播媒介采集、制作、传播的信息,包括新闻性信息、知识性信息、娱乐性信息、服务性信息等,并对其进行系统分析;在国际传播学中,内容研究则主要关注国际传播主体传播的信息。如前所述,国际传播主体大致可以分为政府、企业、社会组织和个人,与此相应,国际传播的内容也可以具体分为政府传播的内容、企业传播的内容、社会组织传播的内容和个人传播的内容。

需要说明的是,在大众传播学研究中,内容分析在关注"说什么"的同时,也关注"怎样说"(符号制作与交流)的问题。而有关"怎样说"的问题我们在第六章中已经做了较为充分的探讨,在此不赘。

第一节　政府传播的内容

政府是国家行政机关,是国家权力的执行机构,对国家事务行使管理、监督、指导、服务、保卫等职能。政府作为国家权力机构的性质,决定了政府传播的特点。

一、政府传播的特点

（一）主体的权威性

与其他传播主体不同，政府代表国家行使传播职能，具有绝对的权威性。就职权范围而言，政府行政管理涉及国家政治、经济生活的方方面面，拥有社会公众最需要的核心信息，对媒体也有着强大的影响与支配力。正因为如此，政府（行政机关）不仅是法定的行政管理者，也是信息公开、信息发布法定的责任主体。这就意味着，政府在代表国家行使管理职能的同时，必然代表国家行使传播职能——传播职能是政府管理行政职能的延伸，是管理职能落到实处的必要步骤。一些事关国家发展大局的信息只有政府（行政机关）才能发布，除此之外的其他传播主体（包括媒体在内）都不具有这种权力和权威性。多元传播主体出现后，尽管政府作为国际传播主体的强势地位受到了挑战，但在诸多传播主体中，它仍然处于主导地位，并对其他主体的传播行为实施把关控制。

（二）信息的独占性

政府的权威性决定了其对核心信息的独占性——政府可以通过自己掌握、控制的信息渠道，获得有关事件全面、准确的消息，其他任何传播主体都不具备这个条件。在传统媒体时代，政府部门若以保密为由拒绝公开关键信息或隐瞒事实真相，是具有某种可能性的（虽然后果很严重），这也是20世纪70—80年代以来许多国家相继颁布并实施《阳光法案》，我国于2007年公布《中华人民共和国政府信息公开条例》的原因所在。进入互联网时代，尽管政府部门隐而不报的行为因受到更多的监督而收敛，但是其信息独占的优势并未改变。在战争、动乱、重大灾情发生的情况下，政府甚至是法律授权的唯一的信息发布者。政府信息一经发布，就会形成信息传播的主渠道，其他传播主体只能在政府信息框架下进行辅助式的传播。

（三）媒体的被动性

政府对核心信息的独占性，决定了媒体与政府之间"取"与"予"的关系格局。在这一关系格局中,政府是主动的,媒体是被动的。当政府试图通过信息手段支配媒体时,没有媒体可以置之不理,因为它们大都希望获得政府方面的权威信息,以显示自己的权威性和可信度。在美国,新闻记者虽然被称为"无冕之王",但是对于白宫这个最重要的信息源还是有所顾忌的。白宫也掌握了一套操控媒体的技巧,比如有意把即将发生的事情透露给某家或某几家媒体,这些媒体得到白宫的一手信息后,都会不遗余力进行报道,因为很少有媒体可以抵御来自政府独家新闻的诱惑,尤其是在媒体竞争日趋激烈的情况下。这种做法使得一些媒体产生了对白宫的依赖性。为了能够"分配"到这种独家新闻,它们轻易不会冒犯白宫;如果因冒犯白宫遭到封杀,它们的优势就不复存在。

(四)强大的影响力

在诸种传播主体中,政府是强势主体,最具影响力。就国内而言,政府既是各种大政方针的制定者,也是它们的颁布者和最具权威性的解释者(传播者)。这种颁布与解释,不仅是为了让公众广泛知晓,也是为了让公众照此执行,非常时期或紧急状态下尤其如此。从这个角度讲,政府传播内容中的相当一部分具有强制接受性。就国际社会而言,政府代表的是一个主权国家,它的对外发言直接体现国家意志。国家意志体现的程度与一国在国际政治、经济事务中的地位与作用成正比——有些国家在某一重大事件中凸显其重要性,有些国家在地区性的事务中发挥重要作用,有些强势国家则在全球事务中产生重要影响。

二、政府传播中的权威性内容

政府是国家的权力机构,它的权威性决定了政府传播中绝大部分信息内容的权威性。这一部分内容主要包括:

(一)有关国家法律法规制定、颁布的信息

有关国家法律法规制定、颁布方面的信息,是政府传播中很重要的一部分内容。各国都有立法机构,它们代表国家意志行使立法权,制定并修改法律,对行政机构进行监督。一般说来,法律的制定都要经过创议、审议、表决通过

的过程,最终都要向社会公布,以充分体现立法过程的民主性与公开性。除了立法权之外,各国宪法还赋予了立法机构一些其他权利,包括对国家重大问题的决定权、对政府主要官员进行任命和罢免的任免权、对政府的财政收入和支出实施监督的财政权以及对行政机构各种公务活动进行监督的行政监督权等。对于这些事关国家发展大局的决策及其实施过程,政府有义务向国内外公布,而一些涉及国与国关系的法律法规和政策,更需要及时向外界公布,一方面满足公众的知情权,另一方面有助于获得国内民众的支持和国际社会的理解。这些信息都是权威性的信息,是国家意志的集中体现,只有经政府颁布才具有实际效力。

(二) 有关政府运转情况的信息

有关政府运转情况的信息,就是各级政府管理部门依法行政的信息,这一部分信息也是政府传播的重要内容。一般来说,行政机构的法定职权主要包括执行宪法和法律,参与国家立法(行政立法);决定并实施国家内外政策,任免政府官员;组织和管理国家公共事务;编制并向立法机构提出预算,调节和干预社会经济;等等。对于一个开放的国家来说,其行政系统的运行情况,包括法律的执行情况、政策的实施情况、公共事务的管理情况等,都要公之于众并接受公民及公民团体的监督。现代通信技术和互联网的发展,不仅使政府与国内公众的互动更加直接,也将一国行政体系的运转情况置于国际社会的注目之下。美国曾于1966年和1976年先后颁布《信息自由法》和《阳光下的政府法》,要求每个联邦机构公布详细规章,保证公共信息的自由流通,并对拒绝提供非保密信息的官员进行制裁。除美国外,世界上还有几十个国家制定了信息公开法。

(三) 有关国家重要事务和重大事件的信息

所谓国家重要事务,是指国家领导人的国务、外事活动,全国性的政治活动和经济建设项目,重要的会议、体育赛事和节日庆典等,这些信息广为国内外公众瞩目。因此,发布这类信息也就成为政府传播主体一项日常性的工作。所谓重大事件是指与国家利益、公民生命财产安全密切相关的事件,特别是指突发性的紧急事件,比如战争、社会动乱、疾病流行、自然灾害等。这类事件波及范围广,影响面大,需要政府以权威主体的身份统一发布信息,调度资源,组织救助。在许多国家,政府在紧急状态下的信息发布权是法律赋予的。比如在我们国家,《中华人民共和国传染病防治法》和《突发公共卫生事件应急条例》就规定,当传染病或突发公共卫生事件发生时,国务院卫生行政部门承担信息的通报和发布职责,任何单位和个人未经批准,不准对外通报、公布和引用发表未经公布的传染病疫情信息。其他国家也有类似规定。由此可见,在诸如疾病流行这样的危机事件中,政府是法律授权的主渠道信息的权威发布者,其地位是任何组织、团体和个人无法取代的。在这种情况下,如果主渠道保持畅通,就会引导社会舆论朝着有利于社会稳定的方向发展;如果主渠道不畅通或者出现信息真空,各种谣言和小道消息就会流传开来,不仅会造成社会恐慌,还会影响政府威信。

(四) 有关国家发展的数据、资料和报告

有关国家发展的数据、资料,是一个国家经济发展程度和发达程度的主要评价指标,也是国内外投资者重要的参考依据,因此历来受到关注与重视。这方面的信息具有高度的权威性,只能由政府发布。与其他社会组织不同,政府担负着管理社会公共事务的职责,建有专门收集和整理社会各领域统计数据的职能部门——中央政府和地方政府的统计局。它们可以按年、月、日统计与国家经济发展相关的各种数据,包括国民生产总值的数据、进出口贸易的数据、重要生产资料生产总量的数据、商品零售额的数据等,有时还会发布一些关于未来社会需求、社会发展前景的预测数据。这些数据充分、翔实,具有决策参考价值,社会组织或国内外投资者往往根据这些数据来制定或调整自己的发展规划,使之更加符合现实需要。许多国家的政府和议会还以白皮书的形式发布重要文件或报告书,介绍国家相关政策及政策的实施情况。比如,我国近年就发布了《新时代的中国能源发展》白皮书(2020年)、《中国军队参加联合国维和行动30年》白皮书(2020年)、《中国应对气候变化的政策与行动》白皮书(2021年)、《人类减贫的中国实践》白皮书(2021年)等。这些官方文书均由政府向外发布,在国际上具有一定的影响。

政府传播的权威性信息大都以新闻发布会的形式通过主流媒体向外发布

(同时刊布于政府网站),对此媒体均会主动给予配合报道。政府权威性信息的发布一般分为几个层次:(1)中央政府综合性的信息发布。各国都有代表国家或政府向外发言的机构。美国有白宫新闻发言人,定期进行新闻发布与吹风;在我国,政府发布管理工作主要由国务院新闻办公室承担,外交部则代表国家就重大的国际问题对外发言。(2)政府各职能部门的信息发布。政府各部门是负责管理一个或多个行业领域行政事务的职能机构,具有专业性的特点。它们往往会从专业性的角度发布信息,如有关公共卫生的信息,有关就业和社会保障的信息,有关教育和社会福利的信息等。目前多数国家的政府职能部门都设立了专门的新闻发言人。2003年"非典"之后,政府职能部门不仅是行业管理主体,也是信息传播主体的认识在我国逐渐得以明确,国家各部委设立新闻发言人、建立信息发布制度成为一时之风气。(3)地方政府的信息发布。各级地方政府是地区性的行政管理机构,除了负责本地区的发展规划外,也常常代表国家举办或承办政治、经济、文化、体育等方面的重大活动,比如北京作为"双奥之城"举办了夏季、冬季奥运会,广受瞩目,其相关工作、活动及赛事信息都需要向外界发布。2003年以后,在国家各部委设立新闻发言人的同时,我国地方政府的新闻发言人也纷纷登台亮相,担负起新闻发布的职责。

三、政府传播的其他方面内容

所谓其他方面的内容,是指与上述内容相比权威性次之的信息内容,主要包括宣传性内容、公关性内容和广告性内容。

(一) 宣传性内容

宣传性内容往往围绕权威性的内容展开,目的是为政府制定的方针、政策、法令、计划方案等提供理论支撑和实践范本,向公众进行解释和说服工作,以期产生与政府目标一致的社会认知。

2003年美国出兵伊拉克之前所开展的舆论攻势,就达到了这样的效果。美国发动伊拉克战争,是要通过推翻萨达姆政权改变伊拉克在中东地区的战略地位,并通过控制全球也是欧佩克第二大产油国(伊拉克)丰富的石油资源,掌握制约西方盟国和竞争对手的钥匙。然而,伊拉克是一个主权国家,美英如果绕开联合国发动对伊战争,势必违反国际法,受到国际社会的谴责。因此,要变师出无名为有名,对萨达姆的妖魔化是必不可少的。在这方面,美国政府用心良苦,美国媒体不遗余力。美国政府首先展开了大规模的先期造势运动,指责伊拉克违反联合国1441号决议,藏有生化、核弹等大规模杀伤性武器,对中东乃至世界和平构成威胁;并且宣称伊拉克支持恐怖分子,与"9·11"事件有关,是"邪恶轴心"。与此同时,美国媒体展开了强大的宣传攻势。《纽约时报》曾以"外交政策智力测验"的形式,让读者在多个选择中指认"谁是对全球和平最大的威胁",谜底是伊拉克(科学家)。合众国际社在分析布什总统的国情咨文时特别强调了他为伊拉克开列的罪状:伊政权为达到逼供目的在父母面前严刑拷打儿童;萨达姆隐瞒拥有研制生物武器的移动实验室的情况;等等。美国白宫还通过互联网以及各种新闻渠道散发长达33页的材料,历数萨达姆的种种"谎言"和"罪证"。在媒体的大肆渲染下,萨达姆成为十恶不赦的魔鬼,美国人根本不相信萨达姆会自动放下武器,在他们看来,除了战争没有其他选择。战争爆发前,《华盛顿邮报》《今日美国报》、美国广播公司、美国有线电视新闻网等频繁进行民意调查,结果显示,美国民众对政府决策的支持率达到60%—70%。

宣传是思想观念的导入,是主体力求使客体产生相期态度与行为的一种舆论攻势。为了使民众协力共赴某一目标,为了获得国际社会的同情与支持,任何一个国家的政府都不会放弃使用这种手段。美国如此,日本争取"入常"的宣传、英国伦敦打造"创意之都"的努力同样如此。问题在于,宣传性内容不像权威性内容那样具有强制接受性,受众对这类信息的注意、理解与记忆也较多受到"选择性因素"的影响。因此,政府在进行此类信息内容的制作与传播时,就不能不考虑到受众的心理诉求与感受,以他们能够接受的方式进行。美国发动伊拉克战争的合法性与正义性虽然受到国际社会的质疑,它的战前宣传却获得了预期效果。原因在于,美国遭受恐怖袭击之后,"反恐"成为全国上下高度一致的呼声与诉求,政府将"反恐"与"倒萨"联系在一起,把"倒萨"视为复仇之战,便得到了国内民众的支持。不仅如此,美国政府还将袭击美国的恐怖分子与世界性的恐怖主义联系在一起,通过对恐怖主义反人类本性的揭露,激起包括阿拉伯国家在内的世界各国对于恐怖主义的愤慨,从而获得国际舆论中相当大的一部分对其倒萨战争的同情与支持。

宣传性的信息内容以传播主体的诉求为出发点(因而会在一定程度上忽略受众的需求),但是最终能否奏效,还取决于受众的认知程度。从这个意义上说,宣传战、舆论战也是一种认知战——通过各种传播手段以及心理干预机制促使人们产生某种认知或改变某种认知。当前,认知战作为一种新的作战样式受到各国的广泛关注,认知负荷、认知增强、认知免疫、认知颠覆等概念也高频度地出现于国外认知战研究领域。对于中国而言,加强这方面的研究十分必要。

(二) 公关性内容

政府公关,是政府信息传播的一个重要方面,它有助于政府树立形象,扩大影响,获得国内外公众的信任与支持。

同样是传递于己有利的信息,公关与宣传具有一定的区别。从媒体使用和信息流动的角度看,宣传是政府控制或利用媒体向外传播信息的行为;公关则是政府通过各种活动展示自我,在利用本国媒体进行宣传报道的同时试图引起外界关注、吸引外部媒体报道的行为。

现代意义上的公共关系产生于20世纪初期,其迅速普及与广泛应用的背景是第二次世界大战后世界经济全面复苏、传播科技长足进步。近年来,随着全球经济一体化进程的加快,随着国与国之间经贸往来的不断加强以及文化交流的愈益频繁,公共关系手段越来越为各国政府所重视,世界范围内的政府公关活动也此起彼伏地开展起来。

政府公关活动常常与国家的外交、外贸以及文化、体育、旅游观光等活动融合在一起,借此展示国家的经济实力、文化特色和政府的综合治理水平。例如,世界上许多国家借助对外经贸交流活动(如国际博览会、经贸洽谈会、项目交流会、客商考察、高峰论坛等)展示本国的经济成就,以获得各方面的认可与赞誉,争取到更多的合作项目。也有不少国家通过发展旅游业,通过举办各种文化艺术活动吸引外界目光,使人们在欣赏该国自然风光、文化艺术产品、民族风情的同时,对它的历史文化传统和政治经济状况产生兴趣,留下深刻印象。四年一届的奥运会也是各国政府大展身手的舞台。奥运会不是一般的体育赛事,而是全球瞩目的世界体育盛会,它所带来的社会效益和经济效益无疑是巨大的:主办国可借此机会向世界展现其独特的自然、人文景观,宣传自身对世界文明的贡献,并可由此获得更多的资源和更好的发展机会。因此,从申办到筹办、举办,各国政府不遗余力。以日本、韩国为例。第二次世界大战结束后,日韩两国都经历了一段经济上的恢复期。作为战败国,日本经济受到重创,其产品(被称为"东洋货")被认为次于欧美;韩国也因经济上长期依附美国,被认为缺乏自主性。两个国家都面临着恢复和提升国家形象的问题,而两个国家的共同点是,它们都利用在本国举办奥运会的契机,展现了国家发展新貌,扭转了国际社会的刻板印象。日本东京争取到 1964 年奥运会主办权之后,政府倾全国之力兴建一流体育场馆,优化软硬件设施,一举将东京建成世界级城市。1988 年汉城奥运会举办前夕,韩国政府通过大众传媒向世界广为宣传韩国经济发展成就,借助奥运会的成功举办全面提升了国家形象和国际地位。中国也是如此。通过举办两届奥运会,我们向世界展现了一个与西方符号化的建构完全不同的中国,在很大程度上突破了不同文化间的认知屏障,改变了外部世界的刻板印象。

当然,公关活动奏效的前提是具有良好的内在品质,如果自身品质不佳,仅凭做表面文章是难以达到预期效果的。第二次世界大战期间,法西斯德国肆意践踏他国领土,犯下了不可饶恕的罪行。鉴于自身形象不佳,德国政府曾邀请美国一家老牌公关公司为它做公关宣传,结果这场宣传不仅没有达到预期目标,反而成为美国公关界不正当宣传的典型案例。日本谋求加入联合国安理会常任理事国的宣传活动也是如此。自 2004 年联合国改革方案推出以后,"四国联盟"之首的日本即为争取"入常"展开了积极的国际公关活动。先是首相小泉纯一郎向联大发表演说,力陈日本"入常"的理由;外相町村信孝四处游走,以"经援"拉选票;在联合国总部所在地纽约,日方多次举办大型造势活动,邀请各国大使级外交官、常驻联合国代表,甚至秘书长参加,具有日本特色的"茶道表演""寿司宴"轮番上演。即便如此,日本的"入常"目标并未实现。根本原因在于第二次世界大战结束后,日本政府不仅没有认真反省自己的罪行,向亚洲人民正式道歉,反而以篡改教科书和执意参拜靖国神社等举动极大地伤害了亚洲人民的感情。因此,对于日本"入常",他们自然不会接受。

(三) 广告性内容

广告与公共关系最大的区别在于:公关是借助各种手段制造声势、烘托气氛,以吸引外界的注意和媒体的报道(媒体是否报道却不在传播者的掌控中);广告则是以付费的方式购买媒体的版面空间(或频率、频道空间),控制性地投放信息。

从整体上看,政府发布的广告性内容大致有三种:一般性的公益广告、带有招商引资性质的广告以及配合大型活动制作、播出的广告。

1. 一般性的公益广告

由政府机构的属性、职能所决定,政府广告中的绝大部分是公益性的。其中宣教性的内容又占了很大比重。所谓宣教性内容是指政府通过广告形式提倡一种风气,树立一种观念,传递一种情感,使民众自觉规范自身行为,养成良好习惯。此类广告不胜枚举,比如,媒体、街头上时常可见的"讲文明、树新风""节约用水,从点滴开始""无偿献血人人有责"等广告以及"尊老爱幼""文明用语""保护环境""爱护动物"等主题的广告。除了宣教性内容之外,此类广告中还有一部分带有服务性质,例如公布政府部门的咨询电话,公开消费者维权热线,提示国民正确使用公共设施,进行法律政策宣传、法规条文解释等,也就是以广告形式为民众的生活提供各种便利。在很长一段时间里,我国政府广告中的宣教性内容占绝大多数,近年随着政府职能的转变,服务性内容的分量逐渐增加。

2. 带有招商引资性质的广告

政府除了利用广告进行一般性的宣教和履行服务职能外,还担负着向外宣传国家和地区形象、推介本土企业及产品,吸引外资,扩大交流与合作的使命,也就是招商引资的使命。在国外,政府出钱为国家、地区做广告的事例屡见不鲜。例如1995年,为了扭转亚洲地区对澳大利亚技术水平的不利认知,澳大利亚政府开展了名为"富于创造力的澳大利亚"的宣传活动。政府出资在东亚地区的主要出版物上刊登整版彩页广告,广告围绕电信、航天、航海、卫生、教育、能源、环保、信息技术等主题展开,说明在所有这些领域,澳大利亚都是富有创新精神的。① 2003年"非典"过后,新加坡政府(旅游局)在国际媒体以及日本、印度、中国香港等12个主要旅游市场大做广告,以促进国内旅游业的复苏。在中国,随着改革开放的日益深入,这类广告也越来越多。例如,2009年11月23日,中国政府首次在美国主流媒体美国有线电视新闻网上投放广告,为"中国制造"助力。② 这则30秒的广告集中展现了中国制造无处不在的身影,"中国制造,世界合作"的理念贯穿其中。广告不仅宣传了中国制造的出口商品,也向国际社会展示了中国的国家形象,使"中国制造"为更多人所了解。

3. 配合大型活动制作、播出的广告

配合大型活动进行广告宣传,也是各国政府对外传播的一个重要方面。大型活动一般分为地区性的、全国性的和世界性的,无论哪一种,政府广告的策划与制作均围绕主题展开,目的是强化宣传效果。例如,配合联合国的"世界环境日""世界人口日""世界艾滋病日"等,各国政府积极开展了相应的宣传活动,调动各种舆论手段吸引全民参与。为了配合宣传"世界艾滋病日",我国推出了以著名演员濮存昕为代表的宣传预防艾滋病形象大使,他们频繁参加各种活动(包括演讲、演出等),与艾滋病人共处,拍摄预防艾滋病的公益广告片,在各大电视台播出。奥运会申办国政府为申奥制作的广告宣传片亦属此类。配合北京申奥,著名导演张艺谋两度执导北京申奥宣传片,用浓缩的视觉语言展现了中国这个文明古国的独特魅力,表达了"新北京、新奥运"和"一起向未来"的现代理念,给包括国际奥委会成员在内的各国观众留下了深刻印象。

---

① 参见陈颐:《从"推销澳大利亚"说起》,《销售与市场》1996年第5期,第78页。
② 该广告片由中国商务部会同4家中国行业协会共同制作,被认为是中国政府的首个品牌宣传活动。

第二节 企业传播的内容

这里的企业,泛指一切从事经营营利活动的社会组织。冷战结束后,随着国与国之间经贸往来的日益频繁,随着以互联网为代表的新媒体的迅速发展,企业具有了以主体身份参与国际传播的可能性。当然,企业国际传播的主体主要是那些实力雄厚的外向型企业以及国际化的大企业,它们所进行的广告、公关宣传,构成了企业国际传播的主要内容。

一、企业传播的特点

(一)企业传播是以营利为目的的传播

企业传播与政府传播不同。政府是国家行政管理机构,它的信息传播以形象建构、政策宣传为主,带有"广而告之"的性质,不求一时之功效。企业则不然。从根本上说,企业利用媒体进行的传播——无论是广告还是公共关系,都是一种营销行为,目的是将企业的产品和服务推向市场,赢得消费者的认可与信赖。产品广告如此,形象广告与公关宣传也不例外。虽然后者不以直接促销为目的,而是致力于塑造良好的社会形象,但良好的社会形象是能够为企业带来更大的经济效益的,这也是企业越来越热衷于形象推广的原因所在。企业营利性传播的特点还决定了企业与政府在广告费用问题上的不同态度。政府一般拥有自己调度的大众媒体,费用问题不至成为阻碍;即使需要支付广告费用,政府使用的是财政税收,在费用问题上也不会锱铢必较。企业做广告使用的是广告宣传费,这一部分费用是要计入成本的。因此,在做广告方案时,企业必然要精打细算,将方方面面的问题考虑周全。

(二)企业传播具有很强的目的性

既然企业传播是一种营销行为,就必然带有很强的目的性。在许多情况下,企业传播是伴随着产品(或服务)进入销售环节而展开的,销售环节的具体要求不同,企业传播也就呈现出不同的阶段性特征。企业建立初期或产品(服务)刚刚上市时,企业传播的首要任务是迅速提高企业及产品的知名度,争取占有较大的市场份额,获得消费者的认可;企业进入稳定发展阶段或产品在市场上已经立足时,为了进一步扩大生产经营规模、提高市场占有率,企业就会采取长效宣传手段,进行品牌强化和形象推广;当企业陷入困境或面临危机时,企业传播就要启动危机应对预案,进行矫正式或修复式的传播,以减少损失、挽回声誉、重新树立形象。总之,无论企业发展处在哪一个阶段、遇到了什么问题,企业都有对应的传播方案,大型企业尤其如此。这个方案不是临时性和应急性的,而是在企业建立之初或产品进入销售环节之前就制定好了的,并且是以科学的市场调查为依据的。

(三)企业传播具有很强的选择性

任何一种传播都具有选择性(包括对公众的选择、对媒体的选择等),企业传播的选择性尤为突出。企业营利性的特点决定了它的投入不能不计代价,为此就要进行成本预算,即预先知道其计划、项目、活动方案需要投入多少经费以及经费的分配比例。而预算本身就牵涉选择问题。其一,对目标受众(消费者)的选择。为了使产品销售达到预期效果,对目标受众的选择与确定十分必要,这也是企业传播有效进行的重要前提。如果对目标受众的选择不准确,宣传费用投入后没有达到预期的效果,轻则造成资金浪费,重则导致企业亏损。因此,企业(尤其是大型企业)一般都会进行受众市场的细分,在此基础上确定自己的目标受众,有针对性地进行传播。其二,对媒介的选择。大众传媒种类繁多、数量庞大,对此不加选择几乎是不可能的。因此,企业一般也会根据预算规模和受众情况选择合适的媒体,采取适当的传播方法,将信息准确无误地传递到目标受众(消费者)那里。在国际广告、公关宣传中,"看菜下饭、量体裁衣"尤为重要。

(四)企业传播较少意识形态色彩

企业传播是一种营销行为,目的是推销产品和服务,扩大市场份额,以有限的投入获得尽可能大的经济收益。因此,企业在进行市场开发和拓展时,特别是进行国际性的广告、公关宣传时,一般都会采取适应性的原则,主动了解产品销售地的社会文化习俗和公众心理需要,尽量淡化意识形态色彩,避免因触及敏感问题遭到当地政府与民众的排斥。世界上一些著名的跨国公司采取的就是这样的策略。例如,美国官方对中国的政治制度一向以抨击为主,美国的一些在华企业却与中国政府保持着良好的合作关系。中国惠普有限公司成立于1985年,是中国第一家中美合资的高科技企业。该公司曾与中国政府有关部门合作,联合推出"世纪变革中的企业经营管理——世界500强企业系列讲座",以促进中外企业间的交流与合作。百事可乐进入中国之后,一直朝着本土化的方向发展。公司设立了"百事可乐基金",用以赞助中国的体育赛事和其他公益事业,如捐助西部贫困地区、帮助贫困儿童复学、帮助缺水地区修建"母女水窖"等。百事可乐还携手中国妇女发展基金会的公益项目"妈妈制造",推出了非遗刺绣潮品环保袋,在赋能非遗传承的同时向人们展示了"中国创造"的更多可能性。凡此种种,都为百事可乐在中国的发展奠定了良好的社会基础。

二、企业传播的广告性内容

广告性内容占据了企业国际传播内容中的绝大部分。

企业广告可以粗分为两类:一类是企业产品广告,一类是企业形象广告。前者的目的是推销产品;后者的目的是树立形象,提高企业的知名度与美誉度。

说到企业产品广告,不能不提及号称"世界十字路口"的美国纽约时报广场。时报广场广告联盟(TSAC)发布的一份研究报告显示,每天有30万人经过该广场;时报广场官方网站公布的客流信息显示,2016年1月其每日客流量为29万余人次。由于纽约时报广场拥有巨大的客流量,它的户外广告历来受到商家青睐。20世纪八九十年代,时报广场的广告地盘除了可口可乐等美国当地企业外,长期被日本、韩国企业所占据。伴随着这些企业进军美国市场,东芝、丰田、索尼、松下、三星等品牌广告轮番出现在时报广场的巨幅广告牌上。中国第一家登陆时报广场的企业是三九集团,1995年5月1日,三个巨大的9字和"三九药业"四个方块字出现在时报广场。这个新树立的广告牌引起了《纽约时报》的关注,该报在相关报道中提道:"这是中国企业第一次在世界上广告密度最大、最有影响力的商业区做中文广告,时报广场从此出现了一种新的广告语言。"①2011年1月,中国国家形象宣传片在时报广场播出,随后,上海、苏州等30多个城市相继在此投放宣传片。紧接着,来自中国企业的广告也在此频频亮相,其中既有TCL、格力电器、华为、京东、蒙牛、巨人集团等大型企业,也有不少中小型实体企业和互联网企业。这意味着,伴随着中国经济的持续稳定发展,中国产品逐渐走出国门、走向世界。

企业形象是企业的无形资产,企业形象广告则是对这种无形资产的投资。与产品广告追求立竿见影之效不同,企业形象广告追求的是长期效果和长远效应。为此,一般的国际型企业每年都会在广告预算中投入相当比例的经费在权威性媒体以及社交平台上做形象广告,并展示其独特的企业文化和价值理念。比如,飞利浦公司的理念是"让我们做得更好",体现了注重质量、追求卓越的企业精神;诺基亚公司的理念是"科技以人为本",传递出企业充满人性关怀、处处为消费者着想的价值追求;三星集团的经营理念是"以人才和技术为基础,创造最佳产品和服务,为人类社会作贡献";中国石油化工集团2021年推出的形象宣传片《为美好生活加油》,从勘探开发、绿色低碳、科技创新、社会责任等方面展现中石化"能源至净 生活至美"的理念和良好形象。近年来,随着企业产品的日益同质化以及市场竞争的日趋激烈,消费者开始将对于产品特质的理性诉求更多地转向情感诉求,广告设计行业也持续跟进,从而使企业形象广告的价值得以凸显。

对于企业来说,在国内市场投放广告和向国外市场投放广告情形大不相同。国内市场是近距离的市场,企业对市场的供求情况以及消费者的需求易于了解、掌握,也易于在掌握情况的基础上做出准确判断,有针对性地进行广告投放。国外市场则不然。国外市场是远距离的市场,其运行、变化情况不易为企业把握,加上彼此在文化传统、社会习俗、民族特性等方面的差异,消费者或目标受众的情况远较国内复杂。企业要想打开国际市场,在媒体选择问题上就要进行更为细致的考虑。

---

① 《中国企业不再迷信纽约时代广场》,2019年5月27日,https://finance.sina.com.cn/roll/2019-05-27/doc-ihvhiqay1680018.shtml,2023年3月5日访问。

首先，关于媒体种类的考虑。

所谓媒体种类的考虑，不是一般性地考虑选择大众传媒中的哪一种作为广告载体更为合适的问题。对于报纸、广播、电视、互联网这些媒体平台的功能、特性与要求，企业要有充分的了解，但是这还不够。要想打入国际广告市场，企业还应根据对象国目标受众的具体情况，进行对应性的媒体选择。

一般来说，企业向国外市场投放广告大都选用两类媒体：一类是具有对外传播职能的国内媒体，另一类是广告对象国的媒体。国内的涉外媒体因为具有特定的对外传播职能，其信息可以远达包括对象国在内的广大地区。但是，涉外媒体毕竟是内对外的传播而不是在地传播，空间距离往往会使广告内容的针对性与时效性有所减弱，要想突破这种障碍，就要考虑选择对象国的媒体。与国内涉外媒体相比，对象国的媒体与当地受众的联系更直接，传播方式也更加符合所在国受众的接收习惯，因而易于取得良好的效果。但是，这类媒体往往会因两国关系或多边关系问题具有一定的政治敏感度，不仅如此，对于发展中国家来说，高昂的广告费用也不可小觑。所以，发展中国家的企业可以根据广告目标和费用情况综合考虑媒体的使用问题。在市场开拓初期，企业可以较多使用国内的涉外媒体进行广告投放，通过持续宣传，形成品牌印象，培育消费市场；当企业及其产品具有一定的知名度或已经形成品牌效应后，借助对象国媒体的影响力即可收扩大市场占有率之效。当然，在新媒体时代，包括发展中国家的企业在内的所有企业都可以借助互联网平台（包括搜索引擎和社交媒体）推送广告信息，与目标群体建立直接联系。

其次，关于媒体覆盖面的考虑。

无论是选择国内涉外媒体还是对象国媒体投放广告，企业都应对媒体的覆盖面，也就是受众群体的情况有一个大致的了解。

就定位而言，国内涉外媒体主要面对希望了解本国信息的外部受众，因外部受众的具体情况不同，涉外媒体又可分为不同类型。比如中国的涉外媒体就具体分为主要面对海外华侨华人的媒体（如中新社、央视中文国际频道、《人民日报·海外版》等）和主要面对外国受众的媒体（如《中国日报》、中国国际电视台以及各主流媒体的外文版）。对象国媒体的覆盖情况就更加多样化了。以发达国家为例。发达国家既有覆盖某一区域的媒体,如地方性的媒体,也有覆盖一个国家的媒体,如国内的主流媒体,还有覆盖一个大区域的媒体,如欧盟成员国的媒体,甚至还有覆盖面为整个世界的媒体,如美国的有线电视新闻网、英国的英国广播公司等国际性媒体。媒体覆盖面越大,影响力就越大,相应地,费用也就越高。对于实力雄厚的跨国企业而言,费用问题不是压倒一切的问题,因此可以在世界范围内对广告媒体进行通盘考虑;实力较弱的企业则需要根据自己的实际承受能力,根据产品的目标群体的分布情况,对广告媒体做出适当的选择。

对于企业而言,有关媒体覆盖面的考虑只是一个基本性的考虑,它只涉及受众群体的一般情况。在这一前提下,企业还应进一步考虑大众传播的分众化问题,也就是受众群体的细分问题。从西方国家特别是欧美发达国家媒体发展的情况看,大众传播的分众化已经成为一个普遍的现象。大众传播的分众化具体表现为媒体平台栏目设置的细化和频道、频率的专业化。在美国,综合性的报纸、广播电台和电视台已不多见,取而代之的是为不同受众的需求和受众的不同需求提供信息服务的专业报刊和专业性的广播电台、电视台,比如女性频道、儿童频道、气象频道以及各种运动项目和球类频道。发展中国家的媒体专业化虽然处于起步阶段,大多数国家只是在综合台或综合频道中划分出若干节目类型,但专业化的发展趋势是十分明显的。大众传播的分众化不仅使受众群体具有了多方面获取信息的可能性,也为广告商针对目标受众进行广告投放提供了更为精准的平台。企业在选择广告媒体时,对此亦应有所考虑。

最后,关于受众心理的考虑。

对企业来说,确定了目标受众群体,并不意味着万事大吉,如果所传信息不能为受众注意和理解,或者受众群体未能产生传播者预期的态度与行为,就不能算是成功的传播。但是,"态度……较少受到短期变化的影响。它们来源于终身的强化和阅历,因此它们往往需要时间和努力才能发生改变"[1]。既然

---

[1] 〔美〕斯科特·卡特里普等:《公共关系教程(第八版)》,明安香译,华夏出版社2001年版,第359页。

人们的态度"来源于终身的强化和阅历","较少受到短期变化的影响",要想在短期内达成广告宣传所预期的"了解—感觉—行动"的认知效果,传播者就只有努力缩小与对象国受众在"阅历"方面的距离,尽可能与这种"阅历"所催生的接受心理相契合。正如学者指出的那样:"共同的兴趣和共同的阅历重叠得越多,传播就越容易。尽管许多障碍会阻止这种共同性的重叠,但是在任何需要相互协作的系统中,传播中的这种共通将是人们实现目标的一个不可或缺的条件。"[1]

研究表明,影响一国受众(消费者)接受心理的因素主要有:经济发展水平、收入水平、宗教信仰、民族习俗、文化传统以及消费者的消费习惯。对于任何一个企业来说,要想在短期内对以上情况做出全面的了解和准确的判断,几乎是不可能的,尤其是对于那些有着特殊宗教禁忌的国家。要想使广告传播迅速贴近对象国目标受众,最有效的办法就是聘请或委托对象国的专业机构进行广告设计与制作(至少需要对象国相关领域专家的参与),以对象国受众所能接受的话语方式和表达习惯将广告呈现出来。只有这样,企业才能在较短的时间内打开局面,获得预期的投资回报。这也是本土化(在地化)传播的一个有效路径。

企业对消费者公众接受心理的关注,不应停留在静止的层面上,而应以前瞻性的目光,对其未来有可能发生的变化进行分析、判断,并采取相应的广告宣传策略。比如,一些发展中国家或经济处于起飞阶段的国家,虽然目前居民收入水平和消费水平比较低,市场空间不大,对企业产品的需求也十分有限,但是随着这些国家经济发展步伐的加快,整体收入水平的提高,消费者的诉求和接受心理有可能发生变化,一个巨大的消费市场也会随之出现。对此企业应当有充分的估计与准备,在广告宣传中有意识地培育市场,对受众进行消费知识的普及和消费观念的引导,变潜在消费群体为现实消费群体,在未来的市场竞争中占据有利的位置。

---

[1] 〔美〕斯科特·卡特里普等:《公共关系教程(第八版)》,明安香译,华夏出版社2001年版,第339页。

三、企业传播的公关性内容

企业公关与广告不同,它不是以直接的产品推销和营利为目的,而是旨在树立企业良好形象或对企业的不良行为给消费者带来的损失进行补救,以求长远效益和累积效果。在企业的国际传播中,公关手段常常与广告手段配合使用。

公共关系活动的形式多种多样,包括进行企业文化、企业理念的宣传,组织各种专题活动(如开业和重张庆典、企业开放日、新闻发布会、消费者联谊会等),提供社会公益性的资助和服务等。在公关活动,特别是国际性的公关活动中,企业利用最多的是大众传播媒体和新媒体平台,也有一部分活动借助人际交往的手段进行。

与国内公关宣传不同,国际性的公关宣传在本土以外进行,面对国外的受众群体,吸引和借助的主要是当地的传播媒介,受众的反馈也只能间接获得。这就在很大程度上增加了企业策划与实施公关活动的难度,使公关成为一场真正的"攻关"。为了克服异地传播带来的障碍,使公关宣传获得良好的效果,对公关对象国公众和媒体的了解以及对企业形象的精准定位是必不可少的。

(一) 了解对象国的受众

在公共关系学中,社会组织的对象群体(对象国受众)被称为"公众"(Public)。公众不是抽象的概念,而是相对于一定的公共关系行为主体存在的具体人群。就企业而言,它的公众(主要是外部公众)是指与企业有着某种利益关系的特定群体,包括企业产品、服务的消费者,企业活动的参与者,企业危机事件的受害者等,总之,与企业生存和发展密切相关的各类群体。

从公众对企业信息的接受程度来看,可以将公众分为三类:潜在公众、知晓公众和行动公众。潜在公众是指有可能成为企业产品和服务的消费者,或者有可能成为企业某次危机事件受害者的公众群体;知晓公众是指对企业产品的质量、性能、危机事件的情形有所了解,产生了一定的心理趋向的公众群体;行动公众是指在知晓的基础上将心理趋向外化为行动或成为企业产品的现实消费者，或因受到某种损害而与企业对立的公众群体。

企业公关的目标在于：当某一公众群体有可能成为企业产品的消费群体时，企业通过品牌推广和各种宣传活动使这一部分公众尽快知晓，并产生购买欲望和购买行为，成为行动公众；当企业自身出现问题或突遇危急事件，给消费者的利益造成损失，有可能引发公众对立情绪时，企业通过及时的信息沟通、充分的说服解释工作和必要的补救措施平息负面舆论、挽回影响，使知晓公众尽可能不成为行动公众。

这是就一般情况而言。企业进行国际性的公关宣传时，面对的情况要复杂得多。由于存在社会制度、宗教信仰、法律体系、历史文化传统等方面的差异，国内外公众对于一些事物的认知与评价也会有很大的差异。国内公众不以为意的事情，在国外则有可能被视为重大事件，如果不认真对待、及时处理，就会产生恶劣后果。比如，我国以前在食品检疫方面的标准与国外存在差异，一些食品在加工过程中使用了未经某些国家食品和药品管理部门认可的添加剂，或产品标签上没有针对有过敏症的人群标明过敏物质等。在国外，特别是在欧美国家，这方面的规定十分严格，这就使我国的出口食品在检验检疫过程中一度面临被动局面。2005 年，上海锦江麒麟饮料食品有限公司生产的"午后红茶"就因漏贴商标而被美国下架。这原本不是一个大问题，厂家只需在包装上补充标明该饮品含有牛奶蛋白成分，以提示对该物质过敏的人群即可。但是由于企业没有第一时间出面澄清事实，特别是没有利用当地媒体进行必要的说明与解释，结果被传"午后红茶"因含有可能致命的物质而存在安全隐患。直到该饮品在美国恢复销售，其负面影响还没有完全平息。目前，发达国家仍在不断升级产品质量检验标准，检测项目也越来越多。因此，企业要想使自己的产品在国际市场立足并有效开展公关宣传，就必须了解对象国公众，了解产品所处的政治、经济、文化和法律环境。

（二）了解对象国的媒体

企业在国外开展公关活动，借助国外媒体扩大影响，就不能不了解当地媒体的情况。

大众传媒属于意识形态范畴，由于各个国家政治、法律制度不同，宗教信仰不同,文化传统不同,加上许多国家具有多民族、多种族、多语言的特点,媒体的情况可以说千差万别。因此,企业在策划和实施公关活动之前,首先就要对对象国的媒体(包括其性质、特征、要求和传播习惯等)有所了解,并掌握一些必要的原则。

这些原则包括:

1. 区分性原则

在国内的公关宣传中,由于传媒市场的情况相对单一,企业可以按照一般性的指标,如性别、年龄、职业、收入水平、文化程度等对受众进行分类,以确定自己的目标公众,选择适当的传播媒体。但是就国际传播而言,仅仅做这样的分类是不够的。国际公关宣传涉及不同的国家和地区,面对的是宗教信仰、语言各异的人群,正因为如此,企业在进行媒体选择时,就要做更加细致的考虑。具体来说,企业不仅要对媒体的一般情况做比较权衡,还要根据民族、种族、宗教、语言等的不同做区域性的划分,然后针对不同区域公众的具体需要选择对应性的媒体。比如,面向对象国华人进行产品推广和公关宣传,就要选择当地的华文媒体;要影响某个国家的阿拉伯族群,就要选择当地的阿拉伯裔媒体;向加拿大推广某种产品或服务,还要具体考虑到该国英语区和法语区的差异,否则就会因传播障碍造成不必要的资源浪费。中国的"李宁牌"运动服在英语国家一直打不开局面,一个很重要的原因就是"Lining"的英文意思是"衣服的衬里、箱子的衬布",有谁愿意穿一件"衣服衬里"出门呢?在法语国家则不存在这个问题,法国国家体操队就曾穿着李宁牌运动服参加了奥运会。

2. 适应性原则

由于社会制度和历史文化传统的不同,各国媒体在传播理念、价值标准、操作流程和表现形式等方面均存在明显的差异。比如,美国大部分媒体是私有企业,政府总体上不干预它们的具体运作,即便媒体有对总统和政要不恭的言论也不会受到追究和惩罚。而在一些实行集中化管理的国家,政府通过行政或法律手段使媒体与其理念、价值保持一致,并在适当时候为政府的政策进行宣传和解释。在这些国家,媒体对政府的抨击和指责一般是不被允许的。此外,由于长期形成的传统,"坏消息就是好消息"的新闻价值观念在一些西方国家根深蒂固；而在一些东方国家，特别是一些发展中国家，政府则要求媒体更多报道正面新闻，以显示国家发展中的进步与成绩。作为国际公关宣传活动的策划与实施者，企业不能将国内媒体的判断标准和使用习惯搬到国外，而要采取适应性原则，认真研究对象国媒体的特性、规律与要求，必要时对国外媒体进行零距离接触，通过沟通与交流找到契合点，使传播行之有效。

3. 借势传播原则

企业公关经常采用的一个手段，就是制造新闻事件，引起媒体的注意，使之不请自来为企业做宣传。制造新闻事件需要"借势"，即利用社会大众普遍关注的事物和现象制造热点，策动传播，迅速提高企业的知名度与美誉度，收"四两拨千斤"之效。我国许多具有新闻价值的重大事件，如香港和澳门回归、北京两次申奥、航母下海、卫星发射等，都曾被巧妙利用，作为企业展示形象的绝好平台。当然，对于企业来说，国内毕竟是一个熟悉的环境，对新闻热点的捕捉和把握比较容易，而国外就不同了。企业要想在国际性的公关宣传中采用同样的手段，就不能以国内的尺度作为衡量新闻事件的标准，而要从对象国（或更多国家）的实际情况出发，对当地公众感兴趣的热点问题做出准确判断。目前，低碳环保、节约能源等问题已经成为世界各国普遍关注的热点问题。围绕这些问题，一些国家的企业提出了"绿色""节能""环保"的理念，并适时推出"绿色家电""绿色建材""节能环保产品"等，表明企业对人类共同面临的问题的重视和对社会的责任感，从而很好地树立了企业形象。

（三）精准定位企业形象

企业公关的目的，是塑造形象，扩大影响，在公众中建立良好的信誉，获得更多的投资回报。既然形象是公共关系的核心点，企业在开展公关宣传时，首先就要对自己的形象定位有一个明确的考虑。

在国内，企业的形象定位相对简单——只要根据自身现有的条件以及未来希望达成的目标进行形象设定和传播企划就可以了，无须考虑更复杂的因素。国外则不然。对于任何一个国家的企业来说，其无法回避的一点是，它是某一个国家的企业，人们对这个企业及其产品的评价，是与对这个国家的评价紧密联系在一起的。比如，在人们的印象中，美国是经济发达、科技领先的国家,那么它的产品和服务也一定是优质高效的;相反,一些发展中国家经济比较落后,技术水平比较低,那么它的产品和服务也一定是劣质、低效的。尽管这种刻板印象没有充分的事实依据,却主导着绝大多数人的态度与行为。对于发达国家的企业来说,人们的刻板印象固然只有好处没有坏处,而对于发展中国家的企业来说,这种印象就十分不利了。事实上,一些发展中国家,特别是快速发展中国家生产的某些产品,已经不亚于发达国家的同类产品,甚至达到世界领先水平。对于这样的企业来说,其形象规划的重点就是通过各种宣传活动,树立企业和产品的全新形象,改变人们的刻板印象,并由此促进国家形象的改变。

韩国三星集团就经历了这样的过程。在很长一段时间里,人们对韩国电子产品的认知与评价度比较低,认为它不如日本、欧美品牌的档次高。为了改变这种印象,韩国三星集团顺应数字化潮流进行了产业结构调整,同时修改品牌识别系统,在其中注入了"e 公司、数字技术的领先者、高档、高价值、时尚"等新元素,使之与三星进军高端数字化产业、追求高附加值的战略相吻合。经过几年的努力,三星集团成功实现了品牌超越,在世界高端电子、通信及 IT 产品领域占有了一席之地。反过来,韩国也因为拥有了世界级的名牌产品而大大提升了国家形象。

中国企业在进军国际市场时曾经遇到的最大问题,也是品牌的认知、评价度低。在人们的印象中,中国一直是一个初级产品生产和加工大国,产品的附加值不高。这个印象对于国内企业,特别是国内大企业的海外拓展十分不利。为了转变这一印象,我国的一些名牌企业实施了持续多年的品牌提升战略,取得了一定的成效。以海尔集团为例。1991 年,海尔品牌在国内市场取得巨大成功以后,开始将其家电产品出口到海外,并采取在美国、德国等地建厂,直接打"品牌战"的战略。进入互联网时代,海尔在保持家电优势的基础上,开始进军数码领域,走高端品牌路线。配合这一战略,海尔投入重金,开展了一系列公关活动,包括冠名澳大利亚墨尔本老虎队、选择国际篮球巨星代言海尔笔记本电脑等。海尔高端的市场拓展路线,使其品牌的内涵与张力大幅提升,与索尼、三星等世界级品牌的距离也越来越近。2005 年 4 月,在由世界品牌实验室编制的 2005 年度《世界品牌 500 强》排行榜中,海尔成为唯一进入前 100 名的中国企业。① 长期以来,海尔不断提升产品品牌、平台品牌形象,2018 年 5 月又首次提出生态品牌的理念,认为生态系统中的每个攸关方都应以用户需求和体验为目标进行价值创造,在互联网时代又一次实现了品牌内涵的升级。不只是海尔这样的传统企业,中国的许多企业(包括新兴科技企业)都在与时俱进,致力于品牌内涵的深化与升级。而中国品牌美誉度的整体提升,对于世界各国公众对中国企业和国家形象的认知与评价无疑具有积极意义。

第三节 社会组织传播的内容

按照本书第四章的界定,社会组织泛指政府与企业之外的、不以营利为目的的组织机构和社会团体。社会组织的传播内容大体上可以分为三类:告知性内容、劝导性内容和知识性内容。

一、社会组织传播的特点

(一) 社会组织传播的非营利性

与企业不同,社会组织多为非营利性组织,它追求的是社会目标,而不是利润目标。虽然一些社会团体也通过民间募款和国际基金组织资助的方式获得活动经费,一些社会团体在为社会提供相应服务的同时也收取一部分服务费用,但归根到底,它们从事的不是营利性的活动,而是公益性的活动。社会组织非营利性的特点决定了其信息传播的非营利性。企业做宣传,使用的是计入成本核算的专项费用,而这笔费用是要获得利润回报的,因此企业在进行广告、公关宣传时,在具体方案的确定和媒体的选择上大都"斤斤计较",力求将好钢用在刀刃上。社会组织做宣传,使用的是社会捐资和各种服务费用,社会捐资不求回报,服务费用的盈余部分或清算后的资产只能用于社会服务事业而不能在成员中分配,所以社会组织在进行宣传策划和媒体选择时,只是量

---

① 参见《2005 年〈世界品牌 500 强〉排行榜》,http://www.worldbrandlab.com/brand500/top500_5.htm,2023 年 5 月 10 日访问。

入为出地做一些基本性的考虑,而不会像企业那样做细致入微的核算。当然,社会组织的传播也求回报,但它追求的不是利润回报,而是社会性的回报,包括社会大众对它的目标、宗旨,它所提供的各项服务,以及它发起组织的社会公益活动的理解、支持和积极参与。

(二) 社会组织传播的目的性

社会组织都是适应某种需要建立起来的,有着自己特定的目标、宗旨,并在一定的领域和范围内发挥作用。比如,行业性团体代表行业内组织的共同利益,通过制定行规行约和各种标准协调行业之间的经营行为;学术性团体代表学科领域内学者专家的利益,就大家共同感兴趣的问题组织学术交流活动,参与相关的咨询、论证工作,提供决策参考;政党组织代表党内成员的利益,通过各种政治性、社会性的活动扩大影响,谋求提高党在国家政治生活中的地位;前文(第四章)提到的各类非政府组织也有自己既定的目标。由此可见,社会组织的数量虽然多,却有着不同的职能领域和利益诉求,各有其目的性。社会组织的目的性决定了社会组织信息传播的目的性。具体来说,无论哪一类社会组织,其传播内容基本上都是固定的。当然,也不排除某些组织在某些情况下传播自身职能范畴以外的信息,比如在竞选中,某一政党会就经济问题、社会福利等问题阐述自己的见解,但这仍然是出于政治需要,归根到底是为了赢得选举,提高政党在国家政权机构中的地位和影响力。

(三) 社会组织传播形式的多样性

社会组织具有不同的性质、职能、目标和宗旨,因此呈现出多样化的特征,与此相应,社会组织的传播手段也是多样化的。有些社会组织代表政府行使某一方面的职能(比如行业性社会团体协助政府制定和实施行业发展规划、产业政策、行业法规等),其传播内容具有一定的权威性;一些政党组织,特别是执政党,因为行使执政权力,其传播内容的权威性也是显而易见的。由于这类组织的传播带有政府传播的某些特征,因此它们在进行信息传播时,可以采取政府传播的手段(主要是宣传手段),借助政府的权威性和影响力扩大自身的影响。企业则不然,它的营利性决定了它不具有这种优势。但是,除了执政党和一些行业性团体外,绝大多数社会组织毕竟不能代表政府,和媒体之间也不存在管理与被管理的关系,因此它们在开展宣传活动时,就会借助企业通常采用的公关、广告手段吸引媒体和公众。政府在某些情况下也会采用公关、广告手段进行信息传播,但是有些手段是政府不宜采取的,比如企业为扩大市场占有率而开展的造势活动,政党组织在竞选活动中为拉选票而开展的带有夸大意味和渲染色彩的公关攻势。由此可见,无论政府还是企业,在传播手段的采用上都具有一定的局限性,而社会组织传播突破了这种局限性。

二、社会组织传播的告知性内容

社会组织利用大众传媒的一个主要目的,就是告知——将组织的目标、宗旨、运行情况及未来发展方向公之于众,让人们知晓并予支持。全球性的团体、组织如此,政党组织以及行业性、专业性的团体、组织也不例外。

全球性的团体、组织以主权国家为成员单位,其制定的方针、政策、原则、法律文件等具有很高的权威性,与此相应,这类组织传播的告知性内容的权威性也不容低估。以联合国为例。联合国是当今世界上最具代表性和权威性的政府间国际组织,它是在《联合国宪章》的基础上组建而成的,《联合国宪章》被认为是联合国的基本大法。《联合国宪章》确定了联合国的宗旨、原则,规定了成员国的责任、权利和义务,以及处理国际关系、维护世界和平与安全的基本原则与方法。自联合国成立之日起,《联合国宪章》的内容就不断为该组织"广而告之",愿意接受《联合国宪章》义务的国家才可以加入联合国;"联合国宪章日"(6月26日)的设定,更是以纪念日的方式重申和强调了《联合国宪章》的原则与精神,使各个国家永志不忘。一旦有国家违反《联合国宪章》原则并引发国际冲突,联合国便会立即行使告知的职责——授权联合国秘书长或派出特别代表发表声明,进行调解,缓和紧张局势。如同各国政府一样,联合国也有自己的发言人办公室和专门的发言人,联合国驻主要地区办事处也设有发言人,其职责是代表联合国就国际性和地区性的重大事件发表声明,表明态度、立场。联合国还通过自己的官网及时公布联合国通过的决议、制定的规则和各种活动方案,履行告知义务。除了有关重大事件的告知外,联合国还要就"内部事务"向其成员国尽告知义务。联合国的资金来源主要是会员国缴纳的会费、捐助资金和各种税金,因此,它有义务将联合国费用的使用情况,包括预、决算情况,行政开支情况,雇员的招募情况,新成员的加入情况等向会员国通报。这也构成其信息传播的一部分内容。

世界贸易组织的情况大致相同。世贸组织是独立于联合国的永久性国际性组织,其宗旨是通过建立多边贸易体制,促进世界货物和服务贸易的发展。为此,该组织制定了一系列协议、协定,包括多边货物贸易协定、服务贸易协定、知识产权保护协定、争端解决规则等,并就协议、协定的履行情况和多边贸易中的具体事项进行观察、审议、仲裁。世贸组织新闻办公室及发言人的一项重要职责,就是将上述情况在世界范围内进行告知。与联合国相同,世贸组织也是由主权国家组成的,它也要就组织自身的发展情况、机构运行情况、决策实施过程、成员的资格以及加入组织的程序等问题向新老成员国以及希望加入该组织的国家尽告知义务。

政党组织是以取得执政地位、扩大执政基础为奋斗目标的。在实行多党制的国家,政党实现这一目标的前提,是将自己的执政理念和政治主张告知公众,得到他们的信任与支持,进而取得竞选优势。美国大选期间的电视辩论,就是适应这一需要而产生的。从20世纪60年代初期尼克松与肯尼迪的对峙,到2020年特朗普与拜登的角逐,共和党与民主党总统候选人历来都将电视辩论作为阐发政见、抨击对手、展示形象的重要舞台,选民们也乐于借此了解候选人的施政方针与纲领。在美国国会中,每个议员都有自己的新闻办公室,其职责是协助议员与媒体打交道,借助媒体的影响提高议员的政治地位和知名度,为其赢得大选或连选连任做准备。不但如此,共和党与民主党在参、众两院都有自己的新闻制作中心,编制与国会有关的政治宣传材料,以配合两党在全国的竞选活动。在许多国家的大选中,政党的竞选活动不仅限于国内,还常常扩展到国外,一方面争取旅居国外的选民支持,另一方面争取国际舆论的支持。通过选举成为执政党的政党和长期处于执政地位的政党,同样需要将自己实行的方针、政策告知公众,只不过执政党的告知已经具有了政府传播的性质。

行业性、专业性的团体、组织也需要通过告知让公众了解它的目标、宗旨,它所开展的活动和提供的服务,以获得更大的支持。目前,世界上行业性、专业性的团体、组织非常多,它们有着各自侧重的领域、方向和关注点。比如,妇女组织关注女性的社会地位与权益问题;医疗卫生组织关注疾病的防治和人类的健康问题;环保组织关注工业发展给环境带来的污染问题。这些组织(无论带有政府色彩还是纯粹的民间组织)在各自的领域内享有权威地位,负责制定行业性、专业性的制度、规约,并就有可能造成严重后果的某些不良的人类行为发出必要的警示、警告与禁令。例如,绿色和平组织就是国际性的民间组织,它制定了"环境总规范",规定了多种严禁使用或限制使用的物质,并推动舆论对规范的执行情况实施监督。该组织曾举办新闻发布会,揭露一些国家越境转移有害废弃物的真相;也曾多次通过媒体主张限制温室气体排放,反对转基因食品,敦促有关国家或企业采取措施控制污染,增强环境保护意识。

三、社会组织传播的劝导性内容

从信息传播的角度看,告知与劝导是不能截然分开的:告知是劝导的基础,劝导是告知的延续。不同之处在于,告知重在让公众知晓,劝导则试图通过高频率的信号刺激和大张旗鼓的舆论声势,影响、改变人们的态度,进而改变人们的行为。由此看来,劝导与宣传有着某种相同之处,或者说劝导就是一种宣传。

社会组织对公众的劝导或宣传在不同的层面上展开:地区性的组织主要在地区范围内展开;全国性的组织主要在国家范围内展开(它们也会将传播范围适当扩大);国际性的组织则在世界范围内展开。一些国际性的组织在主要国家和地区还设有分支机构,这些机构面向其所在国公众进行的劝导或宣传(包括政府配合国际组织开展的宣传活动),也带有国际传播的性质。

联合国是世界上规模最大、最具权威性的国际组织。它常常代表国际社会,就人类共同关心的问题表明态度、立场,组织开展各种活动。20世纪中后期以来,全球性的问题频频出现,如世界人口的急剧增加、粮食和水供应不足、生态环境严重破坏和污染、毒品泛滥、恐怖主义猖獗、艾滋病传播、全球气候变暖、生物物种不断减少等。这些问题已经构成人类社会发展的阻碍因素,要求联合国进行综合协调治理。为了配合对这些问题的治理，联合国把每年的某一日设立为世界性的活动日，要求各国政府积极参与，进行广泛的宣传教育。此类活动日有：世界人口日、世界环境日、世界粮食日、世界水资源日、世界戒毒日、世界艾滋病日等。每个活动日每年都有固定的主题，以凸显当年关注的重点和所要影响的目标群体。

以世界环境日为例。1972年6月5日在瑞典首都斯德哥尔摩召开了联合国人类环境会议，会议通过了《联合国人类环境会议宣言》，并提出将每年的6月5日定为"世界环境日"。同年10月，第27届联合国大会通过决议接受了该建议。世界环境日的确立，反映了世界各国人民对环境问题的认识与态度。世界环境日近10年的宣传主题是：

2022年：只有一个地球（Only One Earth）

2021年：生态系统恢复（Ecosystem Restoration）

2020年：关爱自然，刻不容缓（Time for Nature）

2019年：蓝天保卫战，我是行动者（Beat Air Pollution）

2018年：塑战速决（Beat Plastic Pollution）

2017年：连接人与自然（Connecting People to Nature）

2016年：对野生动物交易零容忍（Zero Tolerance for the Illegal Trade in Wildlife）

2015年：七十亿个梦，一个地球，关爱型消费（Seven Billion Dreams. One Planet. Consume with Care.）

2014年：提高你的呼声，而不是海平面（Raise Your Voice, Not the Sea Level）

2013年：思前，食后，厉行节约（Think. Eat. Save.）

劝导和说服性内容也是政党组织经常性的传播内容，竞选时期尤其如此。在许多国家，四年一度的总统选举历来是国家政治生活中引人注目的一大看点，也是各方政治顾问、公关顾问大显身手的时机。作为竞选活动的幕后策划者，他们为候选人炮制竞选宣言，设计媒体形象，安排各种会见，利用媒体大造舆论。候选人也乐于在媒体上和各种公共场合抛头露面，向公众示好，对他们进行各种表态和许诺,以说服他们投赞成票。而利用媒体,特别是电视媒体展开的宣传攻势(包括电视辩论),往往能够收到意想不到的效果。1960年,美国民主党总统候选人肯尼迪与共和党总统候选人尼克松首次采用电视辩论的形式进行角逐。辩论开始前,舆论普遍认为尼克松会在大选中胜出,但在辩论结束时,许多人已经改变了看法。原因在于,肯尼迪将此次辩论视为他成败的关键,所以在辩论前做了精心的准备和彩排,尼克松则是在辩论前一天才进入状态的。结果,辩论当天出现在电视屏幕上的肯尼迪红光满面,意气风发,从容论道,挥洒自如;相形之下,尼克松则显得苍老疲惫,缺乏肯尼迪那样的外在魅力。电视辩论结束后,肯尼迪的票数一路飙升,最终登上总统宝座。因为这次总统大选尽显电视直播的威力,后来的竞选者更加起劲地利用电视媒体,执政党希望借宣传造势连选连任,在野党则希望借此获得执政地位。

四、社会组织传播的知识性内容

在社会组织的传播中,知识性内容占有很大的比重,行业性、专业性组织尤其如此。作为政府与行业之间的中介机构,它们一方面拥有丰富的专业资源(某一领域的专家、学者、研究队伍)和专业信息渠道,另一方面可以接受政府委托或授权,就某一方面的问题进行调查研究,获得准确的调查数据与评估结果,为政府决策和治理提供参考依据。这些调查研究的结果同时可以作为知识性内容向大众传播,帮助他们树立科学观念,采取正确的生活方式和风险规避方式。政府或政府间国际组织则难以做到这一点。作为一方面的权力机构,它们只是负责对国家或国际事务进行宏观层面的协调与管理,而不可能深入某一专业领域,针对其中的具体问题进行调查研究和知识性传播。社会组织,尤其是行业性、专业性的组织在这方面却有着相当大的用武之地。

仍以联合国为例。联合国是为了保障战后世界和平与安全而建立的,其核心机构安理会的主要职能是通过谈判、调查、调停、和解、仲裁、司法裁决等途径和手段,和平解决各国争端。① 至于某一行业或专业领域中的具体问题,则由其下设的一些职能部门去面对。这类职能部门主要有:联合国开发计划署、联合国工业发展署、世界粮食计划署、联合国环境署、联合国艾滋病规划署、联合国禁毒署等,它们在各自领域发挥重要作用,并向国际社会提供各种专业性的知识、信息。例如,在 1999 年的科索沃战争中,北约使用了贫铀弹。一些媒体发表言论,认为贫铀弹会导致癌症,对科索沃人民的生命健康造成极大的危害,北约则坚持认为贫铀弹不会对人类造成危害。面对国际舆论的质疑,联合国环境署组织科学家进行调查研究,并发表了调查报告。报告指出,贫铀武器对科索沃地区环境的危害虽然没有达到"令人恐慌"的程度,但是在某些特定情况下,还是有"高度危险"的;从科学的角度看,目前尚有许多不能确定的因素,贫铀对环境的长期影响尚不清楚,因此要持谨慎防范的态度。这就对国际社会关于贫铀弹有害性的疑问从科学角度做出了解释。类似的知识性内容在国际性媒体上屡见不鲜。

我国知识性传播内容中的很大一部分也由各种行业性、专业性的社会组织提供。在我们国家,政府主要负责对重大问题和事务进行总体规划和部署,具体的宣传、解释工作和知识普及工作,则由政府行业管理部门借助行业内部专业性的组织机构去完成。例如,鉴于艾滋病在我国流行、扩散的情况,国务院将预防、控制艾滋病作为一项重要任务对待,制定了中长期规划,全国性的艾滋病防治宣传教育和知识普及活动也全面展开,包括中国计划生育协会,中国预防性病、艾滋病协会以及各种相关的研究、咨询机构在内的一大批专业性团体成为这方面的主力军。它们编制各种宣传品、小册子,策划拍摄科普影片,开设网络直拨热线,组织各种演出活动,并通过媒体广为宣传,告知公众艾滋病的传播途径、发病症状、预防和自我保护措施,以及如何正确对待艾滋病感染者等,目的是营造有利于预防和控制艾滋病蔓延的舆论氛围和社会环境,使相关知识、信息在广大城乡家喻户晓、人人皆知。

对于国内行业性、专业性的组织机构来说,其专业性的调研结果有两个去

---

① 参见孙颖、黄光耀主编:《世界当代史》,中国时代经济出版社 2003 年版,第 403 页。

向:一是构成大众传媒知识性内容的一部分;二是与国际上的同类组织进行交流。后一种情况是同行间的互动,一些专业性较强的内容和词语不致构成理解上的障碍;前一种情况则是专业人士与普通大众的交流,客观上存在着由专业人员(专业术语)向普通受众(大众话语)转换的问题。如果面对大众的传播仍然采用同行间使用的专业术语和词汇的话,不仅达不到知识普及的效果,反而会造成不必要的猜疑和误解。在 2004 年的"巨能钙事件"中,针对媒体上出现的巨能钙所含过氧化氢有毒、致癌的说法,卫生部门援引专业机构的检测结果所做的通报,就因太过拘泥专业解读而显得含糊不清(如"巨能钙过氧化氢残留量在安全范围内"),引起公众的不满。

第四节 个人传播的内容

个人作为传播主体的大量出现,始于国际互联网出现以来。个人借助互联网传播的信息内容主要有三类:社交性内容、宣介性内容和评论性内容。

一、个人传播的内容的特点

(一) 借助网络进行传播

个人作为传播主体参与信息传播,特别是国际传播过程,是有前提条件的,这个前提条件就是国际互联网的诞生。也就是说,互联网使个人直接参与信息传播成为可能。在此之前,个人可以借助大众传播媒体传递信息、发表言论,这些信息和言论也可以通过涉外媒体向国外传播(比如来稿来函,海外寻亲、征婚等),但那毕竟是由媒介机构控制的过程,投稿以后的环节,包括编辑、排版、印刷等都不在个人的掌控之中,所呈现的方式也不一定尽如人意。总之,借助大众传媒进行的个人信息传播是间接的、被动的、受制于人的,并且需要一定的成本,不可能大规模展开。直到互联网出现进而成为个人化的传播工具之后,人们在"说什么""如何说"以及"何时说"方面才获得了很大的自由空间,成为传播行为的实施者和真正意义上的传播主体。

(二) 传播面相对窄

个人传播与大众传播不同。大众传播面对的是不确定、不确知的广大人群，凡是在媒体信号的辐射范围之内的人，理论上都是它的受众。面向国外的信息传播虽因各种条件受到限制，其传播面也比个人传播广泛得多。个人传播是个体性的传播，传播对象基本上是确定、确知的。虽然借助一定的技术手段可以将个人传播的信息扩展到更大的范围，但从根本上说，它仍然无法与大众传播相比。此外，大众传播的主体是专业化的新闻机构，主体的权威性与可信度决定了其所传信息的权威性与可信度。这类信息可以通过转载、转发等二次以至多次传播在更大的范围内产生影响。个人传播的个性化特征则使它的权威性与可信度大打折扣，这种先天不足对它的放大性传播构成了限制。

(三) 随意性比较强

个人传播与社会组织的传播不同。社会组织的传播具有一定的目的性：政府（特殊的社会组织）的传播是为了让公众了解并执行它所制定的方针政策；企业传播是为了更好地推销产品和服务；其他社会组织的传播也是为了达到某一特定的目标。个人传播则难以围绕一个目标进行，闲谈性的内容尤其如此。最初的话题也许是一定的，但是随着参与者兴趣的转移，话题往往会在短时间内频繁切换，变化多端，这就使个人传播整体上呈现出随意性的特点。随意性固然使人的情绪得以释放，但它同时也为各种小道消息、虚假信息的流传，不负责任的言论的泛滥提供了广大的空间。当然，网上信息不失为一个补充性或辅助性的信息源，当主渠道信息缺失或无法满足公众需求时，它就会将人们的注意力吸引过来，成为社会舆论的集散地。正因为如此，如何正确看待网络舆论并加以引导，就成为各国政府及研究者高度关注的问题。

(四) 内容控制难度大

作为传播主体的企业和非营利组织（甚至媒介机构）同时也是责任主体（注册法人），它们有能力，也必须对自己的行为负责，国家对它们的监管与控制也相对容易。个人身份的模糊性和隐匿性，决定了网民不可能成为信息传播的责任主体。如前所述，个人传播主体的非责任性主要表现在两个方面：第一,他们不是权威性的信息源,不掌握确认事实准确程度的正规渠道,所发信息只能作为新闻报道的线索,而不能作为新闻报道的依据。第二,个人身份的隐匿性和模糊性,有可能带来对传播权力的滥用,使各种消极有害信息大行其道。这些信息若经互联网平台形成全球传播,势必在更大范围内造成恶劣后果。例如,近年来一些恐怖分子在实施恐怖活动的同时,利用网络频频散播各种恐怖信息和血腥画面,形成了与恐怖活动相配合的"第二战场"。目前各国政府都在探寻实现网络管理的有效途径,但是如何在保证网络自由的情况下兼顾国家利益和国家安全,却是一个具有挑战性的课题。

(五) 技术更新速度快

作为新媒体,互联网的一大特征就是技术迭代速度快。互联网出现之前,人们的信函往来大都通过邮政系统一对一地进行,为此需要花费很多时间。互联网的电子信箱功能突破了时空障碍,使一对一的信函发送可以瞬间完成;借助群发系统,还可以变一对一的传递为一对多人的传递,这就使个人的通信行为带有了大众传播的色彩(尽管这个"大众"是确知名姓的、有限的大众)。此外,由于最初电脑硬盘空间有限,网上的信息传播一度仅限于文字;随着电子信箱的扩容,人们不仅可以传送文本文件,还可以传送图像及音、视频文件,实现了真正意义上的多媒体传播。如果说电子信箱尚需登录邮箱才能发送信件,具有一定的滞后性的话,那么,作为即时聊天工具的 WhatsApp、Facebook Messenger、QQ、微信等则通过支持在线聊天,传送音、视频信息以及各种移动应用,克服了时间上的滞后性,使信息收发可以同步完成。在提速、增容、并用多种传播手段的同时,互联网技术实现了从有线互联向无线互联的升级,为个人信息传播提供了更大的空间。

二、个人传播的社交性内容

即时通信(Instant Messaging, IM)是一种可以让使用者在网上进行私人聊天(包括一对一和群组聊天)的实时通信软件。其中的大众 Instant Messaging (或个人 Instant Messaging)主要面向个人用户,满足人们聊天、交友、娱乐的需要。随着互联网的普及和发展,Instant Messaging 已经成为人们日常交流、沟通的重要手段。根据2023年全球最受欢迎的社交类应用统计，排名前六位的分别是WhatsApp、微信、Facebook Messenger、电报、Snapchat和QQ。[①]

其中，WhatsApp、Facebook Messenger都属于美国社交网站脸书的创始人马克·扎克伯格。

排名第一位的WhatsApp是一款跨平台应用程序，发布于2009年智能手机刚刚起步之时。依靠大量针对移动端用户需求开发的功能，WhatsApp慢慢积累起自己的用户。2014年，WhatsApp被脸书收购，由此成为脸书用户在Messenger之外的一种选择。比起添加越来越多功能的Messenger，很多人还是选择了更为"专注"的WhatsApp，它因此成为世界第一聊天软件，应用范围包括北美洲、大洋洲、欧洲以及中东地区，截至2023年1月，WhatsApp的月活跃用户量达20亿。

排名第三位的Facebook Messenger是脸书于2012年发布的桌面聊天软件，它提供即时聊天平台，支持信息发送功能，包括交换照片、视频、表情包、音频和文件，支持语音和视频通话，同时具备端到端加密对话以及小游戏的功能。近年来，脸书开始将公司研发的尖端科技，如人工智能、VR、AR等加入Facebook Messenger，使其功能得到进一步拓展。截至2023年1月，Facebook Messenger的月活跃用户量为9.3亿。

排名第二、六位的是中国的微信和QQ。微信和QQ都是腾讯公司旗下的软件。QQ是PC时代的即时通信软件，也是中国最早的网络即时通信软件之一。QQ一直是中国的国民软件，也是腾讯公司的重要支柱，尽管在移动互联网兴起之时QQ的业绩有所下滑，后来又被"同门兄弟"微信超越，但是通过实施一系列年轻化、个性化的举措，QQ受到了大多数90后、00后的青睐。据统计，截至2023年1月，QQ的月活跃用户量为5.74亿。微信是移动互联网时代的即时通信工具，它虽然比QQ晚出现11年，发展速度却是全球互联网领域的一个神话——10年之内用户量超过10亿。从最初的聊天，到如今的公众号、钱包、小程序等，微信在成就自己和腾讯的同时，也在中国互联网的普及方面

---

① 参见 S. Dixon, "Most Popular Global Mobile Messaging Apps 2023," 2023年4月21日, https://www.statista.com/statistics/258749/most-popular-global-mobilemessenger-apps/, 2023年5月13日访问。

起到了重要作用。如今,微信正在推进国际化战略,它所支持的 18 种语言版本已经进入马来西亚、泰国、印度、印度尼西亚、墨西哥和中东地区等的市场,在墨西哥等国的市场份额已经位列同类产品第一。截至 2023 年 1 月,微信的月活跃用户量为 13.1 亿。

在美国,脸书虽然是最大的社交平台,但是美国皮尤研究中心发布的《青少年、社交媒体与科技 2022》显示,近年脸书的青少年用户流失率较高。2014 年以来,脸书在美国青少年中的使用率由 71% 下降为 32%。其中的一个原因是新型社交软件不断出现,对青少年产生了更大的吸引力,如中国字节跳动旗下的短视频社交平台 TikTok 已经成为美国青少年使用最多的社交软件之一。

与上述即时通信软件相比,电子邮件最突出的特点是它的相对安全性(当然不排除有人利用高科技手段盗取邮件内容、窃取他人隐私的情况发生),因此它仍然是互联网上使用广泛的一种通信方式。电子邮件系统既具保密性,可以在点对点之间进行封闭式的传播,又可以通过公开服务器的设定和电子邮件地址的公布实现开放式传播并获得直接的信息反馈。当人们利用电子信箱进行私人信件的传递时,电子邮件系统可以为他们提供安全保障;当电子邮件被作为一种信息传播手段使用时,它又可以通过各种方式最大限度地实现公开化传播。总之,电子邮件广受欢迎的原因是:作为通信工具,它满足了人们对私密性的要求;作为信息传播手段,它满足了人们快速、便捷、远距离发送信息和获取信息的需要。

三、个人传播的宣介性内容

个人传播的宣介性内容,主要体现为依托互联网空间吸引受众注意力的特殊群体——各类网络主播的内容呈现。所谓网络主播是指通过自编自导或依靠运营团队在网络视频直播间、聊天室与网民进行直播互动,并以此获得收入的人。目前,网络主播已经发展成为一种新兴职业。网络直播的内容一般可以分为娱乐直播、电商直播和游戏直播三大类,具体包括聊天、唱歌、跳舞、美食、美妆、电竞、动漫、直播带货,等等,一个顶流主播常常要面对线上数万人、几十万人甚至上百万人,并且与观众实时交流互动。近年来,直播行业呈现蓬勃发展的态势,从事直播行业的人员以及因此诞生的相关产业也如同雨后春笋般出现,创造了大量的就业机会。

直播带货是一种全新的商业模式和工作方式。直播带货是适应人们"数字化生存"的需求产生的,2020年以来的新冠肺炎疫情又在客观上进一步拉动了这一需求,从而使网络购物渐成气候,甚至在很大程度上替代了实体店购物,带货主播也成为厂家和消费者之间不可缺少的重要环节。直播带货能够满足网民的购物需求,直播间的拟真环境、场景化体验和实时互动,还可以满足人们社会交往的需要,给他们带来情感慰藉。在中国,随着移动互联网技术的普及,各大平台纷纷进行创新探索,抖音等短视频平台开始嵌入直播窗口,淘宝、天猫等电商平台也创建了短视频账号;5G商用牌照的发放更为移动网络直播提供了技术支撑。这些都极大地降低了直播行业的门槛,使越来越多的普通人涌入这一新的行业。随着直播带货效益的逐步显现,一些地方政府官员、企业家、演艺明星也加入直播带货的行列,从而使这种商业形态有了更大的吸引力。

在国外,直播带货也渐成规模。目前海外的直播带货主体主要分为社交平台和电商两部分,前者以脸书、TikTok、Pinterest为代表,后者以亚马逊、速卖通、Lazada为代表,此外还有一批初创公司瞄准了这个机会。优兔在2021年2月内测了视频购物功能,并开启了直播购物节活动。在平台"红利"的召唤下,博主们也在跟进,纷纷开始直播卖货。与中国的直播带货生态不同的是,国外带货的主播更愿意为自己代言,不甘心为他人作嫁衣。此外,或许是因为处于试水期,移动流量的分布也有所不同,海外直播带货的分工并不像国内这样泾渭分明。

直播带货在为社会生活带来便利的同时,其负效应也逐渐显现。由于主播数量庞大且素质参差不齐,一些违法、违规行为时有出现:比如受利益驱使做虚假宣传,以次充好,损害消费者利益;为博取眼球传播低俗内容,恶意炒作,屡屡突破道德底线;等等。在我国,这类问题已经引起相关部门的高度重视,并出台了一系列措施对此进行规范化管理。例如,2020年11月12日,《国家广播电视总局关于加强网络秀场直播和电商直播管理的通知》发布,要求网络秀场直播平台建立直播间和主播的业务评分档案,网络电商直播平台要对进行直播带货的商家和个人进行相关资质审查和实名认证。随着互联网技术的发展,直播带货的个人群体将会进一步扩大,与此相关的"宣介性"内容也将成为个人传播内容中相当大的一部分。相应地,强化对这一行业及人员的监管力度也会成为国家治理的必然趋势。

四、个人传播的评论性内容

与传统媒体时代评论性内容主要由媒体提供不同,进入互联网时代以后,由于技术赋权,"受众"的身份发生了根本性的转变,不仅"人人都是记者",而且"人人都是评论员"。如果说,在互联网技术应用的 Web 1.0 时代,人们还只能单向获取意见信息的话,那么到了更加注重交互作用的 Web 2.0 时代,人们已经获得了充分的表达空间。这一时期,门户网站的评论频道以及论坛、博客等成为生产网络评论的主渠道,网络舆论场也由此形成。进入社交媒体时代,为了聚拢人气、提高活跃度,各大社交媒体平台纷纷设置了评论区,包括抖音评论区、快手评论区、知乎评论区、贴吧评论区、网易新闻评论区、微博评论区、微信公众号评论区,等等。随着网民参与程度的提高,这些自媒体逐渐代替了网络评论原有的生产渠道,成为人们表达意见的重要平台。

个人传播的评论性内容具有以下特征:

第一,话题的广泛性。

社交媒体出现之前,网上大部分评论性内容主要集中在电子公告板上,电子公告板一般会根据不同的主题划分出不同的讨论区,如时政讨论区、技术讨论区、文学艺术讨论区、音乐讨论区、球迷世界、军事天地、笑话区等。用户可以根据自己的兴趣和需要选择某一话题参加讨论,发表见解,与他人交流或交锋。讨论区话题的涉及面十分广泛,既可以对国内人物和事件发表看法,也可以对国际大事加以评说;这种讨论既可以在一国范围内展开,也可以在世界范围内与其他国家的网友同时进行。社交媒体出现以后,各大平台均设置了评论区,且聚集的群体、关注的重点各有不同。社交平台以其强时效性的特点成为各种话题持续产生的驱动力;论坛管理员、版主的"置顶"推送又不断设置

(制造)新的关注点,使各种讨论、争论维持着一定的热度。这些都使得网上的评论性内容话题广泛、热点频现、意见纷呈。

第二,语言的碎片化。

碎片化信息(语言)是与智能手机的普及以及社交软件的"微型化"相伴而生的,在社交媒体时代,它极大地满足了人们获取信息的偏好。《网络评论蓝皮书:中国网络评论发展报告(2019)》指出,从内容形态来看,用户在接触网络评论的体验中,经常接触短文字、图片、短视频,而较少选择文章、长视频和音频。从网络评论的使用场合来看,网络评论用户经常在没有持续性活动的时间,如空闲时间、零碎等待时间和工作或学习的间隙接触网络评论,而较少在持续性活动,如娱乐、通勤、运动等场合接触网络评论。① 由此可见,与传统媒体新闻评论"长"的优势相比,"短"内容更加受到网民青睐。社交媒体上网络评论的表现样态变了,自然也就派生出与传统新闻评论的语言风格(严谨规范)完全不同的话语样式,其特点是三言两语、自由随意、简单直白,甚至东拉西扯、恶搞戏说,"网言网语"。碎片化是相对于系统化而言的,网络评论语言这种零散、琐碎、跳跃的风格,难以给人带来完整、系统的认知与判断。

第三,评论的同步性。

在传统媒体时代,意见性信息(评论)一般晚于事实性信息(新闻)。互联网时代则不同,网络评论的一大特征,就是它始终与社会生活中的一些重大事件相伴随,具有同步性。事件发生后,处于事发现场的网民往往会在第一时间通过社交平台将有关事件的消息以文字、图片、微视频的方式发布出来,并加上自己的评论。热点事件本身就引人注目,加上社交媒体在时效性方面的压倒性优势,这种发布常常会瞬间引爆社会舆论,带来轰动效应;网民还会持续跟进事态进展,更新信息和评论,从而使社交平台成为热点事件的舆论集散中心。网络信息和评论的快速发布,一方面有助于缩短民众与信息源之间的距离,满足他们的知情权;另一方面,在事实真相尚未查明的情况下即时评论,也难免导致观点的片面性和情绪的非理性,因事实反转而被"打脸"的情况时有

---

① 参见赵曙光主编:《网络评论蓝皮书:中国网络评论发展报告(2019)》,社会科学文献出版社2019年版,第21页。

发生,就充分说明了这一点。

网络评论与传统媒体新闻评论的最大区别,不仅在于媒介平台以及生产流程的不同,也在于把关机制的不同。传统媒体对于评论性内容实行"事前把关",以保证事实准确、观点正确;网络评论则缺乏严格的把关机制,采取的往往是"事后追责":只有当问题出现才对责任主体进行问责、处罚,而这个时候,不良后果已经扩散出去了。

因此,有研究认为,在互联网时代,政府和媒体的角色是不可或缺的。政府需要担负起"把关人"的职责;媒体则不仅需要在时效性上加紧提速,对网络信息和评论进行校正和纠偏,还要做好议程设置,进行必要的舆论引导。近年来,以全球用户为基础的社交媒体逐渐脱离了西方精英的控制和主导,并对国家政权和社会稳定造成了冲击与影响。在这种情况下,如何有效治理的问题也就难以回避了。

思考题

1. 政府传播的权威性内容是什么?
2. 政府传播的其他方面内容有哪些?
3. 企业传播的广告性内容是什么?
4. 企业传播的公关性内容是什么?
5. 社会组织传播的告知性内容是什么?
6. 社会组织传播的劝导性内容是什么?
7. 社会组织传播的知识性内容是什么?
8. 个人传播的内容有哪些?

第八章 国际传播的受众

国际传播的受众主要是指国界以外的受众。这一部分受众分布广泛、处境千差万别、成分十分复杂,因此传播主体难以用国内普遍适用的方法对传播效果做出准确的评估与测量。而处在不同社会环境下的受众有着怎样的心理需求和阅读、视听习惯,如何才能使他们接受所传信息与思想,并产生相期的态度与行为,又始终是各国政府和其他各种传播主体不断探索的问题。这就使国际传播中的受众研究显得十分重要了。

第一节 国际传播受众的特点

如前所述,国际传播的受众主要是指国界以外的受众。但是,"国界"只是一个相对的区分标准,而不是绝对的标准。原因在于,在任何一个开放的国家里,都会有外籍人士学习、工作,长期居留,他们虽然处于所在国"国界"之内,却仍然是其国际传播受众的一部分。但是从整体上看,一国国际传播主体所要影响的受众群体,主要分布在国界以外,因此,国界以外的受众也就成为我们考察、研究的重点。

与国内受众相比,国际传播的受众具有以下特点:

一、广泛性

国际传播与国内传播不同：后者是国家以内的传播，传播对象分布在一定的区域范围内，相对比较集中；前者是全球性的、开放性的、无区域阻隔的，其传播对象遍布世界各地，远比国内受众广泛。当然，有些国际传播活动具有明显的针对性与指向性，比如针对某个国家和某个地区进行定向传播，但就国际传播行为的特性而言，其受众面显然要比国内宽泛得多。受众群体的广泛性，使传播者面临的传播环境与国内相比有了很大的不同。

首先是宗教信仰与文化习俗的不同。对一个国家而言，其国民的宗教信仰与文化习俗是长期形成的，国内传播者对此大都具有适应性，较少出现传播障碍；而一国面向不同宗教信仰国家的传播和不同宗教信仰国家之间的传播，则难免会因误解或触犯禁忌而造成传播障碍。比如，在饮食方面，印度教徒视牛为神圣的动物，不能宰杀牛作为食物；罗马天主教徒在周五禁食肉类；伊斯兰教不准饮酒；基督教的各支派有禁酒的，也有对饮酒采取宽容态度的。在丧葬习俗方面，印度教、佛教实行火葬而不用坟墓；基督教、伊斯兰教采用土葬并立墓碑……如果对这些风俗与宗教禁忌缺乏必要的了解、理解与尊重，传播活动就难以顺利进行。

其次是语言的不同。世界各国语言的使用情况差别很大：既有一个国家使用一种语言的情形，也有一个国家使用多种语言和多个国家使用一种语言的情形。据不完全统计，世界上有6700多种语言，使用人口超过100万的有140多种。为了使信息能够被顺利送达使用不同语言的受众，传播者必须进行语言符号的转换，在这方面，各国对外传播机构起到了重要作用。例如，美国之音用43种语言对外广播，英国广播公司世界广播部用43种语言对外广播，德国之声使用29个语种，法国国际广播电台使用19个语种，日本广播电台对外广播使用22个语种，埃及国际广播电台使用33个语种。中国国际广播电台使用65种语言全天候向世界广播，是全球使用语种最多的国际传播机构。

最后是媒体使用的不同。国际传播受众的广泛性，决定了媒体使用的多样性。第一,在国际传播中,一些国家可以将节目提供给某些对象国,令其在国内播放,美国之音的节目就被 103 个国家的广播电台采用并播放;同时,一些国家(主要是发展中国家)也可以借助另一些国家(主要是发达国家)先进的传播技术手段达到对外传播的目的,比如有些国家互联网发展起步较晚,上网人数很少,却同样可以通过网络这种高速通道在世界范围内传播信息。第二,国际传播常常要借助其他国家的媒体进行,比如通过大型活动吸引对象国媒体的注意并促成报道,在国外媒体上播放广告、宣传片等。

二、复杂性

国际传播的受众群体分布在不同的国家,这些国家与传播主体国在政治制度、法律体系、宗教信仰、文化习俗等方面均存在较大的差异,彼此之间的差异也是相当明显的。这就使国际传播的受众群体呈现出复杂性。

仅以分布在世界各地的海外华人为例。据统计,截至 2021 年,海外华人人数约为 6000 万(分布在 198 个国家和地区),他们虽然来自中华民族这个大族群,却情况各异。第一代移民大都来自中国的东南沿海地区,他们早已加入居住国国籍,成为当地民族——华族公民中的一分子,政治上认同所在国。他们的后代在语言文化、宗教信仰、风俗习惯等方面日益本地化,与中华民族几乎没有深层联系。在东南亚各国,这种情形比较普遍。许多国家曾对华人采取严格限制的政策,印度尼西亚等国还对华人采取强行同化的政策,由此加速了华人与当地社会的融合。

20 世纪六七十年代,在新一轮移民潮中移居海外的主要是港台地区移民。虽然从宏观上讲,香港、台湾地区与中国内地(大陆)同祖同宗,又是粤文化和闽南文化的辐射区域,但是从微观上看,它们在社会制度、文化环境、生活方式等方面又表现出差异性。他们中的绝大部分也加入了所在国国籍。由于他们所在的国家(主要为美国、加拿大、澳大利亚等西方国家)大都实行多元文化政策,对外来移民干预比较少,这使他们在融入当地社会的过程中,较多地保留了固有的文化传统。

新一代的大陆移民来自中华民族广大的地域,与中华文化的主体部分最为接近，对它的认同意识也最强。他们虽然也会在海外落地生根，加入所在国国籍，但是他们是和祖籍国一起成长的，和它一起经历了政治变迁，经历了传统文化消解与重构的过程。因此，无论从血缘上还是心理上，他们都是和祖籍国最为亲近的。此外，他们虽然来自五湖四海，来自不同的方言区域，却以建立在北方方言基础上的普通话作为通用的标准语，以新中国成立后推行的汉字简化字作为通行的文字符号。

由此可见，华人群体的情况极其复杂，不能用完全相同的叙述方式或文本样式对待，如果忽视这一点，传播中就会出问题。

三、多样性

与国内传播相比，国际传播面对的受众群体以及传播环境的多样性更强。这种多样性具体表现为：首先，国际传播的受众不仅包括一般公众，也包括各国政府（或对象国政府）。受国际政治格局的影响，国与国之间的关系状态十分复杂：既有友好国家、结盟国家、战略伙伴关系国家，也有敌对国家、交战国家或中立国家，随着国际政治、经济格局的调整、变化，国与国之间的关系状态也会发生相应的变化。而国家之间的利益格局和关系状态会在很大程度上影响各国对彼此所传信息内容的解读方式：友好国家、结盟国家是一种解读方式，敌对国家是一种解读方式，中立国家又是另外一种解读方式。这就使传播主体国发出的同一则信息具有了多样化的认知状态。

其次，由于政治制度、法律体系的不同，各国在信息传播的管理方面也存在较大差异，有的国家严格一些，有的国家宽松一些，国际传播环境因此整体上呈现出多样性的特征。例如，德国对内容管理的政策就相当严苛。此外，各国政府在内容管理上的角色也有所差异，例如，新加坡等国强调在互联网内容规制上的主导地位，日本则通过与企业等民间组织合作进行内容规制，欧盟各国则纷纷立法加强对跨境数据流动和个人隐私的监管，例如欧盟出台的《一般数据保护条例》等。在审查制度方面，英国、法国、德国、爱尔兰等国都曾以国家安全的名义，通过法律法规管理或直接实行言论审查；而在美国，由于宪法第一修正案的保护,任何名义的言论审查都是不被允许的(但是在某些特殊情况下,比如战争时期,政府对媒体言论的控制又确实存在)。各国政府言论管理上的多样性,也是传播主体国应当了解并重视的。

最后,国际传播受众的多样性还表现在接受心理方面。在国内传播中,由于人们处在同样的社会制度与文化背景中,信息接受心理与习惯也大致相同;在国际传播中,受众则因国别与地域的不同而在接受心理和习惯方面表现出较大的差异。同一则信息以同样的方式传播,在一些国家可能会被接受,在另一些国家却有可能受到抵制。例如,前面提到的日本丰田公司的"霸道"广告,该广告在其他国家的受众眼中可能并无特殊意味,但是在中国却被认为带有辱华色彩。原因在于,日本侵华战争给中华民族造成了无法弥补的伤痛,而广告背景酷似卢沟桥,给"霸道"敬礼、俯首的石狮又酷似卢沟桥上的石狮,该广告自然会在中国遭到抵制。对于国际传播的传播者而言,这种情况应当引起重视,在向不同国家传递信息和向同一类受众传递信息时,要充分考虑到其接受心理的差异性,避免出现让一部分人接受信息的同时,触犯或刺激了另一部分人的后果。

第二节 国际传播受众的分类

传播学理论告诉我们,受众不是抽象的概念,而是彼此间有着很大差异(包括个人差异和社会性差异)的群体。国际传播受众因其广泛性、复杂性、多样性的特征而显现出更大的差异。为了了解、认识这些差异,提供对应性的传播策略与方法,就必须对受众进行分类研究。

从不同的角度出发,根据不同的标准,可以将国际传播受众划分为不同的类型。

一、根据受众对传播者的重要程度分类

从受众对传播者的重要程度出发,可以将国际传播受众划分为重点受众、

次重点受众和一般受众。

所谓重点受众,是指与传播主体国有着特殊的利益关系、对其所要达成的目标具有至关重要影响的那一部分受众。他们或者是与传播主体国有着某种合作关系的"战略伙伴",或者是传播主体国在某项政治、外交活动或军事行动中的盟友。对于传播主体国来说,这一部分受众的态度、立场与之相关度最高:他们的理解与支持,有助于形成良好的国际舆论氛围,使传播主体国的目标顺利实现;他们的不理解与不作为,则有可能使传播主体国孤掌难鸣,陷于被动的境地。因此,传播主体国在策划传播活动时,首先要确定自己的重点受众,调动一切传播资源对其施加影响,通过他们形成于己有利的国际舆论,以求正效应的最大化。

美国在俄乌冲突中的传播,就充分体现了重点受众的策略,这一重点受众,就是其欧洲盟友。美国总统拜登上台后,即将俄罗斯视为对美最大的威胁,并采取了种种对俄制裁措施。从美国的角度看,与俄罗斯对峙,就必须拉拢欧洲国家,离间俄欧关系。此前欧洲试图在能源问题上摆脱对美依赖,转而与俄合作,双方甚至开始修建"北溪-2"天然气管道("北溪-2"是一条从俄罗斯通向德国的天然气管道,这条管道可以将俄罗斯的天然气直接输送到德国,再由德国输送到其他国家。若能建成,欧洲从俄罗斯进口的天然气将会大幅度增加)。这一举动令美国不快,却屡次干预无果("北溪-2"后被叫停及至被炸)。对于美国来说,要想继续保持石油美元在欧洲的地位,最直接的办法就是使俄欧变合作为对抗,而舆论压力之下的"安全捆绑"最为有效。事实正是如此。在俄乌冲突中,美国政府及其媒体大肆渲染"俄罗斯威胁论",指称俄罗斯正在复制第二次世界大战时期的德国模式,将要进行反人类的灭绝之战;并指欧盟中没有美英这样的军事强国,如果遭遇来自俄罗斯的军事打击,将会陷入绝境。在美国的安全恐吓下,德、法等国纷纷提高军费开支,形成与北约更加紧密的合作。

对于其他一些欧洲国家(包括宣称不加入国际军事联盟的国家),美国则煞有介事地预测和断言,俄罗斯在"侵略"乌克兰之后必将对邻国安全造成威胁,而这些国家没有能够与俄罗斯抗衡的军事力量,前景可想而知,由此形成广泛的恐俄民意。这也是芬兰、瑞典相继表示考虑加入北约的原因所在。根据英国路透社2022年2月28日的报道,2月23日,即俄罗斯对乌克兰采取军事行动的前一天,芬兰广播公司委托进行了一项民意调查。调查结果显示,在1382名芬兰成年人中,53%的受访者认为芬兰应加入北约,28%认为不应加入,19%犹豫不决。报道称,此次民调结果显示了芬兰人对加入北约所持态度的迅速变化。在两年前芬兰最大报纸《赫尔辛基日报》委托进行的民调中,仅有20%的芬兰人支持加入北约,如今这一百分比大大提升。[①] 这充分说明,美国实施的"俄罗斯威胁论"及"安全捆绑"战略产生了显著的效果。

所谓次重点受众,是指与传播主体国有一定的利益关系、对其所要达成的目标具有较为重要影响的那一部分受众。和重点受众相比,它们与传播主体国的国家安全、战略重点区域的安全或许没有那么大的相关度,但是作为在国际政治舞台上举足轻重、对国际关系的发展具有制衡作用的国家(尤其是大国),它们的态度与立场对于传播主体国战略、策略的实施及其成败,同样具有相当的影响力。因此,对于这样一类受众,任何一个国家的传播者都不会掉以轻心。

以美国在海湾战争中的信息传播为例。在战前舆论准备阶段,美国政府除了调动各种传播手段来争取北约以及海湾国家盟友的支持之外,对于作为联合国安理会常任理事国的中国和俄罗斯也给予了高度关注,力求得到这些国家政府及其领导人的支持。第二次海湾战争之前,美国总统布什曾为寻求俄罗斯支持联合国对伊拉克的新决议与俄罗斯总统普京通电话,并在之后很短的时间内访问了俄罗斯。为了赢得普京的支持,布什明确表示北约东扩将不会危及俄罗斯的安全。对于普京总统提出的俄罗斯国家石油公司在伊拉克南部开采石油的合同应当得到尊重的要求,美方官员给予积极的回应,承诺维护俄罗斯在伊拉克既有的经济利益;对于俄罗斯政府的担心——萨达姆政权一旦倒台,联合国会解除对伊拉克的制裁,它的石油产量将会大幅度增加,从而使国际石油价格下跌,作为世界主要产油国的俄罗斯的利益将会受到损害,

---

① 参见《当地民调显示:目前超半数芬兰人希望加入北约》,2022年3月1日,http://m.cankaoxiaoxi.com/world/20220301/2470938.shtml,2023年5月10日访问。

美方官员也承诺,将尽力保证国际市场油价的稳定。这场交易的结果是,普京对美国在伊拉克问题上的立场表示了支持,当然,普京也重申了俄罗斯政府的立场:在联合国的框架下处理伊拉克问题,美国不应该单独行事。在与俄罗斯沟通的同时,美国政府也通过外交手段与中国政府沟通,力求获得中国的同情与支持。在这场政治斡旋中,国际传播起了重要作用。

所谓一般受众,是指不在传播主体国的战略区域之内,与传播主体国不存在直接的利益关系,对传播主体国的生存、发展不具有决定性影响的那一部分受众。由于国际传播的成本远远高于国内传播,平分资源几乎是不可能的,因而传播主体国在制定传播方案时对受众的主次轻重有所区分,"把好钢用在刀刃上",是十分必要的。但是,比之重点受众和次重点受众,一般受众的数量更多,分布范围更广,在许多重要的国际事务与事件中,他们不仅仅是看客,是被动的承受者,还有可能变被动为主动,成为意见的积极表达者和舆论的引导者。因此,即便这些国家不在传播主体国的战略版图中,无关它的关注点与诉求点,它们的广泛存在和潜在的影响,却是传播主体国不能忽略的。对于这类受众,传播主体国仍然要尽告知的义务,凡有重大决策和重要行动要及时通告,使其知晓,这样才不致产生误解与偏见,不致形成负面舆论。这样,传播主体国面对重点和次重点受众展开的传播才会有力、有效,不至于因受干扰而偏离方向。

二、根据受众对传播者的态度分类

从受众对传播者的态度出发,可以将国际传播受众划分为顺意受众、逆意受众和中立受众。

顺意受众有两种情况:一种是与传播主体国有着长期友好关系或处在同一联合体中的受众;一种是在某一重大事件中与传播主体国具有相同态度和立场的受众。无论怎样,顺意受众越多,传播主体国获得的理解与支持就越多,它的发展空间和圆满解决问题的把握也就越大。因此,传播主体国的努力方向是,在稳定顺意受众的基础上扩大其范围,使来自这一部分受众的支持力度不断增强。

与顺意受众相对应，逆意受众也存在两种情况：一种是与传播主体国长期处于敌对状态的受众；一种是在具体事件中与传播主体国持不同态度、立场的受众。对于前者，传播主体国需要经过长期不懈的努力，逐渐改变其逆意或敌对态度；对于后者，特别是那些因误解而产生对立情绪的受众，传播主体国则应通过充分的信息沟通和耐心的解释、说服工作澄清事实，消除误解与偏见，使其尽快变逆意为顺意。

所谓中立受众，是指介于顺意与逆意之间，对传播主体国既不友好，也无敌意的受众。从表面上看，这一部分受众无关大局、无足轻重，但是对于传播主体国来说，他们仍然具有不可忽视的潜在影响。他们的顺意倾向，会加重传播主体国在国际政治格局中的砝码；他们的逆意倾向，则会使敌对方的砝码加重，从而使传播主体国处于不利的境地。因此，对于这一部分受众，传播主体国也应当予以足够的重视，在保证其不成为逆意受众的同时，促使其朝着顺意受众的方向转变。

一般情况下，针对以上受众展开的传播活动，应有两个层面的考虑，即战略层面的考虑和战术层面的考虑。

所谓战略层面是指国家关系层面。如前所述，由于历史的原因，一些国家长期处于友好状态，另一些国家则长期处于敌对状态。维护友好状态相对容易，而要扭转敌对状态，使逆意受众转变为顺意受众就不那么容易了。这首先需要国家关系的调整与改变，同时离不开强有力的国际传播攻略。没有国家关系的调整、改变，国际传播就会无的放矢；即使国家关系已经改变，没有国际传播的配合，也不能取得令人满意的效果。

例如，苏联解体后，俄罗斯脱离了原有的体制框架，一步步靠向西方国家，与之建立了多方面的合作关系。尽管如此，西方国家，尤其是美国对俄罗斯的敌意与戒备始终存在。美国政府和媒体在车臣问题、打击媒体寡头问题以及乌克兰等问题上对俄罗斯的指责从来没有中断过，在美国民众乃至国际社会的评价中，俄罗斯的国家形象也相当负面。这一方面反映出美俄双边关系与彼此战略利益的复杂性，同时与俄罗斯的国际传播力度不够也有直接的关系。

因此，如何从西方掌握的国际舆论场中突围并取得话语权，就成为俄罗斯对外战略中的一项重要任务。2005年年底，在俄政府的全额资助下，"今日俄罗斯"电视台开播。该台开播后，陆续开通了英语、阿拉伯语、西班牙语频道，并在全球多国开辟了地方节目，雇用超过2000名专业媒体人员；"今日俄罗斯"还不惜重金聘请当地知名媒体人，以拉近与当地民众的距离，获得话语权。2012年，美国皮尤研究中心的统计数据显示，"今日俄罗斯"已经成为优兔网站最受欢迎的新闻频道。"今日俄罗斯"电视台最终得以突破西方媒体的议程设置和话语框架，在国际新闻报道中脱颖而出。而这种独特性又对西方媒体既有的新闻报道形成了必要的反衬与补充，得到了受众的认可。[1]

需要指出的是，美国对俄罗斯的舆论打压是一以贯之的，在重大冲突事件中尤其如此。例如，2022年俄乌冲突刚一爆发，脸书就宣布禁止俄罗斯官方媒体在世界上"任何一个地方"利用其平台投放广告。欧盟也发布统一禁令，在欧盟范围内驱逐俄罗斯电视台和俄罗斯卫星通讯社及其下属机构，俄相关媒体在欧盟境内TikTok和Instagram的账号被封。美国方面也将运营十年之久的"今日俄罗斯"电视台美国分台关停。

我国的改革开放也曾受到一些国家的质疑，"中国威胁论""中国崩溃论"此起彼伏、不绝于耳。但是，经过四十多年的和平发展，经过持续不断的外交努力和外宣配合，我国和平发展的理念以及为此付出的努力得到了国际社会的广泛关注与认可。党的二十大报告指出："中国始终坚持维护世界和平、促进共同发展的外交政策宗旨，致力推动构建人类命运共同体。"[2] 目前除了少数敌对势力外，绝大多数人都逐渐了解到中国致力于维护世界和平、促进共同发展的真诚心愿。

由此可见，国家的转型（包括国际关系的转变）、国家政策的调整和改变，不仅要"做好"，还要"说到"。只说不做于事无补，只做不说也无实际的成效。因此，为了"说到""说好"，必须制定长期有效的国际传播战略。

---

[1] 参见程曼丽：《如何进入国际传播的主阵地——以"今日俄罗斯（RT）"电视台为例》，《新闻与写作》2013年第6期，第95页。

[2] 《党的二十大报告学习辅导百问》，学习出版社、党建读物出版社2022年版，第45页。

所谓战术层面是就具体事件而言。一般来说,具体事件都是在短期内发生的,持续的时间不会太长。与国家关系的改善、国民态度的转变需要长时期国际传播战略的配合不同,应对具体事件,需要采取快速灵活的应急传播策略。危机事件发生后尤其如此,如果当事者(传播者)不了解、不掌握应急传播机制和策略,不能对事件进行必要的调停、疏导和说服解释工作,逆意受众就会在短时间内迅速增加,中立受众和顺意受众也有可能转变为逆意受众。因此,危机事件中的应急传播是必不可少的。

以美军虐囚事件为例。2004年,驻伊拉克美军虐待战俘的丑闻被曝光,2005年,驻阿富汗美军基地士兵虐囚致死事件又被揭出。一时间,世界各国纷纷表态,予以谴责。其中既有先前反对美国出兵伊拉克的国家,也有美国的盟国、盟友。也就是说,这一事件使美国面对的逆意受众在短时间内迅速增加,原有的顺意受众也纷纷转向,加入逆意受众的阵营。逆意舆论的形成不仅使美军、美国的形象一落千丈,美国政府的海湾战略也再度受到国际社会的质疑与抨击。为了平息舆论,扭转不利局面,美国政府与军方采取了一系列行动:时任美国国防部部长的拉姆斯菲尔德在国会作证时向被虐的伊拉克战俘表示"最深切的歉意"并表示承担全部责任;美军就虐囚事件展开刑事和行政调查,追究管理者的失职责任并予处罚;对虐囚事件的主谋和参与者提起诉讼,交军事法庭审判;同时开动舆论机器,给予大规模的配合报道。为了消除阿富汗的反美情绪,时任美国总统布什专门会见了阿富汗总统卡尔扎伊,以签署美阿建立战略伙伴关系的谅解备忘录来转移其视线,并表示驻阿美军将在今后的军事行动中加强与阿政府的合作与协商。会见之后,卡尔扎伊很快向媒体表示,虽然驻阿美军的虐囚事件令人感到震惊和愤怒,但是阿富汗人民不会将这个独立事件归咎于所有的美国人,这只是某些美军士兵的个人行为。卡尔扎伊的表态(确切地说是态度的转变)在很大程度上起到了消解反美情绪、平息负面舆论的作用,客观上帮了美国一个忙。从美国在虐囚事件中的表现可见,美国不仅有一套高效运转的应急反应、传播系统,而且传播中的每一个步骤和环节都经过了周密策划和精心安排。这种战术上的策略与技巧值得借鉴。

三、根据受众行为的发展过程分类

从受众行为的发展过程出发,可以将国际传播受众划分为潜在受众、知晓受众和行动受众。

所谓潜在受众,是指与传播主体国暂无直接的利益关系,但在某种因素的作用下有可能成为其重点传播对象的那一部分受众。潜在受众有两种情况,或为潜在的支持者,或为潜在的反对者,这在很大程度上取决于传播主体国发布告知性传播内容的策略与水平。及时、准确的告知,有助于获得潜在受众的同情与谅解,使其产生积极的态度与行为;不予告知或告知的延迟、失真,则有可能引起潜在受众的猜疑和不满,使其产生消极的态度与行为。

所谓知晓受众,是指经过告知对传播主体国或与之相关的事件有所了解,并已形成积极或消极的态度,但尚未采取行动的那一部分受众。对于持积极态度者,传播主体国仍不可掉以轻心,而要以不间断的信息传播强化其积极态度;对于持消极态度者,传播主体国则应在传播信息的同时辅以策略性的说服与引导,通过高频度的信号接触使之发生态度转变,进而采取相期行为。

所谓行动受众,是指在知晓与态度形成的基础上产生积极或消极行为的那一部分受众。这里的行为不仅是指实际的行动,还应包括公开的言论——支持性或反对性的言论。一般来说,行动层面受众的心理定势已相对固化,要想改变其态度与行为有相当的难度。即便如此,在这一阶段,传播主体国仍然可以通过有效的传播策略,将这一部分受众的消极行为控制在一定范围内,弱化或减少其消极行为带来的负面影响。

在国际传播中,以上三类受众存在的情况有两种:一种是三类受众同时存在,呈并列状态;另一种是三类受众依次出现,呈梯级状态。

第一种形态较多出现在具体的事件中。当某一事件,尤其是灾害性的危机事件发生时,随着波及面的逐渐扩展,受此影响的不同地域内的受众将会同时以"潜在""知晓"或"行动"的状态出现。也就是说,当一些地区的受众尚不知晓时,另一些地区的受众可能已经知晓,并采取了一定的行动,有些行动已经产生了正面或负面的效果。对于传播主体国来说,此时最明智的做法莫过于未雨绸缪,在事件发生之初即形成围堵之势,将负面影响控制、消除在萌芽状态。具体到传播过程中,应当充分利用信息主渠道,通过大量的信息投放为潜在受众提供正确的知晓途径,引导他们采取积极而非消极的行为。当然,对于那些已经遭受损失、正在采取消极行为的受众,传播主体国则应通过具体的救助和补偿措施,将其损失降到最低限度,并调动各种传播手段安抚民心。

在具有跨境性质的"松花江下游水污染事件"中,我国政府采取的传播策略就取得了良好的效果。2005 年 11 月 13 日,中国石油吉林石化公司双苯厂苯胺车间发生爆炸,苯类污染物流入第二松花江,并向下游漂移,造成下游沿岸城市的水质污染。而松花江又流入黑龙江,并经俄罗斯注入太平洋。因此,松花江的水污染必然给下游的俄罗斯带来影响。虽然按照当时的江水流速,污水团进入黑龙江尚需十几天的时间,并且由于挥发、吸附等理化作用,污水团在下泄的过程中污染物的浓度会逐渐下降,但是我国政府没有忽视水污染有可能给俄罗斯造成的影响,并采取了一系列措施。首先是建立两国之间的热线联系,随时向俄罗斯方面通报信息,包括松花江水污染情况的信息和上游水质监控、治理情况的信息。11 月 24 日,我国外交部发言人就此事公开表态,告知中国政府"非常重视"此次水污染可能给邻国俄罗斯带来的危害和影响,并表示中方将进一步加强监测,及时跟踪水体污染及行进情况,争取在中国境内把污染减少到最低程度。12 月 4 日,时任国务院总理温家宝就松花江水污染事件致信俄罗斯总理弗拉德科夫,表明中方对此次污染事件所持的负责任态度,并表示愿与俄方进一步加强合作,消除灾害后果。

在这一跨境水污染事件中,危机的源头在中国,俄罗斯是危机波及地区,如果中方对此处理失当,没有进行及时的信息通报,也不采取积极的应对措施,必然会引起俄方不满,甚至有可能使两国关系陷入紧张状态。而在这一事件中,特别是在它的初始阶段,中国政府就采取了积极主动的应对、传播策略,通过大量负责任的信息通报与告知向俄政府及民众表明了自己的诚意与关切,并使对方了解到自己为此做出的努力,从而避免了俄方潜在受众有可能出现的消极情绪和消极行为。其结果是,俄方对中国政府在这一事件中的表现非常满意,并表示了感谢。由此可见,在针对具体事件的传播活动中,在潜在公众、知晓公众、行动公众并存的情况下，做好源头工作，使潜在公众不致因迟缓或错误的信息传播而产生逆反情绪和逆反行为，是非常重要的。

第二种形态则更多体现在国家制定传播方案的宏观思路中。在国际传播中，当国家为配合某一战略部署制定传播方案时，首先遇到的一个问题就是：我的传播面向谁？谁最有可能受我的影响，按照我所设定的目标去行动？围绕这一问题展开的思考和擘画，是国际传播的必要步骤——确定潜在受众（未来的重点受众）。潜在受众确定之后，才能进入第二个步骤——通过有效的信息渠道，以适当的传播方式使其由潜在受众转变为知晓受众。之后进入第三个步骤——对这一部分受众加大影响力度，引导他们由知晓受众转变为行动受众。

中国的对外传播就经历了这样的过程。改革开放后，我国确立了以经济建设为中心的战略目标，并开始吸引外商来华投资，以解决资金短缺问题，促进国民经济的增长。考虑到西方国家与中国长期隔绝，互不了解，各方面的差距比较大，而广大的海外华侨华人与中华文化一脉相承，有着相同的语言，相近的文化传统，容易接受我们的影响，因此在改革开放后的很长一段时间里，我国政府一直将华侨华人作为招商引资的主要对象，通过各种渠道和途径向他们宣传中国的改革开放政策，帮助他们打消顾虑，坚定投资信心。在这一过程中，中国新闻社、《华声报》《人民日报·海外版》等以华侨华人为主要传播对象的媒体发挥了重要作用。其结果是，在很短的时间内，大批华侨华人来华投资，其投资额占外商全部投资的80％。华侨华人投资所产生的示范效应，又在更大的范围内引起关注，欧美国家的许多企业也产生了来华投资的兴趣。面对新的潜在公众，我国政府及时调整方向，校正目标，将欧美各国的投资者纳入重点影响的人群，向他们宣传中国的改革开放政策，介绍中国的经济发展战略和日益改善的投资环境，同时对外商投资进一步放宽政策，以吸引更多的人来华投资。在中国政府的努力下，20世纪80年代末期以后，包括跨国企业在内的西方国家的投资者纷至沓来，投资额度也不断增长。

由此可见，在我国以招商引资为目标的对外传播中，我们首先将有可能在短期内来华投资的华人华侨确定为潜在受众，通过各种方式引导他们产生投资行为;当新的潜在受众形成后,又及时调整传播策略,进一步加大传播力度,从而使更多的潜在受众转变为行动受众。

第三节 国际传播受众分析

在对国际传播受众进行特征描述和类型划分的基础上,这一节,我们将对国际传播的受众进行具体分析。分析之前,有必要对相关受众理论做一个简单的介绍。

一、关于受众的理论

西方学者对受众的研究,经历了一个从"魔弹论"到"选择性影响理论",再到"使用与满足论"的过程。

(一) 魔弹论

"魔弹论"也称"靶子论""枪弹论"或"皮下注射论"。

20世纪二三十年代之间,美国的一些政治学家、历史学家通过对第一次世界大战期间政治宣传鼓动的研究得出结论:大众传媒具有神奇的力量,反复运用能够达到左右人们的思想感情和言语行为的目的。他们将读者、听众看作毫无防御能力的"靶子",只要大众媒体对准他们扣动扳机,他们就会应声倒地。20世纪30年代末期,美国广播史上发生了一件空前绝后的事,似乎印证了这一理论。

1938年10月30日,美国哥伦比亚广播公司在晚上8点至9点的黄金时段向全国播放根据英国著名科幻小说作家威尔斯的代表作《火星人进攻地球》改编的同名广播剧。由于剧中使用了十分逼真的音响效果,当天晚上全美收听广播的600万听众中至少有120万人信以为真,陷入恐慌。从晚上8点30分开始,很多听众纷纷跳上汽车在高速公路上逃命,一些人还戴上防毒面罩以抵挡火星人施放的毒气……

这一事件的发生,加上第二次世界大战期间法西斯德国疯狂的战争鼓噪产生的效果,使人们不再怀疑媒体的强大威力。他们确信受众在接收媒体传来的信息时,即刻就能做出直接的反应。

随着社会学、心理学以及社会实践的发展,人们发现受众并非"乌合之众",他们是由特征不同的群体构成的,个人之间也有着极大的差异,因此不再认为媒介的刺激能够给受众带来一致的反应。在此研究基础上,魔弹论逐渐被选择性影响理论所取代。

(二) 选择性影响理论

学者们的研究发现,在媒介与受众之间存在着一些"缓冲体",它们对媒体的信息加以解释、扭曲或抑制,使到达受众处的信息和原始信息大不相同。20世纪40年代到60年代,德福勒等人提出的个人差异说、社会类型说和社会关系说,解开了"缓冲体"之谜,是选择性影响理论的代表。

1. 个人差异说

德福勒的个人差异说[①]的内容大致包括以下要点:

第一,人的心理构成是千差万别的;

第二,人们的先天条件和后天的学习(特别是后天的学习)导致了个人之间的差异;

第三,一个人的心理构成是由他在认识客观环境时获得的立场(预存立场)、价值观念和信仰所决定的;

第四,个性的千差万别来源于人们在认识客观事物时所处的不同的社会环境;

第五,人们在认识、理解客观事物时是带有成见的。

有学者认为,个人差异说最重要的发现是"选择性的注意与理解"。所谓选择性注意与选择性理解,是指媒介传播的信息只有在符合接收者兴趣、态度、信仰,支持他既有的价值观念的情况下,才有可能得到他的注意与理解;如果两者相互抵触,信息便会被忽视、淡忘或者曲解。

2. 社会类型说

社会类型说是个人差异说的延伸。后者重点强调个人之间的差别,前者

---

① 参见〔美〕德福勒等:《大众传播学理论》,杜力平译,台湾五南图书出版公司1995年版,第199页。

重点强调社会中不同类型群体之间的差异;后者以心理学为依据,前者以社会学为基础。

社会类型说认为,按照性别、年龄、文化程度、工资收入、职业等因素,可以将受众划分为不同的社会群体类别。由于同一社会群体的成员具有相近的经验、遵奉相似的社会准则和价值观、对事物抱有相似的态度和看法,因此他们会选择大致相同的传播内容并做出大致相同的反应。

社会类型说揭示了决定社会群体类别的可变因素与人们接收信息的行为之间的关系,同时指出了社会群体的特性差异对受众信息接收行为的影响。这就为传播机构分析、预测不同受众群体的信息需求,并根据群体的差异对应性地设计和制作讯息提供了必要的理论依据。

3. 社会关系说

社会关系说的基础是美国著名传播学者保罗·拉扎斯菲尔德、伯纳德·贝雷尔森(Bernard Berelson)、伊莱休·卡茨(Elihu Katz)等人的研究成果。拉扎斯菲尔德等在研究20世纪40年代美国两次总统大选期间大众传播和选民的投票行为之间的关系时发现,人们日常的社会关系在很大程度上影响其对媒介信息的反应方式。于是,他们开始系统考察人们的社会关系对其信息接收行为的影响,以揭示受众日常的相互接触、交流和他们对所接收信息的反应之间的必然联系。后来的研究者则更加直接地研究社会关系在受众接收信息过程中所起的中介作用。

社会关系说认为,受众不仅有着不同的个性特征,分属不同的社会群体,他们还处在一定的社会关系中,与其他群体的成员打交道,这种相互间的关系对于受众的信息接收意向和行为必然产生某种影响,形成某种制约。

由于受众存在着个人差异,分属不同的社会群体,又处于各种社会关系中,因此他们在接收信息的心理、行为方面必然会有差异,相应地,媒介对他们的影响也是有差异和有限的。这就是选择性影响理论的重点所在。

(三) 使用与满足论

无论是魔弹论还是选择性影响理论,都将传播过程视为传播者主动发布信息而受众被动接收信息的过程。这种传、受之间的主从位置引起了一些研究者的怀疑。从 20 世纪 40 年代开始,由听众收听广播连续剧、音乐节目的动机和满足等研究入手,人们越来越关注受众在接收媒介信息时的主动性。使用与满足论由此诞生。

1974 年,卡茨等人提出了一个使用与满足模式①:

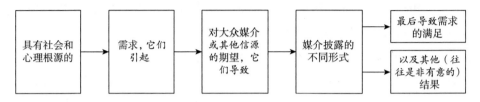

使用与满足论指出了一个事实:许多受众在接收媒介信息之前,已经有一个先入为主的愿望,这种愿望决定了他们选择性地接收某一类信息的行为。关于这一点,施拉姆有一个生动的比喻:受众接收信息就如同到自助餐厅就餐。

日本学者竹内郁郎后来对以上模式做了若干补充,见图 8-1②:

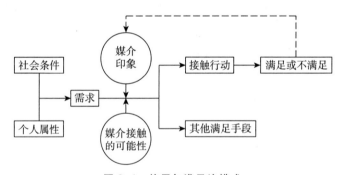

图 8-1　使用与满足论模式

图 8-1 的含义是:(1)人们接触传播媒介的目的,是满足他们的一些基本需求,这些需求由特定的社会和个人心理因素所决定。(2)实际接触行为的发生需要具备两个条件:一是媒介接触的可能性,即身边必须有报纸、电视机之类的物质条件;二是"媒介印象",即对媒介能否满足自己现实需求的评价,这

---

① 参见〔英〕丹尼斯·麦奎尔、〔瑞典〕斯文·温德尔:《大众传播模式论》,祝建华、武伟译,上海译文出版社 1997 年版,第 103 页。
② 参见吴文虎主编:《传播学概论》,武汉大学出版社 2000 年版,第 249 页。

种印象是在以往媒介接触经验的基础上形成的。(3)根据"媒介印象",人们选择接触特定的媒介或内容,接触行为有可能使他们的需求得到满足,也可能得不到满足。无论怎样,这一结果将对他今后的媒介接触行为产生影响,他们会根据"满足结果"来修正既有的"媒介印象",在不同程度上改变对媒介的期待。

以上我们按照时间顺序,描述了有关受众理论的演进和发展过程。应当指出的是,这些理论都是特定历史时期的产物,在不同的情况下,它们各有其合理性。这些理论为我们提供了观察、分析问题的不同视角,我们应当根据实际情况科学地加以运用。

二、目标受众的确定

国际传播是跨国界的传播,也是对传播技术(特别是最新传播技术)高度依赖的传播,其成本远远高于国内传播。对于经济实力有限的发展中国家来说,传播信号的全球覆盖难以实现;即使是经济发达国家,要使其信号覆盖世界上的每一个角落也非易事(少数国家除外)。既然如此,根据特定目标选择与自己相关度最大、最需要影响的那一部分受众,就成为传播主体国在开展传播活动之前应当认真面对的问题。

所谓"与自己相关度最大、最需要影响的那一部分受众",就是目标受众。根据这一界定,目标受众既有可能是前述分类中的重点受众、次重点受众、一般受众,也有可能是顺意受众、逆意受众、中立受众,还有可能是潜在受众、知晓受众和行动受众。这些受众都是与一定的"目标"相对应的。应当指出的是,目标受众不是固定不变的群体,随着国家战略目标(包括总体目标和阶段性目标)的调整和与之相应的传播目标的调整,他们也处在不断的调整与变化中。传播者根据国家战略目标和传播目标的需要,确定自己的目标受众,了解其分布范围、群体特征和接收心理,一方面可以有的放矢地开展传播活动,影响直达"靶心",另一方面可以减少不必要的资源浪费,降低成本,提高效率。

目标受众的确定应当遵循以下原则:

（一）国际关系优先原则

国际传播是跨国界的传播，既为"跨国界"，就必然涉及国与国之间的关系，包括国家之间的外交关系、经贸关系等。而在处理外交关系、经贸关系方面，各国政府都有自己的战略部署和原则性的规定。国际传播是建立在国际关系基础上的传播，不可能不与政府在国际关系方面的大政方针相吻合，不可能不遵循国家的相关政策与规定，这是任何一个国际传播主体在确定目标受众、制定传播策略、开展传播活动之前必须明确的问题。如果忽视这方面的问题，或者有意采取与政府相悖的立场而出现不和谐音符，就会在短期内引发不利的国际舆论，促成逆意受众群体的扩大，从而给国家处理外交事务带来干扰与阻力。

当然，从根本上说，国际传播是政府控制下的传播，如果出现上述问题，无论哪一个国家的政府都不会听之任之、坐视不问。"9·11"事件后，美国之音因公开播放对塔利班领导人奥马尔的专访而受到政府的惩罚，就是一个典型的例子。俄罗斯也是如此。在俄私有化过程中以反政府面目出现的独立电视台（NTV），在两次车臣战争中派记者深入战区采访，发表了许多与政府唱对台戏的报道和言论，受到国际社会广泛关注，西方媒体对俄罗斯政府出兵车臣的指责与抨击也持续展开。尽管该电视台在具体的操作层面（包括记者的新闻敏感、独家新闻的采制等）有不少可圈可点之处，但是由于它从根本上违背了俄罗斯的外交政策和外事原则，偏离了国家发展的轨道，因而最终没有摆脱被取缔、被改造的命运。

（二）主体利益相关原则

国际关系是国家利益主导下的关系，国际传播也是国家利益主导下的传播。在这个领域中，"只有永远的利益，没有永远的朋友"。鉴于此，传播主体在确定目标受众时，大都以国家利益为最高原则，并依此展开传播步骤。国家利益具体包括国家的政治利益、经济利益、军事利益以及区域合作中的利益。所有这些利益都是传播主体在具体的传播活动中应当予以重视的。按照利益相关的原则，传播主体应当选择与本国利益密切相关、对本国发展具有较大影响的那一部分受众作为自己的目标受众，通过传播强化其顺意倾向，消除误解与偏见,营造对本国发展有利的舆论环境,以求国家利益的最大化。

许多国家的国际传播都体现了这样的原则。例如,欧共体首脑于1991年12月签订的《马斯特里赫特条约》,为欧共体建立政治联盟和经济与货币联盟确立了目标,规定最迟于1999年1月18日在欧共体内发行统一的货币,实行共同的对外与防务政策。该条约签订后,欧共体国家和欧洲地区就成为这一目标的倡导者重点影响的区域。在此后若干年的时间里,这方面的宣传阐释和说服活动一直没有停止,最终相关目标获得欧共体绝大多数国家的支持和响应,欧盟成员国的数量也在不断增加。由于美国是世界上举足轻重的国家,与欧洲各国存在直接的利益关系,它也被列为重点"告知"对象,至于其他国家和地区,因与欧盟利益相关度不大,所以没有被纳入重点传播范围。

当然,随着国家利益诉求点的调整与改变,国际传播的目标受众也会相应发生变化。例如,2004年9月欧洲12个"申根"协定国对中国正式开放入境旅游后,由于利益相关度的增加,这些国家对中国的信息投放量陡然增加,各种介绍性的文字、图片和画面充满中国媒体的版面、频道,而中国游客的接踵而至,极大地促进了当地旅游业的发展。

(三)传播手段裁量原则

国际传播的辐射力在很大程度上取决于国家的经济实力。发达国家可以凭借先进的传播技术和二次传播(被转载、转播等)的优势,将信息扩散到世界各地,发展中国家则不具备这样的实力。因此,对于后者来说,根据现有条件适当选择传播手段并确定目标受众,即"量体裁衣",就显得十分重要。

当然,这种"选择"和"确定"不是一成不变的,随着国家经济条件的改善、综合国力的增强以及新的传播目标的出现,对媒体和受众的选择、确定可以逐步升级。中国的对外传播就经历了这样的过程。改革开放初期,由于资金、技术水平和传播能力的限制,我国的对外传播主要通过国内具有外宣职能的报纸、杂志进行,覆盖面小,影响力不大。20世纪80年代末至90年代初,随着国家经济实力的增长和传播手段的日渐成熟,我们开始走出国门,到境外创办中文媒体(美国的《侨报》即创办于此时),有目的地对华侨、华人群体施加影响。90年代末期,尤其是进入21世纪以后,我国国民经济进入了一个快速发展期,综合实力大幅度跃升。在世界性的"中国热"不断升温的同时,我国政府进一步扩大了目标受众的范围,将希望了解中国、愿意与中国建立合作关系、打算来华投资的西方各国纳入其中,同时凭借经济发展带来的资金、资源优势走出国门,到西方国家举办大型活动(包括"中国文化周""中国文化年""中国文化节"等),并借船出海,与海外华文媒体和国外主流媒体合作推出专版专栏,继而在国外自办媒体,不断扩大影响力。

(四)紧急事件中的准确定位原则

紧急事件一般是指突发性的危机事件。由于带有突发性质,这类事件往往会在短时间内释放巨大的破坏力,带来灾难性的后果。要想掌握危机处理的主动权,减轻它所带来的损失,平息负面舆论,传播主体有必要对事件中的目标受众进行准确定位。为此需要考虑的问题是:事件的发生有可能危及哪一部分人,有可能波及哪一部分人,哪一部分人的损失有可能最大,其中又有哪些人可能采取负面态度与行为,等等。对目标受众进行准确定位后,接下来的救助补偿和信息传播工作就可以有的放矢地展开了。

在"松花江下游水污染事件"中,我国政府不仅将目标受众迅速定位在松花江下游的哈尔滨、佳木斯等城市,采取紧急措施确保居民的饮水安全,同时还将有可能受此事件影响的俄罗斯远东地区纳入其中,与当地政府乃至俄罗斯政府进行积极主动的信息沟通,努力消除事件有可能带来的负面影响,为国家妥善处理这一事件奠定了良好的舆论基础。

1986年1月28日,美国"挑战者"号航天飞机在空中爆炸,7名宇航员全部丧生。这是人类载人航天史上第一次重大惨案,一时间,整个美国陷入巨大的悲恸。这次危机不仅是美国政府的危机,也是人类面临的共同危机,如果处理不当,其影响将是持续而深远的(它将使人们对美国国力、美国的科技能力以及人类征服外太空的能力产生怀疑)。面对这个突如其来的危机事件,时任美国总统里根在事件发生几小时后就通过电视向美国民众发表了演讲。在演讲中,他把罹难的宇航员称为"英雄"。他说:"英雄之所以被称为英雄,并不在于我们赞颂的言辞,而在于他们始终如一地、锲而不舍地对神奇而美妙的宇宙进行探索,去实践真正的生活以至贡献出生命。"他还深情地说,宇航员们

"挣脱了大地的束缚,去触摸上帝的面颊"。里根这篇"如诗般美好"的演说词,被称为"变失败为胜利"的讲话,对于扭转美国乃至世界人民悲痛、消沉的情绪,将其升华为对"英雄"的崇敬与礼赞,转化为完成"英雄"未竟事业的勇气和信心,起到了重要作用。

三、一般情况下的受众分析

目标受众确定之后,就要针对这一受众群体进行传播了。一般来说,针对目标受众展开的传播活动主要有三个目的:

(一) 通过传播改变受众态度

态度是一种内在的心理变化过程,是受众对传播主体持有的评价和行为倾向。国际传播的一个重要任务,就是试图对受众的心理变化过程施加影响,使之改变对传播主体不利的评价和行为倾向,形成对传播主体有利的评价和行为倾向。

按照心理学的解释,态度包括认知、情感和行为倾向三个组成部分。认知是态度形成的基础,没有对某一事物的认知或印象,就不可能形成对该事物的判断与评价。情感是态度的核心部分,它以喜怒好恶等元素支配人的心理趋向,引导人们对事物做出或积极或消极的判断与评价。行为倾向是态度的外显部分,是人们采取实际行动之前心理上的准备状态。

由此可见,人的态度始于认知,而认知在很大程度上取决于人们对客观事物的了解程度,即对有关该事物信息的掌握程度。信息了解、掌握得多,对事物的判断与评价就趋于客观、公允;信息了解、掌握得少,对事物的判断与评价就有可能出现偏颇。因此,要想使人们产生预期的心理变化,就必须在态度形成的起点进行有效的信息传播,以充足的信息量和持续不断的信息投放引导受众,使之形成对传播者有利的心理趋向。当然,受众不是整齐划一的,受"预存立场"的影响,其中的一些可能已经形成某种态度,产生了与传播者意图相反的心理倾向。对于这一部分受众,传播者在信息传播中应当进一步加大信息投放的力度与强度。

要想实现态度的转变,除了告知之外,还需要情感因素的配合,因为在态度形成的过程中,情感的作用不可小觑。对于一部分受众来说,单纯的告知不一定能够引起他的注意与重视,也不一定能使他产生预期的态度,而带有感情色彩的传播内容,则有可能打动他、感化他,引起他的共情共鸣,进而影响并改变他的心理倾向。对于那些受"预存立场"影响的"顽固的受传者"来说,情感冲击类的传播手段也是颇为有效的。例如,在艾滋病出现后的很长一段时间里,由于缺乏相关知识,许多人将它视为"不洁病",对艾滋病毒携带者也避之唯恐不及。为了改变人们对艾滋病及艾滋病患者的歧视与偏见,各国政府、各种相关的国际组织在宣传、普及艾滋病知识的同时,调动各种情感手段,唤起人们对艾滋病患者的同情与关切。"小巨人"姚明与"魔术师"约翰逊(1991年被诊断为艾滋病毒携带者)联手拍摄的艾滋病宣传教育片,就是生动的一例。这部宣传片以约翰逊在洛杉矶湖人队打球时上篮得分的特写开场,随后约翰逊与姚明进行一对一对抗,两人发生身体接触,还在球场边用餐,姚明教约翰逊如何使用筷子,谈笑中,姚明还摸了摸约翰逊的光头。最后,姚明以平和的语气说:"拥抱、握手或是一起用餐都不会传染艾滋病。不要害怕,也不要歧视;请对艾滋病人多一些关怀,多了解一些预防艾滋病的知识。"这部宣传片以生动的画面语言传达了丰富的知识与情感,有一种深入人心的力量。姚明不仅是中国人,也是世界级球星,他诚实、稳重、谦和的形象早已在各国球迷和公众的心目中定格,利用他的感召力和影响力去感召、影响更多的人,效果是完全可以预期的。

一些国际动物保护组织在针对人类疯狂的捕杀行为展开的宣传中,也大量采用了情感诉求手段。在一些宣传片中,拍摄者运用拟人化的手法,展示动物的内心世界,表现它们在人类残暴的杀戮面前的恐惧、悲戚和无奈。宣传片中"内心独白"的运用,足以震撼人心,引发人类对自身行为的反思。

(二)通过传播形成有利舆论

舆论是公众关于现实社会以及社会中的各种现象、问题所表达的信念、态度、意见和情绪的总和。国际舆论则是国际社会对于某一国家、某一事件或问题所表达的信念、态度、意见和情绪的总和。无论对于一个国家,还是对于具体的事件来说,国际社会这种总体性的"表达"都是至关重要的。顺意的"表达"，有利于国家持续、稳定发展，有利于事件或问题的圆满解决；逆意的"表达"，则会给国家发展带来阻力或障碍，使事件的处理、问题的解决无法达到令人满意的结果。正因为如此，世界各国无不重视国际舆论，并不断加大对国际舆论的影响力度。

舆论不是单纯的态度，而是包括态度在内的各种表达的"总和"。如果说态度还只是一种心理倾向，尚未形成一致的表达，可以在短时间内发生转变的话，舆论已经形成了一致的表达，已经强烈到一定程度，一经形成便会迅速扩散，难以在短时间内扭转或改变。舆论的扩散性、相对持久性和稳定性，使试图影响、改变舆论的信息传播具有了更大的操作难度。当然，舆论不会轻易改变，并不意味着舆论不会改变，只不过这个改变要经历更长的时间，需要付出更大的努力。而且，舆论的形成与改变（尤其是国际舆论中对某一个国家的看法）不是单纯的信息传播可以达成的，还要以一个国家公信力、美誉度的全面提升为基础。否则，即使在信息传播方面付出再大的努力，也未必见效。许多国家的经历都说明了这一点。

以德国和日本为例。德国曾经是一个与"纳粹""法西斯"等称谓联系在一起的国家，第二次世界大战期间对欧洲人民犯下令人发指的罪行，受到国际舆论的广泛谴责。第二次世界大战结束后，德国开始以"审慎和自省"的方式对待历史。它的历届执政者均公开表示承担战争罪责，并多次向纳粹受害者道歉，给予合理的赔偿。1970年德国总理勃兰特在华沙犹太隔离区起义纪念碑前的一跪，给世人留下了深刻印象，勃兰特本人也因为这一跪，成为1971年诺贝尔和平奖的获得者。在真诚认罪、道歉的同时，德国积极融入欧洲，在区域性的联盟与合作中发挥重要的作用。几十年过去了，尽管德国国内仍然存在少数新的纳粹分子和右翼组织，但是因为德国政府在历史问题上采取了负责任的态度，并且有意识地重新修复国家形象，持之以恒地开展宣传教育和传播活动，它最终彻底走出了"纳粹""法西斯"的阴影，赢得了欧洲各国的接纳与尊重，国际声望也大幅度提升。

日本与德国有着相似的经历，然而它对那段侵略历史的态度却与德国截然不同。虽然日本领导人在一些场合向亚洲各国人民表示了歉意，也向第二次世界大战中的死难者表示了哀悼，但是日本政府篡改教科书、歪曲历史、粉饰暴行,日本首相一再参拜靖国神社的行为,引起了包括中国在内的亚洲各国人民的不满。在亚洲人民的心目中,日本并未真诚反省,"军国主义"在日本仍然阴魂不散。如果日本不能在行动上对其口头表态有所证明的话,就很难消除亚洲各国对它的历史积怨,也不可能获得良好的发展环境。

(三) 通过传播引发预期行动

这里的行动是指实际行为。行为一般是在态度和舆论的基础上形成的,有什么样的态度和舆论,就会有什么样的行为。也就是说,行动是传播的终极结果,是传播致效的最后一个环节。当然,就传播效果而言,往往是多数人强化或转变态度,在更大的范围内形成舆论,最终只有一部分人(相对少数)采取行动。无论怎样,传播者总是希望通过传播形成于己有利的态度和舆论,进而引发于己有利的行动。

传播者对受众行为施加影响主要借助两个途径:

第一,通过影响受众态度、影响舆论进而影响受众行为。

在这种行为影响途径中,行为是态度转变、舆论形成的最终结果。由于这个过程是渐进性的,因此需要相当长的时间。以我国的"一带一路"倡议为例。应当充分肯定的是,自"一带一路"倡议提出以来,党和国家领导人在出访沿线国家以及在各种重要的国际会议上多次介绍这一倡议的理念、宗旨和目标,一些合作项目的启动及初见成效,又进一步扩大了"一带一路"倡议在世界范围内的影响。但是,"一带一路"倡议毕竟涉及不同地域的几十个国家,每个国家对中国的认知与评价也不尽相同,因此"一带一路"项目的共建与对接存在着一定的复杂性。一些事例说明,无论是"一带一路"沿线国家还是沿线以外的地区性大国,对于"一带一路"倡议仍然心存疑虑。这些疑虑有些来自传统偏见,有些则随着"一带一路"建设的推进而逐渐产生;有些属于共性范畴,有些则明显带有某个国家的个性特征。

"一带一路"倡议与俄罗斯"欧亚经济联盟"战略的对接,就经历了一个较为曲折的过程。"欧亚经济联盟"由俄罗斯、白俄罗斯和哈萨克斯坦三国关税同盟发展而来。2014年5月,三国签署了《欧亚经济联盟条约》。根据条约规定,"欧亚经济联盟"将于2025年前实现联盟内部商品、服务、资本和劳动力的自由流动,并推行协调一致的经济政策。2013 年中国提出"一带一路"倡议时,适逢乌克兰危机(克里米亚脱乌入俄)爆发前夕,俄罗斯官方与学界对此高度关注。由于当时对"一带一路"的概念及其具体框架缺乏了解,俄不少学者将它等同于"西进战略",认为这一战略的实施将会对俄罗斯的中亚利益造成冲击和影响。

随着乌克兰危机的恶化,加之西方国家实施严厉制裁、国际石油价格暴跌以及卢布贬值,俄罗斯经济陷入困境。普京开始调整策略,放低姿态,试图通过与中国的经济合作缓解西方制裁带来的压力。与此同时,中国方面通过各种渠道与俄方进行外交斡旋,包括在乌克兰问题上支持俄罗斯政府,与俄罗斯外交部门、智库、媒体、民间机构等进行沟通、对话。经过一番努力,俄罗斯国内对于"一带一路"的质疑声开始减少。

2015 年 5 月 8 日,以纪念俄罗斯卫国战争胜利 70 周年系列庆典活动为契机,两国领导人签署了《中华人民共和国与俄罗斯联邦关于丝绸之路经济带建设和欧亚经济联盟建设对接合作的联合声明》,双方商定将丝绸之路经济带建设与欧亚经济联盟建设对接,重点开展投资、金融、能源、高铁等基础设施的建设以及航空航天、远东开发等领域的合作。7 月 8 日,在乌法进行的一对一会晤期间,两国领导人决定将上合组织作为丝路经济带和欧亚经济联盟对接合作的重要平台,进一步拓宽两国务实合作的空间。至此,中俄之间备受瞩目的"丝绸之路经济带"战略合作终于走上正轨。由此可见,从中国提出"一带一路"倡议到俄罗斯接受并正式加入历时两年,其间俄方经历了由质疑、排斥到批评声音渐趋缓和,最终产生认同、实现对接的过程。虽然这一过程中存在某些有利于对接的外在因素,但是中国方面持续不断的、深入的沟通与对话是功不可没的。

第二,直接对受众的行为施加影响。

在许多情况下,传播者面对的不是受众态度转变、舆论形成再到受众采取行动的全过程,而是突如其来的行动本身。这种行动一般是非理性的、偏执的,往往伴随着强烈的情绪化色彩,在短时间内有可能造成严重后果。此类事件虽然具有突发性特点,却是各种因素(政治、经济、历史、文化等因素)综合作用的结果。针对这些因素及时采取措施,展开必要的外交斡旋与舆论攻势,能够在一定程度上缓解对立情绪,平息负面舆论。比如,2005年11月,马来西亚连续发生中国女性公民受辱事件(数名中国女性相继被马来西亚警员体罚、羞辱并遭裸拍)。同类事件的接连发生不仅给中马关系蒙上了阴影,更在中马两国甚至世界范围内引起强烈反响。事件发生后,中国驻马来西亚大使立即表达了中国政府的立场:涉案者必须受到惩罚,并希望马方加速调查此案,尽快公布结果,为受害者讨回公道;中国外交部官员在北京约见马来西亚驻华大使,就连续发生中国公民被侮辱、被伤害事件提出严正交涉;中国外交部发言人在记者会上就此事公开表态,要求马方以认真负责的态度尽快查处此案,并采取有效措施防止这类事件再次发生。中国政府的严正态度和舆论压力引起了马来西亚政府的高度重视,马方成立了独立调查委员会,同时委派内政部部长专程赴中国致歉并澄清中方有可能对马来西亚政府产生的误解。马来西亚总理巴达维多次表示,马来西亚没有歧视中国公民的政策,欢迎更多的中国人来马来西亚。

行动是信息传播可望达到的最终结果,它因此可以作为检验传播效果的一个重要依据。

四、特殊情况下的受众分析

所谓特殊情况,是指事件发生具有时间上的特殊性——短时间内突然发生,来势凶猛,无法预测。从这个意义上说,特殊情况或事件也可以称为突发性事件。

(一)特殊情况的分类

特殊情况或突发性事件一般是指对当事者(国家)有害的事件,此类事件又可以具体分为两类:"黑天鹅"事件和"灰犀牛"事件。"黑天鹅"事件是指极其罕见的、出乎人们意料的小概率、高风险事件;灰犀牛事件是指大概率(会发生)且影响巨大的潜在危机。后者是可以预测的,前者则具有不可预测性。无论如何,对此类事件的预警、防范,以及事件发生后的紧急处置和传播管理,都是对各国政府、各类相关机构的一个考验。

突发性事件可以具体分为以下几类:

1. 突发性的政治事件

突发性的政治事件是指民族或种族矛盾、意识形态分歧等引起的恶性事件。这类事件往往发生在国家或地区之间,具有广泛的波及面和巨大的国际影响。例如,世界上的一些多民族国家和地区常常因历史积怨发生暴力冲突,一些国家的种族歧视也曾引发大面积的骚乱,一些主要产油国更是政治事件的频发地。这类事件不仅会在短期内迅速蔓延,还会持续升级,演化为区域性战争。因此,这类事件发生后,当事者需要果断决策,采取应对措施,进行有效的传播管理,防止有害信息蔓延,否则后果不堪设想。

2. 突发性的军事事件

突发性的军事事件是指与武装力量、武装部队密切相关的军事上的重大事件,包括突发性的武装行动,军事摩擦以及重大武器、装备事故等,如叙利亚战争,巴以冲突,中印边境冲突,俄乌冲突以及美、英、法、俄等国核潜艇发生的"交通事故"等。军事事件虽然与政治事件紧密相连,是后者的"升级"形态,但是由于它涉及大量军队内部情况,包括作战部署、武器装备以及军事机密等,因而具有一定的特殊性。这类事件发生后,除了政府会发出外交照会,武装部队的代表(发言人)往往会统一向外发布信息。

3. 突发性的外交事件

突发性的外交事件是指国与国之间的外交争端。这种争端有可能由两国之间固有的矛盾引起,如 2005 年 2 月,日本岛根县议会通过了将 2 月 22 日定为"竹岛日"的条例,公开宣称对韩国实际控制的某岛屿拥有主权,从而引发了日韩建交 40 年来最严重的外交冲突;这种争端也有可能因一国采取不适当的外交政策损害到其他国家的利益而发生,如日本首相一再参拜靖国神社,引起了亚洲各国的不满和抗议;这种争端还有可能由彼此的猜疑、误解与偏见引起,如美国华裔一再被指从事间谍活动而遭监禁,引起了华人社会和中国政府的强烈不满。

4. 突发性的经济事件

突发性的经济事件是指经贸活动中发生的摩擦与纠纷,包括对出口产品的反倾销、反补贴,由贸易逆差引起的矛盾,由环保、技术标准设限引发的摩擦,知识产权纠纷,等等;出于某种目的对其他国家实施经济制裁也包括在内。例如,美国前总统特朗普于2018年3月23日突然宣布,将对中国价值高达500亿美元的商品征收惩罚性关税,这是现代历史上美国总统对中国开出的最大一笔贸易"罚单",同时也标志着特朗普政府酝酿已久的对华贸易战正式打响。中国商务部随即公布了相应对策。

5. 突发性的文化事件

突发性的文化事件主要是指由语言、文化、宗教信仰等方面的差异引起的矛盾与冲突。差异有可能促成互补,也有可能导致误解与偏见,后者就是这类事件产生的根源。例如,2005年5月9日,《新闻周刊》披露美军在关塔那摩基地为了迫使犯罪嫌疑人招供,将《古兰经》冲入抽水马桶的事件。此文刊发后在广大穆斯林中引起强烈的反美情绪,阿富汗、巴基斯坦等地接连爆发大规模示威活动抗议美军亵渎《古兰经》,活动中有多人死亡。事后,迫于美国政府和军方的强大压力,杂志做出"此文可能不属实"的声明并撤下原文。事件发生后,美国的穆斯林团体开始向当地民众免费派发《古兰经》,希望美国人了解伊斯兰教,消除宗教上的误解与偏见。

6. 突发性的灾难事件

突发性的灾难事件是指瞬间发生的、有可能造成重大人员伤亡和财产损失的恶性事件。这类事件或者由非人类所能控制的因素引起,如包括地震、海啸、飓风、泥石流等在内的自然灾害,或者由人类自身的行为引起,包括战争、恐怖袭击、重大安全事故等。这类事件一旦发生,短期内即可造成严重后果,如不能直面它,或因行动迟缓而贻误时机,当事国会遭受不可挽回的损失。因此,突发性灾难事件的事前预警(建立危机防范机制)和事发后的紧急处置及有效传播(建立危机应对和传播机制)是必不可少的。

以上只是根据受众研究的一般需要对"特殊情况"进行的大致分类,根据研究的具体需要,还可以对其进行更加细致的划分。

(二) 特殊情况下的受众特征

特殊情况与一般情况最大的不同,是具有时间上的特殊性——突然爆发,猝不及防,受众对信息的接收情况与常态下相比也会有很大的不同。了解这种不同,掌握特殊情况下受众信息接收的规律与特点,对于传播者来说十分必要。

特殊情况下的受众一般具有以下特征:

1. 态度形成的层次性

特殊情况或突发性事件发生后,根据受众与事件的相关程度,可以将受众分为三类:直接利益相关者、间接利益相关者和非利益相关者,由此形成三个不同的态度群。

直接利益相关者是事件的波及者,他们处在事件的中心区域,与事件有着直接的利害关系:或因此受益,或因此受害。一般来说,这类受众在事发之后往往会形成十分鲜明的态度倾向——坚决支持或者坚决反对,持中立态度者几乎没有。比如,环境污染事件发生后,污染源周围的受众便成为直接的利益相关者(受害者),由于利益受损,他们大都会向肇事者提出抗议,或诉诸法律,要求赔偿。有人即便没有采取直接的行动,也会明确表态,在舆论上予以支持。由于这类受众是事件的亲历者和受害人,其态度和行为的强度直接取决于事件本身的严重程度,因此,单纯通过传播手段试图改变其态度和行为是远远不够的,必须采取具体措施,切实有效地解决问题。

间接利益相关者是处在事件边缘区域的人。他们与事件本身虽然没有直接的关系,但是随着事态的发展,他们有可能受到波及或影响,成为实际的受害者。这一部分受众的人数多于直接利益相关者,加上那些出于各种原因对事件感兴趣、关注其发展、希望获得更多信息的人,数量就更多了。受固有观念的影响,他们对事件具有一定的态度倾向,但是由于利益的非直接相关性,尚未形成"顽固"的态度与行为。对于这一部分受众,信息传播仍然具有一定的效果。当然,这一部分受众不是事件的亲历者和当事人,对事件的了解并不全面,这时传播者就有必要及时、准确地发布信息,防止因信息缺失、信息误差而导致负面态度和行为的出现。

非利益相关者是处在事件外围的人,他们与事件既无直接、间接的关系,对事态发展也无特殊的兴趣。例如,阿拉伯世界中的温和派穆斯林,既不支持恐怖主义行为,也不支持一些国家在阿拉伯国家采取的军事干预行动。在策划传播活动时,传播者虽然不将这一部分受众列入重点影响的范畴,却不能忽视他们的存在。如果缺乏必要的考虑而在言辞或行动中有不恰当的表露,他们便会因受到冒犯而由非受众转变为现实受众。比如,将对阿拉伯国家中少数极端分子的抨击扩大到整个阿拉伯世界,必然会使传播者陷入被"群起而攻之"的境地。因此,对于传播者来说,如何使这一部分受众至少不会朝着相反的方向转变,是至关重要的。

2. 对信息的敏感性

与正常情况不同,在特殊情况下或非常时期,受众(特别是直接利益相关者)对信息的渴望和敏感程度要比平常高出许多倍。原因在于,突发性危机事件来临时,人们立刻就会陷入恐慌,对事件带来的后果产生深深的忧虑。这个时候,由于自己的生存环境和生命安全受到威胁,受众往往会主动、积极地寻求信息,以便做出正确的判断来规避风险。也就是说,此时人们对信息的需求已经超出一般意义上信息知晓的需要,而是出于自卫的本能。如果主渠道的信息满足不了他们的需要或者不足以令他们信服,他们就会转向非主流渠道,寻求补充性的信息,各种猜测和谣传也会随之而来。受当时情境的影响,人们的猜疑往往会朝着夸大或背离事实的方向发展,一旦这些猜疑得到某些传言的"印证",他们就会产生接受传言的倾向,并成为传言链条上的一个新环节。例如,2003年"非典"期间、2020年新冠肺炎疫情期间,由于主渠道最初信息不畅,各种传闻、小道消息甚至谣言不胫而走,一度形成了大面积传播。由此可见,乘危机之乱故意造谣生事者有之,却只是少数,绝大部分相信和传播谣言的人,之所以这样做是因为对信息过度渴望和过分敏感。针对危机期间公众信息敏感度增强的特点,传播者需要采取有效的策略——以大量信息满足公众的需求,以正面的、引导性的信息填充传播渠道,避免信息真空出现。主渠道的传播力度加强了,谣言自然也就失去了滋生的土壤。事实正是如此。例如,在"非典"后期的传播中,由于政府建立了疫情每日发布制度,媒体也对北京市的一些隔离区、定点医院进行了嵌入式采访,为市民提供了大量信息,满足了他们了解疫情的需要,各种谣传也就越来越少,不攻自破了。

3. 对权威信息的渴求

对权威信息的渴求,是所有传播活动中受众的共同心理,特殊情况下或非常时期尤其如此。危机发生初期,包括小道消息在内的各种信息会同时出现,鱼龙混杂,据此人们难以做出正确的判断,并采取相应的行动。所以,即便是出于求生或自卫的本能,人们此时也更加倾向于了解权威机构发布的信息。而在许多突发性的重大事件中,只有政府能够担当此任。政府是国家行政机关,是国家权力的执行机构,它拥有严密的层级管理网络,可以通过自己掌握、控制的信息渠道,获得有关事件的全面、准确的消息,而包括社会组织、个人在内的其他任何传播主体都不具备这个条件。在许多重大的危机事件中,政府是法定的传播主体,其发言权不仅由它的身份、地位所决定,也被以法规形式确定下来。例如,《中华人民共和国传染病防治法》(2020年版)第三十八条"国家建立传染病疫情信息公布制度"中规定:"国务院卫生行政部门定期公布全国传染病疫情信息。省、自治区、直辖市人民政府卫生行政部门定期公布本行政区域的传染病疫情信息。传染病暴发、流行时,国务院卫生行政部门负责向社会公布传染病疫情信息,并可以授权省、自治区、直辖市人民政府卫生行政部门向社会公布本行政区域的传染病疫情信息。公布传染病疫情信息应当及时、准确。"其他国家也有类似的规定。一些西方国家虽然提倡新闻自由,但在发生紧急情况时,媒体也需要在国家应急管理体系和应急反应框架下进行报道。在美国,特别是特朗普执政期间,他甚至抛开媒体,成为美国新冠肺炎疫情信息的唯一发布者。特朗普通过每日简报会和连续不断的推文发送,把美国新冠肺炎疫情的核心信息及其发布权牢牢掌握在自己手里,导致国内舆论的高度集中与垄断。从历史上看,美国总统拥有宪法规定的管理国家事务和发布行政命令的权力,且无须得到国会的批准;虽然宪法没有规定,但是从林肯政府开始,当美国进入紧急状态时,总统可以直接行使"紧急权力"——不经国会批准动用所有的行政权力。这也是特朗普能够绕开媒体和相关管理机构独自行使信息发布权力的根本原因。

既然政府是紧急状态下法律授权的发言人,其发言的及时性、准确性和科学性就非常重要。如果此时传播不力,该发言时不发言,出现信息真空或信息断档,甚至出现不实信息或真实信息被掩盖,各种谣言和小道消息便会流传开来,造成社会恐慌和骚乱,给政府扭转危机、稳定局势带来阻力,传播者的公信力也会大大降低。

(三) 特殊情况下的传播对策

因为特殊情况下的受众具有对信息敏感度高、对权威信息极度渴求等特征,所以传播者在面向这一部分受众进行传播时,就要做到及时传播、准确传播、权威性传播和针对性传播。

第一,及时传播。

所谓及时传播,就是第一时间传播(第一时间报告事件真相,表明自己的态度)。事实证明,第一时间传播不仅最为有效,也是成本最低的传播。因为它可以从源头上阻断小道消息和谣言的流传,最大限度地消除恐慌心理,将事件带来的负面影响控制在一定范围内,为处理和扭转危机赢得时间窗口。如果传播者未能在第一时间发布信息,那么,各种传闻和谣言便会成为"替代品",不利的态度和舆论很快就会出现,"刻板印象"也会形成,甚至还会出现一些不理智的行动。及至传播者反应过来,再为平息负面舆论、扭转"刻板印象"和改变对立行为进行"拨乱反正"时,需要付出的成本和代价就很高了。

第二,准确传播。

准确传播与及时传播相辅相成。及时不准确,无异于散播谣言,必然导致信任危机;准确不及时,等于为各种谣传开了方便之门,最终很可能使大局失控。从宏观上看,准确传播应当包括两方面的含义:一是事实的发布必须准确,即包括事件的起因、过程、受害者的具体情况、受损害的程度、死伤人数等在内的信息必须准确。事实、数据不准确或有意隐瞒事实真相,后果都将是严重的。二是受众的定位必须准确。也就是说,事件发生后,传播者应当对重点传播对象(目标受众)有一个准确定位和清晰判断,使信息能够直达。如果定位不准确或判断有误差,相关的传播努力就是无效的。

第三,权威性传播。

所谓权威性传播,是指传播主体必须具有权威性。突发性事件发生后,往往会出现来自不同渠道的信息和意见,而对于此事最具发言权和解释权的,当属负责处理危机事件的政府相关管理机构。具体来说,中央政府有权对涉及国家利益的重大事件发言,地方政府和专业、行业性的政府管理机构有权对所辖地域或领域中的重大事件发言，除此之外的其他任何组织和个人都不具有这样的权利。有关新冠肺炎疫情的信息不是由某家医院或某个媒体发布，而是由政府管理机构——各地疫情防控指挥部发布，就说明了这一点；飓风"卡特里娜"袭击美国的消息由新奥尔良市市政府和路易斯安那州州政府发布，也是同理。因此，作为重大危机事件的核心信息源，权威性的信息发布机构应当明确自己的职责，并按照新闻传播规律履行好职责。

第四，针对性传播。

特殊情况下的传播与正常情况下不同。后者不具有突发性，受众边界相对模糊，传播的针对性也不是那么强。特殊情况或危机事件中的传播，是以事件受害者为特定对象的传播，传播的目的是迅速扭转不利局面，消除危机带来的负面影响，因而具有很强的针对性。这种针对性具体表现在两个方面：第一，传播面对的受众是特定的，主要是危机事件中的受害者或当事人；第二，传播的目的是明确的——改变或扭转事件受害者对传播主体不利的态度与行为，消除不良影响，形成有利的舆论环境和工作氛围。鉴于危机传播针对性强的特点和要求，传播者在开展传播活动之前，需要就传播目的和实际步骤等进行必要的策划，并在传播过程中根据受众的反馈及时校正目标，以求达到最佳效果。

◆ 思考题

1. 国际传播受众的特点是什么？
2. 如何对国际传播受众进行分类？
3. 什么是重点受众、次重点受众和一般受众？
4. 什么是顺意受众、逆意受众和中立受众？
5. 什么是潜在受众、知晓受众和行动受众？
6. 大众传播学关于受众的理论有哪些？
7. 确定目标受众的原则是什么？
8. 如何针对目标受众展开传播活动？
9. 特殊情况下的受众有哪些特征？
10. 特殊情况下应当采取怎样的传播对策？

第九章　国际传播的效果

任何一个国家都希望准确获知其传播活动的效果，效果研究因此成为传播研究中一个非常重要的方面。事实上，如何就一国的国际传播活动进行效果测评，以据此调整传播策略与行为、取得更好的传播效果，始终是各国政府面临的一个现实问题。本章将从传播效果理论的引介入手，同时结合国际传播的特征、规律与要求，对国际传播效果的检测途径和方法进行介绍、分析。

第一节　传播效果理论介绍

所谓传播效果，是指传播者所传信息在受传者那里产生的有效结果。如同我们在第八章介绍受众理论时所指出的，西方传播学中的受众和效果理论始于"魔弹论"（突出大众传播的强大效果）。这种理论产生于20世纪二三十年代，后来逐渐被其他理论所取代。40年代至60年代，传播效果研究领域中占主导地位的理论是"有限效果论"，它在对"魔弹论"进行"纠偏"的同时，重点强调了大众传播影响力的有限性。70年代以后，学者们开始从宏观角度研究大众传播长期、潜在的效果，形成了一系列新的理论，包括"议程设置"理论、"沉默的螺旋"理论、"培养"理论、"知识沟"理论等。

一、"议程设置"理论

"议程设置"理论是由美国学者麦克斯韦尔·麦库姆斯(Maxwell McCombs)与唐纳德·肖(Donald Shaw)于1972年提出的。他们在当年第36期《舆论季刊》上发表的《大众传媒的议程设置功能》一文,阐述了1968年美国总统选举期间媒介报道对选民的影响,并且将"议程设置"作为一种理论假说提了出来。其基本思想是:媒介报道什么,受众便注意什么;媒介越重视什么,受众就越关心什么。换言之,媒介的议程不仅与受众的议程吻合,而且受众的议程就来自媒介的议程。① 该理论问世至今,一直受到学术界的重视,成为传播学效果研究中最具生命力的理论之一。

1976年,麦库姆斯与肖在春季号的《传播学刊》上发表了《构造"看不见的环境"》一文,进一步阐述了自己的观点。他们指出:"受众通过媒介不仅了解公众问题及其他事情,而且根据大众媒介对一个问题或论题的强调,学会应该对它予以怎样的重视。例如,在反映候选人在一次竞选运动中讲了些什么内容时,大众媒介显然决定了哪些是重要的问题。换句话说,大众媒介决定了竞选运动的议题,这种影响个人中间认知变化的能力是大众传播的效力最重要的方面之一。"②

"议程设置"理论引起了学术界的广泛关注,许多学者对此进行了阐述。施拉姆认为:"议程安排的理论是基于两个观点:第一,各种媒介是报道世界上的新闻的必不可少的把关人(它们对极为大量的消息不做严格的选择是不可能作新闻报道的);第二,人们经常感到需要复杂的政治世界为他们指出方向。这就是说,把关人帮助他们决定那些超出他们有限感受的哪些事件和哪些问题是值得关心和加以注意的。"德弗勒指出:"议程理论认为,新闻媒介提供给公众的不是世界的本来面目,而是新闻媒介的议程——是对世界上发生的事件有选择的报道。提出议程理论的人试图描述和解释:(1)消息是怎样选择、

---

① 参见李彬主编:《大众传播学》,中央广播电视大学出版社2000年版,第250页。
② 〔英〕丹尼斯·麦奎尔、〔瑞典〕斯文·温德尔:《大众传播模式论》,祝建华、武伟译,上海译文出版社1997年版,第84—85页。

编辑和提供的——即所谓的'把关'过程;(2)产生议程;(3)这一议程对公众的影响(研究人们对新闻媒介报道的问题的重要性的看法)。"①

1996年,麦库姆斯发表了题为《制造舆论:新闻媒介的议题设置作用》的论文,公布了他对该理论的最新研究成果。他认为,新闻媒介对社会发展的影响是多方面的,为了实现这些影响,媒介通过四种形式来设置社会议程:专业的不偏不倚、有目标运作、吹捧宣传、公众新闻。②

"议程设置"理论之所以在几十年的时间里得到人们的赞同,关键在于它对大众传媒的效果做了比较适中、准确的定位。它既不像"魔弹论"那样强烈,也不像"有限效果论"那样微弱,而是客观、平和地描述了大众传播媒介对社会的影响。

二、"沉默的螺旋"理论

1974年,德国社会学家伊丽莎白·内尔-纽曼(Elisabeth Noelle-Neumann)在《传播杂志》上发表了《沉默的螺旋——一种舆论理论》一文,提出了"沉默的螺旋"(Spiral of Silence)理论。该理论将一种普遍的心理规律运用到媒介效果的分析中,提供了一个有效的解释途径,并且与现实有着相当的吻合度,因此很快得到传播学界的重视与认可。

概括地说,"沉默的螺旋"理论由以下三个命题构成③:

第一,个人意见的表明是一个社会心理过程。人作为一种社会动物,总是力图从周围的环境中寻求支持,避免陷入孤立状态,这是人的"社会天性"。为了防止因孤立而受到社会惩罚,个人在表明自己的观点之际首先要对周围的意见环境进行观察。当发现自己属于"多数"或"优势"意见时,他们便更加倾向于积极大胆地表明自己的观点;当发觉自己属于"少数"或"劣势"意见时,一般人就会趋于环境压力而转向"沉默"或附和。

---

① 转引自李彬主编:《大众传播学》,中央广播电视大学出版社2000年版,第252—253页。
② 参见〔美〕麦斯韦尔·麦考姆斯:《制造舆论:新闻媒介的议题设置作用》,顾晓方译,《国际新闻界》1997年第5期,第63—64页。
③ 参见吴文虎主编:《传播学概论》,武汉大学出版社2000年版,第278页。

第二,意见的表明和"沉默"的扩散是一个螺旋式的社会传播过程。也就是说,一方的"沉默"造成另一方意见的增势,使"优势"意见显得更加强大,这种强大反过来又迫使更多的持不同意见者转向"沉默"。如此循环,便形成了一个"一方越来越大声疾呼,而另一方越来越沉默下去的螺旋式过程"。内尔-纽曼认为,任何"多数意见"、舆论乃至流行趋势或时尚的形成,其背后都存在着"沉默的螺旋"机制,社会生活中的"舆论一边倒"或"关键时刻的雪崩现象",正是这一机制起作用的结果。

第三,大众传播媒介通过营造"意见环境"来影响和制约舆论。根据内尔-纽曼的观点,舆论的形成不是社会公众"理性讨论"的结果,而是"意见环境"的压力作用于人们惧怕孤立的心理,强制人们对"优势意见"采取趋同行动这一非合理过程的产物。内尔-纽曼认为,在现代信息社会,传播媒介对"意见环境"的影响表现在三个方面:(1)多数媒体的报道内容具有高度的类似性(产生"共鸣效果");(2)同类信息的传达活动在时间上具有持续性和重复性(产生"积累效果");(3)媒介信息的抵达范围具有空前的广泛性(产生"遍在效果")。

这样,内尔-纽曼通过"沉默的螺旋"理论,重新提出了一种"强有力"的大众传播观。这种传播观包括以下要点:(1)舆论的形成是大众传播、人际传播和人们对"意见环境"的认知心理三者相互作用的结果;(2)经大众传媒强调提示的意见由于具有公开性和传播的广泛性,容易被当作"多数"或"优势"意见认知;(3)这种环境认知带来的压力或安全感,会引起人际接触中的"劣势意见的沉默"和"优势意见的大声疾呼"的螺旋式扩展过程,并导致社会生活中占压倒优势的"多数意见"——舆论的诞生。

三、"培养"理论

"培养"理论也称"培养分析"(Cultivation Analysis)或"教化分析""涵化分析"理论。[①] 它的基本观点是,社会要作为一个统一的整体存在和发展下

[①] 参见郭庆光:《传播学教程(第二版)》,中国人民大学出版社2011年版,第204页。

去,就需要社会成员对该社会有一种"共识",也就是对客观存在的事物以及各种事物、各个部分的相互关系有大体一致或接近的认识。只有在这个基础上,人们的认识、判断和行为才会有共通的基准,社会才能协调发展。而提供这种"共识"是社会传播的一项重要任务。在传统社会,这一任务主要由教育和宗教机构承担;在现代社会,这成为大众传播的一项主要任务。

"培养"理论的研究起始于20世纪60年代后期。当时,美国社会的暴力和犯罪问题十分严重,美国政府为此成立了一个"暴力起因与防范委员会",专门研究解决这些问题的对策。美国学者乔治·格伯纳(George Gerbner)主持的"培养分析"研究,就是在该委员会的支持和赞助下进行的。"培养分析"最初的着眼点有两个:一是分析电视画面上的凶杀、暴力内容与社会犯罪之间的关系,二是考察这些内容对人们认识社会现实的影响。关于第一个着眼点,格伯纳等人除了在一些事例研究中发现电视暴力内容对青少年犯罪具有"诱发效果"(Trigger Effect)之外,整体上没有发现两者之间的必然联系。而关于第二个着眼点,他们的研究却得出了一个重要结论:电视节目中充斥的暴力内容提升了人们眼中的现实社会的危险程度(遭遇犯罪和暴力侵害的概率),而且,电视媒介接触量越大的人,这种社会不安全感就越强。

基于一系列调查和分析的结果,格伯纳等人认为,在现代社会中,传播媒介提示的"象征性现实",对人们认识和理解现实世界产生着巨大的影响。特别是"描述现实生活"的电视剧中包含着大量的虚构因素,一般受众很难将它们与现实生活区别开来。格伯纳等人对"黄金时间"电视剧进行的内容分析表明,美国电视剧出场人物中男女比例为3∶1,在社会总人口中仅占1%的律师、法官和警察却占了20%。一般受众不可能对诸如此类的人物设置做出明确的判断,而这种设置却在很大程度上影响着人们的社会现实观。格伯纳还认为,这种影响不是短期的,而是一个长期的、潜移默化的"培养"的过程。在这个意义上,格伯纳等人将这一研究称为"培养分析"。

四、"知识沟"理论

1970年,美国传播学者菲利普·蒂奇诺(Phillip Tichenor)等人发表了《大众传播流动和知识差别的增长》一文,提出了有名的知识沟假说。这个假说指出,随着大众传媒向社会传播的信息日益增多,社会上经济状况较好的人将比经济状况较差的人以更快的速度获取这类信息。因此,这两类人之间的知识沟将呈扩大而非缩小之势。[1] 这就是"知识沟"理论。

蒂奇诺等人认为,知识沟的存在有五个方面的原因:

(1) 社会经济状况较好的人和社会经济状况较差的人在传播技能上是有区别的,他们的文化程度通常存在差异,而人们基本的信息处理工作,如阅读、理解、记忆等均依靠教育打下基础。

(2) 在现在掌握的信息数量或先前获得的背景知识等方面,人们之间也存在差异。社会经济状况较好的人基于其所受的教育,可能对某个问题早有了解,或者可能通过以往的媒介接触对此有更深入的了解。

(3) 社会经济状况较好的人可能有更多的相关社会联系。也就是说,这类人可能与同样了解公共事务和科技新闻的人有交往,并且有可能与他们就此类问题展开过讨论。

(4) 选择性接触、接受和记忆的机制也可能在发挥作用。社会经济状况较差的人可能找不到与他们的价值观和态度相协调的涉及公共事务或科技新闻的信息,于是他们就有可能对此类信息兴味索然。

(5) 大众媒介系统自身的本性决定了它就是为较高社会阶层的人使用的。印刷媒介上的许多公共事务和科技新闻以及印刷媒介本身,就是以较高社会阶层的人及其兴趣和口味为取向的,一切均唯他们马首是瞻。[2]

"知识沟"理论提出了一个与一般看法不同的命题:信息的无限增加并不能带来社会信息享有权的均衡,其结果只能是有信息特权者获得的信息比没有信息特权者获得的更多,而且越来越多,因此两者之间的差距不断拉大。这就像社会经济资源分配领域中常说的"富的越富,穷的越穷"。

传播学中关于传播效果的理论还有其他一些,在此不一一列举。

以上学者关于大众传播效果的解读与分析,为我们解读、分析国际传播效果提供了理论依据。

---

[1] 参见吴文虎主编:《传播学概论》,武汉大学出版社2000年版,第289页。
[2] 参见李彬主编:《大众传播学》,中央广播电视大学出版社2000年版,第260页。

第二节　国际传播效果分类

传播学者对传播效果的分类有多种,包括时间上的分类(分为短期效果和长期效果)、性质上的分类(分为正面效果和负面效果)、与传播者意图关联度的分类(分为预期效果和非预期效果)等。鉴于国际传播的特殊性——它是一种跨越国界的、在国际层面上展开的传播活动,受时间因素制约比较明显,在此主要采取时间分类法,将国际传播效果分为两类:短期效果和长期效果。

一、短期效果

所谓短期效果,是指在短时间内发生的重大事件中传播活动所产生的效果。

由于这类事件具有突发性,并且在短时间内就能产生结果,因而受众在获得相关信息(或宣传性内容)之后的态度和行为往往是直接的、显在的。何况国际传播是以国家为主体的传播,与国家利益相关的重大事件发生后,政府的表态本身就是传播效果的集中体现。例如,2022年俄乌冲突爆发后,国际社会如何看待和评价此事,哪些国家支持俄罗斯,哪些国家支持乌克兰,哪些国家保持中立,其态度和立场是一目了然的。当然,政府的态度不一定是民众的态度,如果传播主体国想要具体了解各国民众对此的支持率或反对率,仍然可以通过适用于一国范围内的调查方法取得相关数据。

在突发性的重大事件中,传播效果不仅是可测的,基本上也是可控的。原因在于,其一,突发性事件,尤其是与民众利益密切相关的事件发生后,出于自卫的本能和规避风险的需要,民众大都倾向于接收并相信权威信息源(政府)发布的信息。此时政府及时、准确的信息发布,有助于帮助民众形成正确的认知与判断,并产生相期的(有利于解决问题的)态度与行为。其二,国际传播本身就是政府主导下的传播,无论是何种社会制度的国家,无论国内媒体的言论如何多样化,其对外发言的口径大都是一致的。

对于传播者来说,突发事件中传播效果可控固然好,但是它需要一定的条件,就是及时、准确地发布信息。也就是说,只有在及时、准确地发布信息的情况下,传播效果才是可控的。

一般来说,突发性事件发生后,人们会因情况不明而陷入恐惧与慌乱,各种猜测会随之产生,各种心理和行为倾向也在酝酿之中。这时人们只是根据自己的处境感知事件,未必了解事件全貌;即便是专业化的新闻机构,由于存在种种局限性,其发布的信息也很有可能是不全面或是有偏差的(媒体信息的多样化还有可能给公众的认知造成干扰)。也就是说,上述信息源发出的信息都不具有权威性,甚至可以说,它们发出的信息越多,对于社会公众形成正确认知和准确判断的干扰也就越大。国际传播尤其如此。为了避免这种干扰,作为权威信息源的政府,就需要在尽可能短的时间内迅速填补信息真空,以真实、准确、全面的信息发布影响受众,使他们产生相应的态度与行为。如果此时政府不能及时传播信息,干扰性的信息源就会充斥信息空间,受众也会因此产生偏激的态度或极端的行为,传播过程和结果就会出现不可控性。正因为如此,各国政府非常重视危机管理体系的建设,从机制上保证危机传播的有效进行。

因此可以说,突发性事件中的传播,是在应急机制框架下进行的、以政府为主导的、有控制的传播,其效果是直接的、可测的、可控的。

二、长期效果

所谓长期效果,是指传播主体就某一主题或某项事业所进行的长期传播产生的积累效果。

与突发性事件中的传播收立竿见影之效不同,围绕某一主题或某项事业展开的传播活动是一个长期的过程,基于不同的目标设定,这个过程可能持续一个月、一年,也可能是几年、十几年,甚至几十年。中国政府设定的"让世界了解中国"的目标,就从改革开放之初一直延续至今,历经几十年。在此过程中,主体国自身会发生变化,受众对主体国的关注程度也会发生变化。比如,改革开放初期,国外受众想对中国有所了解大都出于好奇心。随着中国经济的持续增长,他们产生了进一步了解的愿望,甚至希望成为直接的利益相关者，来华投资、旅游、居住；随着中国经济的快速增长以及在世界经济各项指标中排位的不断攀升，"中国威胁论"像病毒一样四处蔓延，一些国家开始改变对华态度和涉华话语；等等。为了适应这种变化，传播主体国需要对自己的传播策略做出调整，以便更加接近预设目标，这也使得整个传播过程呈现出阶段性的特征。

既然围绕某一主题或某项事业开展的传播活动是一个长期的过程，并且需要进行阶段性调整，其效果就只能是渐进的、积累的，而不像突发性事件那样通过一两次政府表态就可以获得。

长期传播的效果虽然不像危机事件中的传播效果那么直接、明显，容易测量，但它并不是不可测量的。从整体上看，长期传播效果可以通过以下途径测量：

（一）对象国的政府态度

在国际传播中，传播对象国政府态度的转变，是检验传播效果的一个重要依据。

就传播主体国而言，国际传播是由政府主导的传播；就传播对象国而言，国际传播是政府控制下的传播——政府对入境信息进行把关、筛选，然后借助国内主流媒体及其新媒体平台将信息（及倾向性意见）传递给国内受众，国内受众则"照单全收"，无选择地接收（受）主流媒体的信息及影响。由此可见，在主体国面向对象国的传播链条上，政府是最为重要的一环，它决定着国内媒体以何种态度、何种方式实施报道，也决定着国内受众能够接收到哪些信息，受到什么样的影响。因此，从某种意义上说，国际传播主要是面向对象国政府的传播，而政府态度的转变自然也就成为国际传播效果的一项检测标准。

国际传播（尤其是长期的国际传播）能够对政府态度产生影响，这是毋庸置疑的。然而，对象国政府的态度是否会转变并非仅仅取决于信息传播，还有赖于一个重要条件，就是两国关系的基本状态。当两国处于全面的敌对状态时，彼此之间大都进行信息封锁，不允许对方信息进入。在这种情况下，任何试图影响对方的信息传播活动都是徒劳无益的，因此也就谈不上什么效果。只有在两国处于非敌对状态，但彼此了解尚不深入，误解和猜疑也普遍存在的情况下,为改变这种状态而持续展开的信息传播活动才是有益有效的。

了解政府态度的转变(或传播效果)可以从对两国关系(或多边关系)的考察入手,包括:考察对象国政府首脑对主体国的言辞与评价是否有所改变;是否产生了与主体国进一步交往的愿望;两国关系是否取得了突破性的进展,比如建立外交关系、建立战略合作伙伴关系,是否互为友好国家或友好城市;两国之间的经贸合作是否进一步加强、贸易额是否有所增长;等等。根据这些变化,传播主体国即可对一段时间内的传播效果进行检验与评估,并在此基础上制定或调整下一步的传播策略。

(二)对象国的媒体言论

如前所述,对象国主流媒体有关传播主体国的报道及言论,在很大程度上反映了政府的态度(同时影响民众的态度),或者说,它是对象国政府与民众态度和意向的集中体现。既然如此,对主流媒体的相关内容进行考察,确定相关报道占报道总量的百分比,分析相关报道的篇幅、位置、倾向性及其编辑手段等,同样可以达到检测效果的目的。

但是,这种手段的运用是有条件的。

其一,样本不能太少。在国际传播中,各个国家的主流媒体固然受控于政府,反映政府(和民众)的态度,但同时它们还有着不同党派、教派、利益集团的背景,代表或反映这些团体的利益。因此,虽然同为主流媒体,但它们对具体问题的看法与评价常常不尽相同。出于某种利益诉求,它们中的一些对传播主体国的态度可能偏于强硬,另一些可能偏于温和,还有一些可能随着利益关系的调整而处在变化中。主流媒体并非"一律",基于对一两家媒体的内容分析就对传播效果轻下结论的做法是不科学的;出于某种需要对号入座地寻找某个媒体的言论用以佐证的做法,更是不足取的。为了避免这类问题的出现,有必要将多个不同背景的主流媒体综合起来进行考察,或者以一两个媒体为主,兼顾其他媒体的情况,通过全面的内容分析,获得对象国对主体国整体性的认知与评价。

其二,时间不能太短。国际传播,尤其是围绕某个主题或某项事业(比如树立或改善国家形象)进行的传播,是一个长期的过程,效果是累积的,不可能一蹴而就。相应地，针对这类传播活动所进行的效果考察（媒体内容分析）就不能被限定在较短的时间内，否则样本分析很可能因某些临时性或即发性因素的影响而有失准确。比如，在样本选择周期内恰好出现一件与主体国有关又涉及对象国的事件（如主体国公民在对象国触犯了法律或者主体国举办了一项重大的国际赛事引发了广泛关注），对象国受众的态度很可能在短期内发生波动：比平常更加对立或者比平常更加友好。而当事件平息之后，这种情绪上的波动或许很快就会消失，态度也会归于平稳。如果调查者对此缺乏清醒的认识，依然将短期内媒体的报道与评价作为检测长期效果的依据，所得出的结论必然是偏颇的和有误差的。因此，要想获得对于传播效果的准确认知，就需要对媒体进行长时期的跟踪分析，通过阶段性的调查比较，得出科学的结论。

（三）对象国的受众反应

这里的"受众"特指普通民众，他们对于传播主体国所传信息的反映和评价，也可以作为效果检测的参考依据。了解受众反应（或反馈），通常采用社会调查的方法。社会调查方法有多种，包括社会学观察法、典型调查法、统计调查法等。一般来说，范围比较大、涉及人数比较多的调查，可以采用统计调查中的抽样调查法，即选取可以代表受众总体的样本进行测定，据此推断总体的方法。比如，传播主体国要想就某一主题（如两国关系是否得到改善）在对象国进行受众调查，就需按照抽样设计要求选取一定数量的样本，在调查的基础上进行统计分析，得出宏观性的结论。调查者还可以就此主题进行持续若干年的调查，通过逐年的对比分析，对传播效果做出准确、客观的评估与判断。

但是，由于在对象国进行的受众调查是跨地域、远距离的调查，无论费用还是操作难度都远远高于国内调查；至于一国对多国或一国在国际范围内进行受众调查，难度就更大了。一方面，调查的成本比较高；另一方面，由于种种局限，样本的选择和调查的实施不一定能够达到预期的要求，而在此基础上进行的统计分析、做出的结论可信度如何，就值得思考了。因此，在国际传播中，受众调查法不宜作为单一的效果检测方法使用，而需要与其他方法相配合。

第三节 国际传播与国家软实力

为什么在此提出"国家软实力"的概念？它与国际传播效果有什么关系？

我们知道，国家软实力是国家综合实力的重要组成部分，其核心是国家影响力，而国家影响力的提升离不开国际传播，这就使国际传播与国家软实力之间具有了某种因果关系。虽然国际传播效果还受其他一些因素（如硬件条件）的制约，但是国际传播对国家软实力的影响是显而易见的。既然可以将国家软实力的提升看作国际传播的结果，那么国家软实力的大小同样可以成为检测国际传播效果的一个综合性指标。

一、软实力的界定

"软实力"（Soft Power）的概念是由美国哈佛大学教授约瑟夫·奈（Joseph Nye）提出来的。1990年，他分别在《政治学季刊》和《外交政策》杂志上发表了《变化中的世界力量的本质》和《软实力》等一系列论文，并在此基础上出版了《美国定能领导世界吗》一书，提出了"软实力"的概念。[①] 约瑟夫·奈指出，一个国家的综合国力既包括由经济、科技、军事实力等表现出来的"硬实力"，也包括以文化和意识形态吸引力体现出来的"软实力"。"……硬实力和软实力依然重要，但是在信息时代，软实力正变得比以往更为突出。"[②] 约瑟夫·奈之所以提出"软实力"的概念，主要是针对20世纪80年代美国历史学家保罗·肯尼迪（Paul Kennedy）在美国学术界关于美国国力是否衰落的大辩论中提出的"衰落论"的观点。在约瑟夫·奈看来，美国的力量并没有衰落，而是其本质和构成正在发生变化。他对美国的软、硬实力进行了划分，指出美国在当今世界上不仅拥有经济和军事等"硬实力"优势，还拥有文化、价值观和国民凝聚力等"软实力"优势。"硬实力"是通过经济"胡萝卜"或军事"大棒"利

[①] 参见〔美〕约瑟夫·奈：《美国定能领导世界吗》，何小东等译，军事译文出版社1992年版，第25页。

[②] 同上。

诱、威胁别人去干他们不想干的事情;"软实力"是通过精神和道德力量影响、说服别人相信并同意某些行为准则、价值观念和制度安排,以产生美国所希望的过程和结果。据此他认为,所有国家,包括美国在内,都要学会通过新的力量源泉来实现自己的目标。也正是出于这个考虑,约瑟夫·奈对当时美国政府的对外政策进行了批评,认为美国不顾国际社会的压力发动伊拉克战争,损害了自己的软实力。

20世纪末期,随着我国国民经济的快速增长以及国际地位的不断提高,"软实力"理论在我国逐渐受到重视,不同学科领域中的专家、学者纷纷围绕这一问题展开研究,并且提出了更多、更新的见解。例如,有学者指出:"在实际的竞争过程中,两种实力缺一不可。……一方面,硬实力是软实力背后的支撑力量,有了强大的硬实力作为物质后盾,软实力才有可能得到迅速提升,这样,硬实力就可以转化为软实力。……另一方面,软实力也会对硬实力产生直接的影响。软实力并不是硬实力的直接体现,硬实力强大决不意味着软实力也就自然而然地强大。"[1]还有学者指出:"'软权力'的力量来自其扩散性,只有当一种文化广泛传播时,'软权力'才会产生越来越强大的力量。"[2]

如同学者们指出的那样,国家硬实力增强,并不意味着软实力自然而然就会强大,事实上,软实力的强大有赖于"扩散"和"广泛传播",只有当自己的文化与价值观念在国际社会广为流行并得到普遍认同时,软实力才算是真正提升了,而这正是国际传播的重要职责。目前,中国在硬实力方面与发达国家的距离正在逐步缩小,有些领域已经实现了弯道超车,而在传播力和国际影响力(软实力)方面的差距仍然存在,这已经成为我国在全球化格局中进一步发展的一大制约因素。习近平总书记在党的二十大报告中对"增强中华文明传播力影响力"作出重要部署,强调"坚守中华文化立场,提炼展示中华文明的精神标识和文化精髓,加快构建中国话语和中国叙事体系,讲好中国故事、传播好中国声音,展现可信、可爱、可敬的中国形象"[3]。在这方面,国际传播

---

[1] 黄牧怡:《关于"软实力"的哲学思考》,《唯实》2004年第12期,第15页。
[2] 王沪宁:《作为国家实力的文化:软权力》,《复旦学报(社会科学版)》1993年第3期,第96页。
[3] 《党的二十大报告学习辅导百问》,学习出版社、党建读物出版社2022年版,第34—35页。

责无旁贷。

在软实力的概念得到普遍认可之后,以美国为代表的西方国家又针对中俄炮制出"锐实力"的概念。2017年11月,美国《外交事务》杂志刊发了《锐实力的意义:威权国家如何投射影响力》一文,"锐实力"首次被正式提出并使用。其间,一些西方知名研究机构和权威媒体,以及约瑟夫·奈等专家学者先后发表数篇论文与研究报告,集中对"锐实力"进行了界定与阐释。在西方语境下,作为一种所谓的国家力量新形态,"锐实力"主要具有以下三方面的特征:推行主体是"威权国家";在权力行使过程中,以"对外审查、操纵和干扰"为主要形式;塑造价值观和制度认同是"锐实力"的基本目标和意图。显而易见,"锐实力"是为了配合新一轮"中国威胁论"量身定做的说辞,也是带有明显的西方价值判断与意识形态色彩的概念。西方国家的一些势力借用这一概念对近年中国在维护现有国际秩序、提升国家形象与国际影响力等方面所做的努力进行污名化指责,导致西方社会对中国的战略疑虑不断强化,这是需要我们认真研究并积极应对的。当然,这并不影响我们对于国际上普遍认可的软实力概念的使用与分析。

二、软实力的基本要素

软实力的内涵是什么,包括哪些方面的内容?国内外学者对此看法不一。参考各家之言,我们将软实力的基本要素归纳如下:

(一)文化影响力

文化影响力是国家软实力的重要体现。文化是一个范围很广的概念,举凡宗教、语言、教育、生活方式、民俗习惯、服装、饮食等都可以纳入文化的范畴。对于民族国家来说,文化既是独特的,也具有共性和普遍性。如果一个国家的文化能够对其他国家产生吸引力,得到普遍认同,甚至被吸纳、融合到其他国家的文化中去,这个国家与其他国家之间就会少几分敌意,多几分理解。

文化的传播与扩散,有赖于大众传播媒体和各种新媒体平台。媒体不仅是文化传播的渠道,它本身也是文化的一个重要组成部分。在向世界传播主体国文化理念和精神内涵的同时,它也将物质产品(如书籍、影视作品以及各种培训项目等)行销世界各地,为传播主体国带来巨大的经济效益,对于主体国经济的发展和国力的进一步增强产生推动作用。约瑟夫·奈在《软力量——世界政坛成功之道》一书中,就对包括媒体产业在内的美国文化、教育资源的拥有情况进行了描述,以说明美国的"软实力"仍然强大:世界排名前10的商学院均来自美国;美国吸引的外国移民世界第一;美国是电影和电视节目的第一出口国;全球留学生的28%在美国;书籍出版数量最多;音乐唱片销售量最大;互联网主机最多;物理、化学和经济学诺贝尔奖得主最多;发表的科学期刊文章最多。①

(二) 意识形态影响力

所谓意识形态影响力主要是指一个国家的政治理念、发展模式、体制机制等对其他国家或国际社会的影响。这方面的影响力可以通过具有一定国际认同度的"共识"或"模式"体现出来。例如,冷战结束前后,以华盛顿为总部的国际货币基金组织、世界银行等国际金融机构向许多发展中国家及经济转型国家提出一套经济改革政策,包括三大内容:财政紧缩、私有化、自由市场和自由贸易。该政策得到美国财政部和华尔街的大力支持,于20世纪80年代末期首先在拉丁美洲推广,继而成为90年代对发展中国家产生重大影响的经济发展模式。这就是被金融大亨乔治·索罗斯(George Soros)称为"市场原教旨主义"的"华盛顿共识"。进入21世纪以后,由于"共识"最初试验区内的一些国家经济上问题频发,加之世界范围内"反全球化"运动的影响,"华盛顿共识"逐渐走入死胡同。与此同时,一些西方学者注意到日渐显露生机的中国经济发展模式,对应性地提出了"北京共识"。2004年5月,英国外交政策研究中心发表了美国高盛公司高级顾问乔舒亚·库珀·雷默(Joshua Cooper Ramo)题为《北京共识》的研究报告。报告对二十多年来中国经济改革的过程进行了全面的思考与分析,指出中国的经济发展模式不仅适合中国,也适合追求经济增长和人民生活改善的发展中国家。这之后,美国、英国、墨西哥等国

---

① 参见〔美〕约瑟夫·奈:《软力量——世界政坛成功之道》,吴晓辉、钱程译,东方出版社2005年版,第36页。

的一些媒体相继对"中国模式"和"北京共识"进行了积极的评价。① 这就使中国和平发展的政治理念以及自主创新、循序渐进的发展模式在世界范围内产生了影响。而"中国模式""北京共识"本身就具有鲜明的意识形态属性和价值取向。

（三）制度安排上的影响力

所谓制度安排上的影响力，是指对制定国际规则、建立国际秩序具有主导作用的软力量。在这方面，欧美等发达国家长期居于强势地位。它们可以出面建立一个国际组织或确立一种国际规则，也可以在国际会议中利用自己的实力和策略取得"议程设置"的权力，并从中获益。例如，19世纪的英国依靠强大的海军力量确立了国际海洋法中的"公海航行自由"规则，20世纪的美国主导建立了联合国、国际货币基金组织、世界银行等，并且一直在其中发挥重要作用。而在这些方面，广大发展中国家始终处于弱势地位。目前，在经济全球化带来的新的形势面前，包括世界贸易组织、亚太经合组织在内的许多国际性组织都在构建和修改未来发展的规则与要求，联合国本身也提出了改革方案，面临着制度的重新安排。在这种情况下，"制度影响力"就显得十分重要。为了使自己的利益能够在未来的国际规制中体现出来，一些国家通过各种途径和方法游说国际组织，对国际舆论施加影响。例如，由德国、巴西、日本和印度组成的"四国联盟"提出安理会扩大方案，发起争当安理会常任理事国的行动，并且在世界范围内广为呼吁、宣传，争取各方面的支持。日本外务省曾向各驻外使领馆发出指示，要求采取积极的舆论攻势，驳斥外国媒体不利于日本的报道。除此之外，其他一些国家也就安理会改革提出了自己的要求。这些国家的诉求能否实现，一方面取决于其政治、经济方面的"硬实力"，另一方面取决于它们对于国际社会的影响力与感召力。

（四）外交影响力

外交影响力是国家软实力的重要组成部分，它具体表现为外交上的斡旋

---

① 参见杨桃源：《中国提升软实力："北京共识"取代华盛顿共识》，2004年4月13日，https://news.sohu.com/2004/06/13/03/news220510354.shtml，2023年3月5日访问。

能力、协调能力、维护国家和地区利益的能力、对国际社会的号召力等。外交影响力的提高,一方面有赖于国力的支撑,有赖于扎扎实实的外交工作;另一方面离不开长期有效的国际传播。只有通过大众传媒将国家的外交理念和外交政策传播出去,让世人了解并获得广泛认同,一个国家才能在国际事务的协调与处理中享有话语权,处于主动和主导地位。因此可以说,一个国家在国际社会中的声音越大,它的影响力和号召力也就越大;而一国的影响力和号召力越大,它的声音才会更多地受到注意和重视,进而产生更大的影响力。在很长一段历史时期内,外交领域一直由西方大国主宰,它们利用国力和传播上的强势,将本国的外交理念和政策强加于他国,决定着外交事务中的"议程"。而在这方面,包括中国在内的发展中国家一直处于弱势。近年来,随着中国经济的持续发展和传播力的不断增强,我们开始在国际舞台上发出自己的声音,将中国维护世界和平、促进共同发展、致力于推动构建人类命运共同体的外交政策和理念,坚持对外开放的基本国策和互利共赢的目标宗旨,以及推动全球治理朝着更加公正合理的方向发展的主张向国际社会广为传播,同时在一系列重大国际事件中公开表明自己的态度、立场,从而使我国的外交影响力不断扩大。

三、软实力的测量

如前所述,软实力的大小可以作为检测国际传播效果的一个综合性指标。

应当指出的是,软实力与硬实力不同。作为一种物质力量,硬实力(经济力量、军事实力等)的大小、强弱可以通过量化的方法和具体的统计数据测定;而作为一种非物质的、抽象的、无形的力量,软实力很难用量化的方法进行准确的测量(尽管约瑟夫·奈在这方面进行了许多尝试)。

为了使软实力这个抽象的概念具象化,我们在此将软实力的基本要素作为测量的参考依据,从文化影响力、意识形态影响力、制度安排上的影响力以及外交影响力四个方面进行效果测量。

(一) 文化影响力的测量

一般来说,资源是权力或影响力形成的基础,一个国家拥有的资源越多,它在国际事务中拥有的权力(包括话语权)也就越大。正因为如此,学者和政治家常常根据国家拥有资源的情况,来衡量国家所拥有的权力和影响力的大小。约瑟夫·奈采取的就是这样的方法。他将国家权力资源中的相关部分抽取出来,构成软实力指标体系,并对其进行量化分析。他所列举的可以量化的美国软实力资源包括:美国吸引的外国移民的人数,美国出口的电影和电视产品的数量,在美国就读的外国留学生的数量,美国教育机构中外国学者的数量,美国出版书籍的数量,美国电脑网站的数量,获得物理学、化学和经济学诺贝尔奖的美国人的数量,美国人发表的科技论文数量等。他还通过几组统计数据来衡量美国的软实力,这些数据包括:2002年世界上43个国家对美国科技水平、音乐、电影、电视、民主思想、做事方式、理念与习惯等的评价,1982—2003年西欧主要国家对美国有好感的人在当地人口中的比例等。借助约瑟夫·奈的软实力资源量化分析方法,可以对一国的文化影响力(在综合指标中的排序)进行测评。[①]

（二）意识形态影响力的测量

如同前文提到的,一个国家的意识形态影响力可以通过这个国家的政治理念、发展模式、体制机制等在世界范围内引起关注和重视的程度体现出来。如果一个国家的政治理念、发展模式、体制机制等未能引起其他国家的关注与重视,那么这个国家的意识形态影响力就较弱;如果一个国家在上述方面得到普遍关注与重视,那么这个国家的意识形态影响力就较强;如果一个国家在上述方面由不被重视转为受到重视,那么这个国家的意识形态影响力就处于提升的过程中。中国就是如此。如前所述,在改革开放后的一段时间里,中国的改革方案和模式曾经受到西方国家的怀疑和指责,经过多年持续稳定的发展,它的成效和特色才被广泛注意到。一时间,美国以及欧洲国家各类智库、研究所、非政府组织和大学纷纷成立中国问题研究机构,美国众议院和参议院也分别于2005年和2006年成立了"中国小组"。世界头号强国将中国视为对手并将其列入重要的研究议题,说明中国的意识形态影响力与前相比有了较大的

---

① 参见 Joseph S. Nye, "The Rise and Fall of American Hegemony from Wilson to Trump," *International Affairs*, 2019, Vol. 95, No. 1, pp.63–80。

提升。近年来,美国将中国视为战略竞争者,对华政策也一步步强硬起来。这也在一定程度上说明,中国的意识形态影响力让美国感到了"威胁"。

(三) 制度安排上影响力的测量

一个国家在制度安排上的影响力,可以通过它在制定国际规则、建立国际秩序中所起的作用体现出来。如果一个国家在国际规则和国际秩序的建立方面拥有话语权,起主导和支配作用,那么这个国家在制度安排上的影响力就较大;反之,如果一个国家在这方面没有发言权,处于从属或边缘地位,那么这个国家在制度安排上的影响力就较小。长期以来,国际制度的创制与改变一直由发达国家主导,发展中国家则因各种条件的限制而处于被动地位。近年来一个显著的变化是,一些发展中国家在国际组织中,尤其在事关制度安排的国际组织中开始发挥越来越大的作用。例如,金砖国家(中国、俄罗斯、印度、南非、巴西)多次就世贸组织改革、维护多边主义等重大问题阐明共同立场,呼吁所有成员遵守规则,信守在多边贸易体制中的承诺,对不符合世贸组织规则、将多边贸易体制置于危机中的单边措施予以谴责。在世贸组织的各项事务中,金砖国家已经成为一支不可忽视的力量,其作用和影响力日益凸显。

(四) 外交影响力测量

一个国家的外交影响力,可以通过它在处理国际关系过程中的斡旋能力和协调能力、维护国家和地区利益的能力以及对国际社会的号召力等方面体现出来,而这些能力又通过国家的传播能力集中体现出来。一个国家在国际政治舞台上的声音越大,它的外交影响力就越大;相反,一个国家在国际政治舞台上的声音越小,它的外交影响力就越小。长期以来,外交一直是世界大国的事,在外交讲坛上发出声音的也主要是发达国家,发展中国家则因国力和传播能力有限声音十分弱小。冷战结束后,随着国际政治多元化格局的形成,一些发展中国家在国际舞台上的声音逐渐增强。中国即是如此。过去,我国在外交讲坛上比较低调,对其他行为体的提案、发言与表态也较少做出明确的回应。近年来,随着我国国力的增强和外交理念的调整,我国开始在国际讲坛上积极发言(如发出"一带一路"倡议、推动构建人类命运共同体等),这是中国的外交影响力开始增强的表征。

第四节　国际传播效果的测评方法

　　国际传播效果的测评方法与国内传播有所不同。国内传播的效果调查在本国范围内进行，调查对象在意识形态、宗教信仰、文化习俗以及接受心理等方面具有相同性或相似性，即使不相同，这方面的情况也容易被调查者所了解、掌握。此外，因为是在地调查，调查者可以通过访员面访、函寄等方式将调查问卷送达被调查者，整个过程不但可控，成本也比较低。国际传播的效果调查则是异地调查，被调查者在意识形态、宗教信仰、文化习俗以及接受心理等方面与传播主体国多有不同，不易为调查者所了解、把握。此外，由于调查在境外进行，距离远，情况复杂，可控性一般比较差。因此，在进行国际传播的效果调查时，传播主体国往往将这一业务委托给权威性的国际调查机构，通过它来实施调查计划。这类公司一般都有严格的调查程序和方法，专业水准比较高，相应地，收费也就不是一个小数目。对于广大发展中国家来说，这不啻为一个沉重的负担，因而不宜经常采用。

　　进入新媒体时代以后，特别是20世纪90年代以来，网络调查法开始得到普遍应用。网络调查法泛指在互联网上发布调研信息，并在网上收集、记录、整理、分析和公布网民反馈的信息的调查方法。它的优点是便利、快捷，效率高、成本低；缺点是调查范围和网民的代表性受到一定的限制，存在不准确性，调查还有可能受到计算机病毒的干扰和破坏。但是，作为一种新兴的调查方法，网络调查无疑是对传统调查方法的一个有力补充。随着我国互联网技术的进一步发展，网络调查法将会得到更广泛的应用。

　　总之，国内传播中的受众调查（效果测评）可以直接进行、经常进行，而国际传播中的受众调查只能以间接的方式进行，并且由于距离远、可控性差，其调查结果只能作为一种参考数据，与其他方式的调查相互配合，彼此印证。

　　大体说来，国际传播效果测评可以借助的方法主要有两种：一种是受众调查法，一种是内容分析法。

一、受众调查法

受众调查是一种运用科学方法及数理统计手段,及时、准确地收集、整理、统计、报告受众意见,测定舆论变化的社会活动,其作用在于如实反映各方面受众对于某一事物或某个社会问题的看法、态度和评价,为政府、企业或社会团体的决策提供参考依据。

新闻媒体的受众调查起始于美国。早在 1936 年,美国的新闻机构就制作了一系列调查报告,内容涉及国内有多少人吸烟、人们喜爱什么型号的汽车等。目前,以随机抽样为基础的受众调查已经成为传播主体了解信息传播效果的一个重要手段。

与国内传播受众调查的着眼点不同,国际传播的受众调查重在了解对象国或世界范围内的受众对传播主体国及其所传信息的接收、满意程度,以及在此基础上形成的态度。接收度(有多少人可以阅读、收听、收看到传播主体国的信息)是"量"的概念,反映的是主体国信息的传播范围;满意度是"质"的概念,反映的是主体国及其信息被接受、喜爱的程度。对于国际传播效果调查来说,接收度的测定固然重要,它可以回答信息渠道是否畅通的问题,满意度的测定更加重要,因为它已经深入态度层面,可以进一步回答传播行为是否有效的问题,而这个问题才具有更为现实的意义。

"受众满意度"调查在国外早已有之,这一指标在英国广播公司叫"欣赏指数",在美国叫"吸引指数",在日本叫"品质评比",在加拿大广播公司叫"享受指数",在法国叫"兴趣指数"。[①] 目前,许多有关国际关系或国家形象的受众调查项目,都涉及满意度指标。

从调查主体的角度看,国际传播中的受众调查大致可以分为两种:一种是由传播主体国组织的面向对象国受众的调查,另一种是由传播主体国组织的面向本国受众、内容涉及对象国的调查。

[①] 参见唐弦:《我国受众调研发展趋势分析》,《湖南大众传播职业技术学院学报》2003 年第 1 期,第 30 页。

（一）传播主体国面向对象国受众的调查

传播主体国面向对象国受众的调查，既可以由主体国独立进行，也可以由主体国委托专业的民意调查机构进行。在西方发达国家，民意调查起步早，业务比较成熟，例如美国就有众多民意调查公司。这些调查机构有的是专业性的独立机构，如盖洛普民意测验所、哈里斯民意测验调查所、皮尤研究中心；有的是媒体自身下设的调查机构，如美国有线电视新闻网、《时代周刊》《新闻周刊》《纽约时报》《华尔街日报》《华盛顿邮报》《今日美国》报等都有自己的调查部门，并且定期或不定期地发布民意调查结果。由于实力雄厚，专业化程度高，这些机构或媒体均可承担美国境外的舆论调查任务。当然，有些民意调查机构，如盖洛普民意测验所等并不接受美国政府这方面的委托，但是它们所做的民意调查常常被美国政府借鉴。例如，盖洛普民意测验所曾经做过关于阿拉伯世界对美国政府看法的民意调查（结论相当负面），调查结果公布后，美国政府很重视，国务院为此专门设立了一个公共关系领域的职务，进行这方面的沟通协调工作。

即便是一些自己拥有调查实力的发达国家，出于对权威性调查机构的信赖，也常常委托它们进行调查。例如，2003 年，英国大使馆在中国开展了以科普为主题的"创意英国"系列活动，目的是在中国民众心目中树立英国"富有创造力"的形象。在活动进行的过程中，英国大使馆委托盖洛普民意测验所对参加活动的各界人士进行调查，内容包括"现在提起英国你的头脑中会出现怎样的场景""你对英国的什么产品最感兴趣""参加'创意英国'活动后你对这个活动有哪些意见"等，调查结果一方面用来评估此次活动的效果，另一方面作为英国大使馆 2004 年开展活动的依据。瑞典家具业巨子宜家也曾委托盖洛普民意测验所进行世界各国卧室使用习惯的调查。调查表明：澳大利亚人最喜爱他们的卧室，俄罗斯人对自己卧室的满意度最低；马来西亚人用于睡觉的时间最少，平均每晚睡 6 小时 36 分钟，比平均数少半个小时；在瑞典和冰岛，72% 的回应者表示他们会用卧室来搞浪漫；西班牙人和美国人最注重卧室的隐私，中国人则近半数会容许朋友进入他们的卧室。

物质基础薄弱的发展中国家很少拥有专业化的民意调查（受众调查）机

构,即使国内相关部门可以自行开展受众调查,但是由于经验不足,专业化程度不高,也很难独立实施对国外受众的舆论调查,而委托盖洛普这样国际性的民意调查机构,往往又要支付高额费用,因此,发展中国家目前大多通过合作的方式与对象国交换数据以获得小规模样本的调查结果,很少委托国际性的民调机构进行大范围、大规模的受众调查。

近年来,随着中国改革开放的不断深入以及日益走近国际舞台的中央,我国各级政府和媒体机构纷纷借助大数据技术建立起国内外舆情监测系统,借此可以实时了解国际社会的舆论动态以及涉华舆论的走势。一些政府部门及媒体机构还借助国内专业性的调查机构进行海外涉华民意调查,或者与国外专业性的调查机构合作开展这方面的调查研究,为我国政府的对外交往和国家形象塑造提供参考依据。

(二) 传播主体国面向本国受众、内容涉及对象国的调查

当国与国之间的关系发展到一定程度,或者一个国家对另一个国家产生较大影响的时候,受影响的国家往往会进行一些有针对性的民意调查,以了解对方影响力的情况。比如,中国作为一个亚洲大国迅速发展起来以后,在世界范围内引起普遍关注与重视,各国针对中国的民意调查也纷纷展开。一个引人注目的现象是:从2004年年底到2005年上半年,英国广播公司、美国百人会、加拿大伊普索斯-里德市场调查公司等7家机构分别进行了多项关于涉华问题的民意调查,其数量和时间如此集中是从未有过的。

一些国家还呼应政府议程在本国进行涉及他国的民意测验。例如,2016年"南海仲裁案"所谓的裁决结果出炉,澳大利亚自此高调介入南海问题,对中国进行舆论抨击;同年,南海问题首次进入该国洛伊国际政策研究所的民意调查范畴(之前洛伊国际政策研究所很少推出涉华主题的民调报告)。该机构的涉华民意调查显示,澳大利亚人对中国的看法从2017年开始发生改变,在2019年出现重大转变。2019年的调查显示,只有32%的澳大利亚人表示,他们相信中国会"在世界上采取负责任的行动",相较2018年下降了20个百分点。77%的澳大利亚人认为该国应采取更多行动抵制所谓中国在本地区的"军事活动",即使这会影响澳中经济关系。而在洛伊国际政策研究所的调查

中,其预设立场是显而易见的。例如,该机构向受访者提问:"针对中国在南海日益增多的军事活动,美国一直在进行海上行动,以确保该地区的航行自由。你个人是赞成还是反对澳大利亚为确保南海航行自由而进行类似的行动?"这一调查将美国在南海的活动称为"确保南海航行自由"的行为,暗示其合理性,而无视中国的主权和安全利益。对这些诱导性提问的回答会是什么样,是可想而知的。

这些调查虽然是在一国范围内进行的,但是由于涉及本国受众对他国政府和民众的看法,因此可以作为他国了解国际舆论的一个参考。需要说明的是,这种调查的"议题"往往由一国政府或媒体设计,在很大程度上反映了调查者本身的愿望、诉求与倾向性。因此,他国政府不应当被调查者的意向所左右,而应以此为参考,对调查结果有一个理性的认识与判断。

总之,作为一种调查方法,无论是传播主体国组织的面向对象国受众的调查,还是传播主体国组织的面向本国受众、内容涉及对象国的调查,都应本着客观、公正的态度,以定量研究的专业知识为基础,严格遵循定量研究操作规程,最大限度地减少误差。按照美国民意调查研究协会(AAPOR)的建议,调查者应当对调查机构、样本数、抽样总体、抽样误差、访问时间、访问方法、问卷问题、是否依据全部样本等八个方面的情况做出说明,以便人们了解数据是怎样得到的、可信度如何。

二、内容分析法

内容分析法是传播学研究的基本方法之一。1952年,美国学者伯纳德·贝雷尔森在其著作《内容分析:传播研究的一种工具》中曾经为此下过一个经典的定义,将内容分析界定为一种对于传播学内容进行客观、系统和定量描述的研究方法。1999年出版的《广播电视辞典》将内容分析界定为"一种使用客观的、定量的分类测定调查技术,对传播内容进行研究分析的重要方法"[1]。

绝大多数内容分析面对的客体,都是数量庞大的信息集合体,报纸、杂志

---

[1] 赵玉明等主编:《广播电视辞典》,北京广播学院出版社1999年版,第177页。

自不待说,广播电视节目、网络平台上的信息更是如此。因此,有必要采取系统科学的抽样手段,从中选取一部分能够代表客体(整体)的"媒介样本",并抽取特定的"日期样本"作为实际的分析对象。当然,进行内容分析时还要确定分析单元(包括贝雷尔森所说的关键词或专门术语、主题、特质、段落、篇目等五个基本的分析单元)、制定分类标准(常见的分类标准有题材、体裁、倾向性、主题、时效、价值取向等),以保证整体分析的可靠性、有效性和合理性。

至于内容分析法的应用范围,按照美国学者希尔泰茨的归纳,有20多种,包括鉴别传播者的动机、发现宣传机构的存在、获得政治情报、鉴别国民心理状态、描述传播趋势、分析传播者的态度和行为上的响应、比较不同的传播制度或传播媒介、构造和应用传播标准、揭示宣传手法、测量传播材料的易读性、分析信息流通情况、评估对传播的反应等。[①]

在国际传播受众及效果的研究中,内容分析是经常采用的一种方法。从研究对象的角度看,国际传播中的内容分析可以具体分为两种:一种是对主流媒体的内容分析,一种是对非主流、相关媒体的内容分析。

(一) 对主流媒体的内容分析

在国际传播中,主流媒体反映政府意向及公众态度,已成为学界共识。美国学术界也普遍承认,在国际事务中,政府(包括联邦政府和国会)的议题设计对于媒体和公众均有强大的影响力,远远超过了国内事务。[②] 因此,传播主体国通过对对象国或多个国家的主流媒体进行内容分析,可以了解主体国在国际社会中的形象、声誉、影响力以及整体的传播效果。

由于西方发达国家可以通过直接的受众调查了解国际舆论,因此通过间接方式对他国媒体进行内容分析的情况比较少见(这种方法较多地运用于国内媒体分析);而发展中国家由于受各种条件的制约,较少通过直接的受众调查了解国际舆论,因此常常通过对国外媒体的内容分析间接了解国际舆论,并据此对自身的形象、声誉、影响力以及整体传播效果做出测量与评估。我国政

---

① 参见吴文虎主编:《传播学概论》,武汉大学出版社2000年版,第84页。
② 参见刘康:《国际传播对中国报道的"话题设计"——兼论美国媒体对"法轮功"事件的报道》,《国际新闻界》2000年第1期,第11页。

府的对外传播管理部门和一些具有外宣职能的媒体,就曾通过这种方法了解国际舆情以及外界对中国国家形象和政府具体政策、措施的评价,以此作为确立或校正传播目标、制定或调整传播策略的参考依据。

在对国外媒体进行内容分析时,我国相关管理部门及媒体机构选择的主要是那些在西方国家影响较大、转引率较高的代表性媒体,包括美联社、路透社、法新社,美国有线电视新闻网、英国广播公司、日本广播协会,美国的《纽约时报》《华盛顿邮报》《华尔街日报》《时代》周刊、《新闻周刊》,英国的《泰晤士报》《金融时报》《卫报》《经济学家》,等等,重点对其涉华报道进行数量和内容分析。内容分析主要包括报道数量(个体数量、类别数量和总体数量)、关注焦点(重点关注和报道哪些方面的信息)、报道特点(哪一类媒体对哪方面的信息报道比较多,信息来源是什么)、报道倾向(议题设计是怎样的,有何倾向性)等几个方面,最后做出舆情分析。舆情分析在"媒介样本"分析的基础上进行,综合性比较强。我国也有一些学者运用内容分析的方法,就与中国有关的某项活动或某个事件中外国媒体或中外媒体的报道内容进行分析或比较分析,如中美媒体关于中国驻南使馆被炸和学生示威的报道的比较分析[1]、美国主流媒体有关中美撞机事件的报道分析[2]等,以具体考察国际报道中政府的议程是如何影响媒体与受众的,以及国际传播中的新闻框架与国家利益之间存在怎样的关系,等等。

(二) 对非主流、相关媒体的内容分析

世界上许多国家都存在多种族、多民族融合共处的情况。其中的一些少数族裔虽然在当地主流社会或国家政治生活中不占主导地位,主流媒体中也很少能够听到他们的声音,但是作为民族国家的法定成员,他们对于一些问题的看法和态度是不容忽略的,特别是与他们直接相关的事件发生后,其态度更是不可忽视。例如,调查显示,"9·11"事件发生后,西方国家中相当数量的来

---

[1] 参见李希光、Brad Thompson、于家娣等:《新闻构架与国家利益——中美媒体关于中国驻南使馆被炸和学生示威报道的比较分析》,《国际新闻界》2000年第1期,第15—25页。

[2] 参见陈寒溪:《美国媒体如何"塑造"中国形象——以"中美撞机事件"为例》,《国际新闻界》2001年第3期,第5—11页。

自阿拉伯国家的移民认为他们比事件发生前更经常地成为种族歧视的受害者,这使他们对所在国当局产生不满;又如新冠肺炎疫情发生后,美国社会的种族歧视及排外情绪日益抬头,针对华裔社区的仇恨犯罪也呈现上升趋势,在美华人屡屡遭受谩骂和暴力攻击,华人社会普遍表达了不满和愤慨。这些不满和抗议往往不是通过主流媒体反映出来,而是更多体现在当地的族裔媒体上。

许多国家的少数族裔都有自己的媒体,其创办目的就是为成员提供信息交流、意见表达的机会,增进族群的凝聚力。这类媒体在当地主流社会中的地位日益突显,舆论的引导力也在增强。例如,2005 年,美国进步中心等组织联合开展了美国少数族裔成年人使用传媒情况的调查,访问了 1850 名西班牙语裔、非裔、亚裔、阿拉伯裔和美国原住民成年人,代表了美国 6400 万少数民族和族裔人口。调查表明,有多达 5100 万美国成年人经常接触少数民族传媒,这差不多等于四分之一美国成年人的数目。在这些传媒消费者中,有 2900 万少数族裔成年人,即美国 13% 的成年人,不只经常使用少数族裔传媒,而且相对主流传媒,更愿意选择自己的族裔传媒。①

华人也是多种族裔中数目庞大的一支,据统计,截至 2021 年,世界上的华侨华人数量约为 6000 万,分布在 198 个国家和地区,形成了一个庞大的群体。相应地,海外华文传媒已遍布全球,不仅存在于数以百万计的华人聚居地,就是在华人人数不多的地方也有它的踪迹。进入互联网时代以后,海外华文传媒纷纷采用新技术,或建立网站,或通过社交媒体扩大受众范围,提升自己的传播力和影响力。

因此,对于传播主体国来说,要想具体了解某个裔群对于某一事件或问题的看法,或是了解面向某个裔群的传播活动是否达到了预期效果,就要有针对性地选择相关媒体进行内容分析。比如,要想了解海外华人群体对于中国政府现行政策的看法和态度以及他们对祖籍国的期望与要求,就要选择当地的华文媒体进行考察分析(还要结合其他方面的情况),在此基础上做出全面、

---

① 参见汪晨:《最新调查显示:美国少数族裔传媒呈现出巨大力量》,2005 年 6 月 9 日,新浪网,http://www.zaobao.com/special/realtime/2005/06/050609_13.html,2022 年 10 月 15 日访问。

客观的评价。

　　无论是对主流媒体的内容分析,还是对非主流、相关媒体的内容分析,其最大的优点是研究对象(媒介样本)容易获得,研究所需费用也大大低于受众调查。但是,内容分析法也有局限性,最突出的一点是无法单纯地以内容分析为依据得出某一内容对受众的影响程度的结论。比如,单纯统计出 A 媒体比 B 媒体刊登的关于中国的新闻数量多,并不足以说明 A 媒体的受众了解中国的程度比 B 媒体的受众深,或认知、评价更正面。因此,研究者若要评估某一传播内容的实际效果,就不能仅限于信息内容分析,还应辅以受众调查的相关数据。

◆◆ **思考题**

1. 大众传播学关于传播效果的理论有哪些?
2. 国际传播的短期效果如何测定?
3. 国际传播的长期效果如何测定?
4. 国家软实力与传播效果有着怎样的关系?
5. 软实力的基本要素是什么?
6. 如何测量软实力?
7. 国际传播效果的测评方法主要有哪些?

第十章　中国的国际传播

中国的国际传播特指中国信息的对外传播。为什么在此不称"对外传播"而称"国际传播"？因为从语义上说，"对外传播"表明的只是一种信息走向——内对外的传播和一种单方面的行为——主体对客体的传播，而没有体现出这种传播行为的性质与特征；"国际传播"则是各个国家共同参与的世界范围内的一种信息传播活动，它要求参与其间的行为体遵循一定的规律，遵守一定的规则，否则就会被边缘化。随着中国日益融入世界经济一体化潮流，成为国际传播中的一个重要成员，中国的"对外传播"也已经成为国际传播平台上不可缺少的组成部分，并产生着越来越大的影响。

长期以来，我国习惯性地将信息传播的对外部分称为"外宣"（对外宣传），这与我国在这方面的实践活动是相吻合的。随着我国融入全球经济一体化进程的加快以及我国对国际传播规律认识的深化，我们在观念与行为上必然要经历一个由"对外宣传"到"对外传播"，再到有意识地参与并利用国际传播更好地表达、呈现自己的过程。

本章将对我国对外传播的发展过程进行梳理，并对我国国际传播能力建设的实施、成效以及新时代面临的机遇与挑战进行分析。

第一节　中国国际传播的历史沿革

虽然中国的对外新闻传播是在抗日战争期间起步的，在此之前，它还经历了一个较长的酝酿期,但是对外传播形成理念、建立体系并逐渐产生影响,是在新中国成立以后。

中华人民共和国成立至今我国的国际传播(对外传播)大致可以分为四个发展阶段。

一、新中国成立至 20 世纪 70 年代末期

中华人民共和国成立之前,中国共产党领导下的对外传播媒体就已经出现。1931 年 11 月 7 日,新华通讯社的前身——红色中华通讯社(以下简称"红中社")在江西瑞金成立,呼号为 CSR(Chinese Soviet Radio,意为"中华苏维埃无线电广播")。该台成立第二天,就播发了《中华苏维埃共和国临时中央政府对外宣言》英文稿。国外的一些报刊曾经抄收并登载过红中社的对外英文广播稿。1940 年 12 月 30 日,隶属于新华社的延安新华广播电台开始播音,呼号为 XNCR。1941 年 12 月 3 日,该台的日语节目开播,标志着中国人民对外广播事业的诞生。

新中国成立后,国家高层领导非常重视对外传播。为了向世界人民介绍新中国的建设情况以及新中国对国际事务的观点和看法,争取国际社会的理解与支持,在中华人民共和国诞生的同一天,即 1949 年 10 月 1 日,中央人民政府新闻总署正式成立,下设新华通讯社、广播事业管理局和国际新闻局等。其中,国际新闻局是新中国第一个以对外宣传为中心任务的新闻出版机构。

20 世纪 50 年代至 60 年代前半期,专事对外传播的通讯社、广播电台以及书刊出版发行机构等相继建立,并得到了一定程度的发展。

新中国成立后,创建于 20 世纪 30 年代的新华社在北京设立总社,成为中国国家通讯社,并继续向海外发布消息,陆续开办国外分社。

1949 年 12 月 5 日,前身为延安新华广播电台的中央人民广播电台正式播音,成为中国国家广播电台。我国的对外广播是从对内广播分离出来的,广播事业管理局下设国际广播编辑部,以"北京广播电台"呼号开办越南语、缅甸语等外语广播,还开办了对海外华侨华人的汉语普通话和 4 种方言广播,之后

外语广播逐步增加,60年代已达32个语种。

1952年9月10日,中国新闻社在北京成立,同年10月1日开始以"中国新闻广播电台"的呼号每天3次口语播发华语新闻,供海外华文报刊抄收,同时向海外寄发新闻稿,之后逐步增加了图片新闻、画报出版、影视制作等业务。

这一时期还出现了一大批专门进行对外传播的报刊。1950年1月,新中国第一本外宣月刊《人民中国》(英文版)创刊,以后相继增出俄文版和日文版;同年5月,月刊《中国报道》(世界语)出版。此后,新中国又相继创办了英文版《中国画报》(1951年)、英文版《中国文学》(1951年)、英文版《中国建设》(1952年)、英文版《北京周报》(1958年)等一大批对外传播媒体。这些报刊后来都发展成为多语种的对外刊物,它们向外界传播新中国的信息,帮助外界了解新中国各方面的变化。

总之,20世纪50年代至"文化大革命"前,随着对外传播管理机构的建立和一大批外宣媒体的创办,我国的对外传播体系逐渐形成,在传播新中国声音、打破帝国主义封锁、争取朋友、扩大影响等方面发挥了重要的作用。"文化大革命"期间,由于受极左思潮的干扰,我国的对外传播几乎处于停顿状态。粉碎"四人帮"之后,经过拨乱反正,中国的对外传播逐渐步入正轨,党的十一届三中全会召开以后,中国的对外传播更是迎来了一个崭新的时代。

二、改革开放至20世纪90年代初期

1978年12月18日召开的党的十一届三中全会是我国历史上的一个重大转折点,它冲破了极左思想的束缚,做出将全党工作的重点和全国人民的注意力转移到社会主义现代化建设上来的战略决策,改革开放的大幕由此拉开。

这一时期,党和政府更加重视对外宣传工作,先后多次发出和转发有关对外宣传的专门文件,多次召开有关对外宣传的专门会议。为了加强对外宣工作的领导,1980年4月,中共中央决定成立中央对外宣传小组(由中宣部常务副部长朱穆之任组长),负责组织领导和管理协调整个对外宣传工作。与此同时,中宣部成立对外宣传局,兼做中央对外宣传小组办公室的工作。1988年1

月,中央对外宣传小组因中央机构调整被撤销;3月,中央对外宣传小组恢复,建立起独立的宣传实体,直属中央书记处领导。

这一时期,因"文化大革命"而处于停顿状态的我国对外新闻报道业务得以全面恢复,一批新的对外传播媒体相继创办,外宣工作整体上呈现出蓬勃发展的局面。

印刷媒体方面,在"文化大革命"中停办的一些外文刊物,如《中国工会》《中国妇女》《中国体育》《中国对外贸易》等陆续复刊;没有停办的刊物,如《北京周报》《中国建设》《人民画报》《中国报道》等,有的增设了海外地区版,有的进行了大幅度改版;与此同时,一批新的对外报刊也陆续创办,如《中国日报》(1981年)、《华声报》(1983年)、《瞭望·海外版》(1984年)、《人民日报·海外版》(1985年)、《中国与非洲》《国际贸易》《新中国季刊》《桥》《友声》《国际交流》等。

电子传媒方面,对外广播持续发展、对外电视开始起步。中国国际广播电台进一步充实了自己的记者队伍,增加了新闻节目的播出时间和次数,改进了节目的内容和形式,新闻时效性大大增强;国际台还创办了面向居住在中国国内的外国人的英语、法语、西班牙语、德语和日语节目,对外广播的语种也大大增加。这一时期,中国的对外电视经历了一个从无到有的过程。1983年,中央电视台成立专门以对外宣传为宗旨的节目制作、翻译和发行部门——对外部,此后七八年的时间里,我国电视的对外传播以制作专题节目为主(在海外租用华语电视台的时间段播出),同时向与我国有联系的国外电视机构发送或交换电视专题片。

通讯社方面,新华社继续开展对外传播业务,增加了英语、法语、俄语、阿拉伯语、西班牙语等语种的发稿量,进一步拓展国外分社的工作。中国新闻社于70年代末期恢复原有机构,对外报道业务不断扩大,在国内外建立了多个分社,与海外和港澳台地区的报社、电台、电视台普遍建立了业务联系,在海外和港澳台地区华文传媒界的影响越来越大。

总之,党的十一届三中全会以后,中国的对外传播进入了一个蓬勃发展的新时期,在中央对外宣传小组和中宣部对外宣传局的领导下,外宣媒体承担起

"让世界了解中国,让中国走向世界"的历史重任,在国际传播领域中逐渐打开了局面。

三、20 世纪 90 年代初期至 90 年代末期

1991 年 6 月 4 日,国务院新闻办公室成立,朱穆之任主任。国务院新闻办公室的成立,意味着我国政府拥有了专门的对外宣传管理机构,同时标志着我国对外传播管理体制的一大变革——党政分开,党的宣传部门主要在思想政治方面予以指导,政府有关部门则对外介绍中国的情况以及进行对外传播的组织协调工作——这方面的工作主要由国务院新闻办公室承担。这是我国对外宣传工作中的一个重要转折点。

也正是在这一时期,邓小平发表了视察南方谈话(1992 年),掀起了新一轮改革开放的热潮。随着我国经济实力的不断增长,对外宣传媒体相继采用先进的通信技术、卫星传输技术、数码照相技术、电子激光照排技术、多媒体技术等,驻外记者的队伍也逐渐壮大起来。20 世纪 90 年代前后,《中国建设》(1990 年改名为《今日中国》)的中文版、英文北美版和英文盲文版以及《中国与非洲》的法文版、英文版相继创刊。《人民中国》和《中国画报》采用了全彩印刷技术,《北京周报》《今日中国》《中国画报》和《人民中国》分别进入了美国和日本的发行主渠道。这一时期,新华社的对外业务有了新的发展,截至 1997 年,新华社国外总分社、分社和支社已达 101 个,分布在世界五大洲的 92 个国家和地区,工作人员 520 人,其中记者、编辑 293 人。截至 1999 年 9 月,中新社已建立 27 个国外分社。与此同时,中国国际广播电台的对外广播语种更多、功率更强、播出时间更长了。

这一时期也是我国电视对外传播迅速发展的时期。1991 年,中央电视台在原有对外部的基础上成立了对外电视中心,当年开始租用"亚洲一号"通信卫星向中国香港、澳门、台湾以及东南亚地区转播中央电视台第一套节目。1992 年 10 月 1 日,以海外华语观众为主要对象的中央电视台第四套节目正式开播。这套节目可以覆盖中国香港、澳门、台湾地区和亚洲、大洋洲、非洲、东欧、中东等地的 80 多个国家和地区。1992 年 11 月,中央电视台与香港地区爱

国人士徐展堂在英国创办"欧洲中文卫星电视",节目可以覆盖欧洲和北非地区。1993年1月1日,中央电视台与美国芝加哥3C集团合作,通过卫星每天向北美传送一个小时的《中国新闻》中、英文节目,并将其送上北美卫星,覆盖美国、加拿大、墨西哥和加勒比海地区。同年8月28日,中央电视台和全国20多家电视台与美籍华人联合开办"美洲东方卫星电视",日播出时间12小时,北美地区观众可以通过小型地面天线直接接收。1995年1月1日起,中央电视台租用"亚洲2号"和美国泛美卫星公司的"泛美3号""泛美4号",通过5颗卫星的传送,实现了第四套节目24小时不间断播出。中央电视台还与中国国际广播电台合作,通过卫星向墨西哥特莱维萨电视台播出中国电视新闻,覆盖拉丁美洲全境。1997年9月20日,中央电视台开办第九套节目(英语频道),每天播出17个小时,2000年9月25日,第九套节目改为每天24小时不间断播出。第四套节目(中文国际频道)和第九套节目(英语频道)的开办,标志着我国电视大外宣的格局已经形成。

这一时期,由于通信卫星技术的应用,中国电视实现了全球覆盖,并且进入西方主流社会的城市有线电视网络,解决了落地问题。中国电视的对外传播也由弱渐强,一步步成长为对外传播媒体中的主力。[1]

四、21世纪初期

北京申奥成功,中国加入世贸组织,上海赢得2010年世博会的主办权,是新世纪伊始中国的几件大事,它们标志着我国改革开放步伐的加快,同时意味着中国全面融入了世界经济一体化进程。中国改革开放和现代化建设的发展,世界形势和国际环境面临的新变化,为我国的外宣工作提出了新的课题与任务。从20世纪90年代起,我国每年召开全国对外宣传工作会议,探讨每个发展阶段外宣工作的中心任务。而世纪初对外宣传工作会议的重点,则主要集中在结合新世纪、新阶段对外宣传工作的实际,探讨对外传播的新思路、新途径、新方法,开辟外宣工作的新局面等方面。

---

[1] 参见甘险峰:《中国对外新闻传播史》,福建人民出版社2004年版,第270页。

在对外宣传新思路、新观念的引导下，中国的对外传播取得了突飞猛进的发展——传播媒体的门类不断增加，技术手段日臻成熟，记者队伍空前壮大，对外传播在信息容量、生产效率、传输手段和传播效果等方面都上了一个很大的台阶。与此同时，从中央到地方，从政府机构到企事业单位，许多部门相继建立了负责对外传播事务的新闻办公室，形成了生动活泼的对外传播局面。

20世纪90年代以来国际互联网的发展和逐渐普及，又为中国的对外传播（和参与国际传播）提供了一个更加快速、便捷的平台。90年代中期以来，我国媒体纷纷上网。在这些上网媒体中，有原本就从事对外传播的媒体，如《中国日报》《人民日报·海外版》《人民中国》《北京周报》《今日中国》《中国报道》、中国国际广播电台、中国新闻社等，也有内外并重的媒体，如中央电视台、新华社等。世纪之交，中央确定了首批5家重点扶持的网站，包括人民日报社的人民网、新华社的新华网、中国互联网新闻中心的中国网、中国国际广播电台的CRI在线和中国日报网站，它们组成了中国对外传播的新媒体"国家队"。经过大量的资金支持和人力投入，上述5家网站和中央电视台网站在国内外的影响日益增强。

2006年1月1日，中华人民共和国中央人民政府门户网站正式开通，现有中文简体版、中文繁体版和英文版。中国政府网是国务院和国务院各部门，以及各省、自治区、直辖市人民政府在国际互联网上发布政务信息和提供在线服务的综合平台，它设有政务信息区、办事服务区、互动交流区和应用功能区等4个区域。政务信息区主要是按照政务公开的要求，公布政府重大决议决策、行政法规、规范性公文以及工作动态；办事服务区主要是整合各地区、各部门网上办事服务项目，面向公民、企业和外国人提供网上办事服务；互动交流区主要是建立便捷、高效的渠道，增进政府与公众之间的沟通交流，方便公众建言献策，便于政府直接了解社情民意；应用功能区主要包括检索、导航等网站辅助功能。中国政府网是新中国成立以来我国第一个大型的、综合性的政府网站，它的开通，不仅有助于促进政府政务公开，提高行政效能，同时向世界表明，中国政府的信息开放程度更大了，透明度更高了。从这个意义上说，中国政府网站的开通不仅是对外传播的一个新举措，也是中国政府有意识地利用国际传播渠道主动宣传国家形象的一项系统工程。

总之,新中国成立以来,伴随着我国对外传播媒体从无到有、从小到大、由弱渐强的发展过程,我国政府的对外传播观念也经历了一个由被动到主动、由本位意识到受众意识的转变过程。目前,尽管我国在传播技术手段的运用、媒体发展规模以及信息的覆盖范围等方面与西方国际性大媒体相比还存在着一定的距离,但是作为一个快速发展中的国家,中国在国际传播领域地位的逐步上升和影响力的日益扩大,却是毋庸置疑的。

第二节　中国的国际传播能力建设

中国的国际传播能力建设具体分为重点媒体的国际传播能力建设和多元主体的国际传播能力共建。

一、重点媒体的国际传播能力建设

如前所述,为了适应改革开放新形势的需要,更好地向世界介绍中国,专司对外宣传的媒体和管理机构建立起来。1980年4月,中央对外宣传小组成立(1990年转变为实体机构——国家主管外宣工作的国务院新闻办公室)。1981年,《中国日报》创刊。1985年,《人民日报》发行海外版,进一步扩大了对外宣传阵地。1990年,中国外文局从文化部系统调整到外宣系统,专门负责对外文化出版事业。1991年,中央电视台组建了对外电视中心,宣告电视外宣时代的到来。至此,形成了新华社、《人民日报》、中央电视台、中国国际广播电台、《中国日报》和中国新闻社六大中央媒体与中国外文局共同组成的"外宣国家队"。随着中国经济的持续发展以及中国国际地位的不断提升,中央政府对外宣工作的重视程度越来越高,外宣工作也被视为增强国家软实力、塑造大国形象的重要手段。中国的外宣工作开始由改革开放初期的"请进来"逐渐转向"走出去",变得更加主动。

在中国自身发展的过程中,2008年是一个重要的时间节点。这一年,第29届北京奥运会成功举办,中国成为国际舆论瞩目的焦点;2008年年底,在全球性的金融危机中,我国采取积极的财政政策和适度宽松的货币政策,很快遏制住经济增速下滑的趋势,先于其他国家走出低谷,实现了新的增长,在世界范围内赢得了尊重。与此同时,伴随着中国经济的快速发展,国际舆论中的"中国威胁论"此起彼伏、中国外交也面临着日益严峻、复杂的局面。如何摆脱这种局面,突破大国关系、多边关系中存在的瓶颈,改变国际舆论场上西强我弱的被动局面,是中国领导人面临的新课题。

2009年,中央制定《2009—2020年我国重点媒体国际传播力建设总体规划》(以下简称《规划》),明确提出把我国重点媒体的国际传播能力建设纳入国家经济社会发展总体规划的要求。对于我国的对外传播而言,这是一个历史性的转变。因为从此时起,对外传播或国际传播不再仅仅是对外传播管理部门和涉外媒体局部性的工作,而是成为国家整体战略的组成部分。

按照《规划》的部署,加强国际传播能力建设、打造国际一流媒体成为中国"重点媒体"的努力方向。所谓重点媒体,最初是指新华社、《人民日报》、中央电视台、中国国际广播电台、《中国日报》和中新社,后来又有进一步的扩展,形成了"1+6+N"①的发展格局。由于信息采集和发布平台是国际传播能力建设的基础,而与美英等新闻大国相比,我国媒体在驻外记者站的覆盖面、人员配置、技术装备等方面存在明显的不足,因此,在最初一段时间里,各重点媒体纷纷招兵买马,增加海外记者站点的数量,并以不同方式,包括购买报纸版面、广播电视时段,交换新闻信息,合办节目,参股国外媒体等加速进入国际新闻传播市场,在较短时间内实现了地域上的拓展和空间上的覆盖。

例如,中央电视台英语、法语、西班牙语、阿拉伯语等卫星频道基本覆盖了全球,央视还在国外设立了非洲、美洲分台,中文国际频道分别开通了亚洲、欧洲、美洲版,纪录频道也开通了英语版。2017年1月1日,整合了央视涉外频道资源的中国国际电视台(CGTN)(作为中国对外传播旗舰媒体)开播。2018年3月,中央电视台、中央人民广播电台、中国国际广播电台"三台合并",组建了中央广播电视总台,对外统一呼号为"中国之声"(Voice of China),实现了

---

① "1"代表一个旗舰媒体(CGTN),"6"代表六家重点媒体,"N"代表其他一些行使对外传播职能的媒体机构。

广播电视媒体在更大平台上的资源整合。与此同时,《人民日报》、新华社、中新社、《中国日报》等重点媒体也纷纷加快了对海外市场的布局,努力提高国际传播力。此外,从2013年开始,配合我国政府提出的"一带一路"倡议,新闻出版广电总局启动了"丝绸之路影视桥工程"和"丝路书香工程",与沿线国家共同开展影视和书籍方面的合作译配,目的是把中国的影视产品和精品书籍推广出去,促进沿线国家对中国的了解,更好地树立国家形象。

在此过程中,国家出台了多项支持文化产业"走出去"的政策,如国务院《关于加快发展对外文化贸易的意见》(2014年)、《关于进一步加强和改进中华文化走出去工作的指导意见》(2016年)、《关于推进对外文化贸易高质量发展的意见》(2022年)等。政策的制定与实施,为包括媒体企业在内的文化企业进入海外市场提供了动力,进一步扩大了中国优秀文化产品国际传播的覆盖面和影响力。

在国际传播能力建设的实施过程中,政府管理部门建立了相应的效果评估机制。效果评估工作始于2014年,最初的评估指标为"三率",即首发率、原创率、转引率。随着国际传播能力建设的逐步拓展和新媒体手段的广泛运用,国际传播能力评估的指标体系处于不断的完善中,相关研究和政策建议也受到了各方面的重视。有研究认为:要通过最新的网络、新媒体技术,运用社会计算方法,建立一个"'既往可追逆、现实可监测、未来可预警'的传播效果评估体系,对效果好的传播渠道加大支持力度"[①]。

二、多元主体的国际传播能力共建

如同第四章"国际传播的主体"中所说,国际传播主体是一个动态发展的过程,随着信息传播技术由低级向高级发展,国际传播主体也必然会经历由一元主体(政府)向多元主体的转变。进入社交媒体时代,中国自身发生的变化以及传播科技的不断更新,都为多元主体作用的发挥提供了可能性。

随着中国对外交流的日益深化,"走出去"的企业以及各类社会组织的数

---

① 高岸明:《全球视野 中国观点 遵循规律 提升效果——简析中国国际传播面临的挑战、机遇与对策》,《对外传播》2015年第1期,第32页。

量不断增加,它们以投资建厂、项目合作、劳务输出、文化交流等形式嵌入所在国,成为讲好中国故事、传播好中国声音的载体。其中,企业的作用不可忽视。

随着经济发展和"一带一路"共建的逐步推进,我国越来越多的企业走出国门,在海外开展业务。而在信息四通八达、科技发展日新月异的现代社会,与企业相关的每一个信息点都有可能引起国际社会的特别关注,甚至成为舆论热点。对于企业来说,"硬实力"固然重要,"软实力"(包括信息传播能力和舆论纠偏能力)也比以往任何时候更显重要,在中国面临来自美西方的战略打压、国际涉华舆论发生畸变的情况下尤其如此。"走出去"的中国企业及其员工与当地社会是一种近距离接触,他们以自身为载体释放各种信息,加深了当地民众对中国及中国人的印象。这种近距离的接触胜过媒体的千言万语,能够直达受众、直达民心。如果企业做得好,企业信息平台又能得到有效利用,其触角将会伸向传统媒体无法到达的地方,在塑造或矫正国家形象方面也将发挥更大的作用。

随着 Web 2.0 带来的 UGC(用户原创内容)的兴起,公民个体形象开始更多地出现在互联网上,他们从不同角度展示中国人的日常生活图景,丰富着中国国际传播的话语和叙事。在海外社交平台上广受欢迎的短视频博主李子柒无疑是这方面的先驱者,在李子柒之后,国内短视频内容创作者的队伍不断壮大,在讲好中国故事、传播好中国声音方面发挥着不可小觑的作用。普通人视角下趋于生活化、日常化、娱乐化的表达,有助于不同文化背景下的人卸掉(或暂时卸掉)意识形态铠甲,在心理上产生共鸣、共情和认同感。与此同时,随着中国对外开放的进一步深化以及外国留学生和在华工作的外国人数量的增长,外国人在华自媒体博主群体不断扩大,他们以独特的视角和丰富的个性化制作内容呈现着中国社会生活的各个侧面,在跨文化交流方面发挥着不可替代的作用。

由此可见,在日益开放的中国,在传播生态发生深刻变化的今天,国际传播主体已经超越传统范畴,呈现出多样化的态势。或者说,对外传播已经不再是政府和主流媒体的事情,而成为多元主体共同的事情。在这种情况下,多元主体素质的提升和能力的共建就成为政府管理部门面对的现实课题。这需要在前一阶段重点进行主流媒体国际传播能力建设的基础上,进行多元主体的国际传播能力共建,形成顶层设计之下各部分的协同联动。

第三节 中国国际传播面临的机遇与挑战

一、中国国际传播面临的挑战

2009 年,中央制定了《2009—2020 年我国重点媒体国际传播力建设总体规划》,明确提出把我国重点媒体国际传播能力建设纳入国家经济社会发展总体规划。国际传播能力建设启动以来,中央从政策环境、资金投入等方面对重点媒体给予大力扶持,我国重点对外传播媒体的基础设施、设备水平、技术手段、采编能力等都在短时间内得到改善,硬件设施已经接近或达到国际一流媒体水平。以硬件建设为依托,各重点媒体(包括其新媒体平台)在国际新闻报道中的优势逐渐显现,从而使中国的故事和声音在更大范围内得以传播。

但是,长期以来,由于历史、现实的双重原因,在国际舆论场上,西方话语始终居于主导地位。有一些数字我们无法回避。目前在国际传播渠道中流动的新闻信息,90%以上是从美国等西方国家发出,在这其中,约有 70%为大的跨国公司所垄断。美国控制了全球电视节目生产和制作总量的 75%,每年向 160 多个国家输出 20 多万个小时的节目。许多发展中国家约 60%—80%的电视节目来自美国,几乎成为美国电视节目的转播站。目前互联网上 80%的信息是由美国提供的,80%以上的网络用户也在发达国家。发展中国家即使能够在互联网上传播信息,其信息量也远不及发达国家。[①]

由于占有大量的信息资源,发达国家不仅可以通过覆盖全球的国际化媒介将自己的声音传播出去,还可以通过令其他国家转载、转播的方式进行"二

---

① 参见《默多克的影响力:世界传媒市场,90%以上的新闻由西方媒体垄断》,2020 年 4 月 11 日,https://www.sohu.com/a/387235044_100065199,2023 年 4 月 18 日访问。

次传播""多次传播",从而将本国的声音和信息扩散到更广大的地区和更多的角落,在全球范围内无障碍地进行本国价值观及理念的输出,并为国际社会认知、评价其他国家设定框架、设置议题。对中国即是如此。

以"全球态度调查"闻名的美国皮尤研究中心近年来多次发布有关中国形象的调查报告,2018年的一项(面向美国人)调查的结果显示,对中国持有负面印象的受访者占47%,此后这一比例逐年上升。2019年12月初发布的面向34国民众的调查结果显示,美国对中国持有负面印象的受访者占60%,欧洲多个国家的受访者对中国持有负面印象。2020年6—7月的一项调查的结果显示,对中国持有负面印象的美国受访者占73%,达到皮尤研究中心启动此项调查以来对华负面印象的最高值。2020年8月公布的一项民调的结果显示,在澳大利亚、英国、加拿大、德国、荷兰等主要发达国家,对中国持有负面印象的受访者数量创历史新高。2021年3月发布的民调结果显示,89%的美国人视中国为"竞争对手"或"敌人",而非"合作伙伴"。同时,多数美国人支持政府在对华政策上采取坚定的立场,包括主张优先处理人权问题、采取更强硬的对华经贸政策以及限制中国留学生,等等。

总之,皮尤研究中心的调查结果显示,2019年以来,西方国家对中国的认知与评价发生了一个根本性的转变。对于长期致力于塑造负责任大国形象的中国来说,这是让人感到遗憾的。中国始终在联合国框架下寻求与世界各国的合作,并且努力为国际社会提供优质的公共产品和公共服务,疫情期间也是如此,为什么调查却呈现出这样的结果?这个问题需要我们理性面对并认真思考。

由于皮尤研究中心呈现的主要是西方国家的数据,因此有必要对这方面的影响因素做一个分析。

第一,世界两大格局交织发展的历史必然性。

当下的中国正处于世界百年未有之大变局与中华民族伟大复兴战略布局的历史交汇期。一方面,各种因素促使这一"大变局"加速变化,"保护主义、单边主义上升,世界经济低迷,全球产业链供应链因非经济因素而面临冲击,国际经济、科技、文化、安全、政治等格局都在发生深刻调整,世界进入动荡变革期"①;十八大以来,实现中华民族伟大复兴的中国梦成为中国共产党人的奋斗目标。这一目标非常明确:第一,在中国共产党成立一百年时,全面建成小康社会;第二,在新中国成立一百年时,建成富强民主文明和谐的社会主义现代化国家。习近平总书记在2021年"七一"讲话中庄严宣告:"经过全党全国各族人民持续奋斗,我们实现了第一个百年奋斗目标,在中华大地上全面建成了小康社会,历史性地解决了绝对贫困问题,正在意气风发向着全面建成社会主义现代化强国的第二个百年奋斗目标迈进。"②

两大格局交织发展,必然带来大国力量对比的变化和彼此认知的改变。这一变化在美国对华战略及涉华舆论中得到了充分体现。

中国实行改革开放以后,尤其是在20世纪90年代,美国对华政策的重点是将中国纳入由美国主导的世界体系,给予中国最惠国待遇。那时的中国大而不强,不足以形成对美国的"威胁",美国不同利益集团在无条件延长中国最惠国待遇的议题上表现出高度的一致性。中国加入世贸组织以后,美国企业界普遍认为中国在国际贸易议题上已经"毕业",很多方面开始突飞猛进;随着中国企业竞争力的增强,美国一些劳动密集型和中低端资本密集型企业开始认同"中国威胁论",并以国家安全为由要求政府采取对华贸易保护主义政策,此举得到美国舆论界的普遍关注和支持。进入21世纪,在中国企业国际竞争力不断增强的情况下,美国对华持负面态度的利益集团逐渐扩大,其对华强硬言论得到了媒体及舆论界更多的关注与支持。这些利益集团普遍认为,中国靠低估人民币汇率、政府补贴、侵犯知识产权等不正当竞争手段占了美国的便宜,是美国贸易逆差连创新高、制造业失业率居高不下的"罪魁祸首"。前任美国总统特朗普即持这样的主张,他上任后就把中美关系界定为战略"竞争者";美国现任总统拜登虽然在一些问题上采取了与特朗普不同的策略,但是在对华战略上与特朗普高度一致。这也提示我们,美国政府对华战略,

---

① 《习近平:在经济社会领域专家座谈会上的讲话》,2020年8月25日,http://www.qstheory.cn/yaowen/2020-08/25/c_1126408718.htm,2023年4月21日访问。
② 《习近平谈治国理政》第四卷,外文出版社2022年版,第3页。

包括传播战略的变化,是美国根据大国格局以及世界力量对比的变化做出的调整,是美国进入新的历史转折期的必然选择,对此我们应当有准确的认知和研判。

第二,美国及其西方盟友利益上的一致性。

美国著名战略家布热津斯基曾经毫不隐讳地说:"美国在全球至高无上的地位是由一个的确覆盖全球的同盟和联盟所组成的精细体系支撑的。"[①]从历史上看,美国的全球同盟的确是其强国战略的一个重要基础。第二次世界大战结束后,为了扼制"共产主义扩张",在与社会主义阵营的较量中胜出,赢得全球霸主地位,美国建立起了一个遍及全球的政治、经济同盟体系。这个同盟体系从东北亚一直延伸到北大西洋,覆盖了整个西方世界以及处于西方影响下的广大区域。其中既包括以美英两国为主,后有加拿大、澳大利亚、新西兰三国加入的情报联合体(又称"五眼联盟"),也包括拥有几十个成员国的北大西洋公约组织(NATO),还包括多个区域性联盟。美国的全球同盟体系不仅助力它在冷战中击垮了苏联,肢解了东欧,还在世纪之交美国发起的几次军事行动(如1991年对伊拉克的海湾战争、1999年对南联盟的科索沃战争、2001年的阿富汗战争、2003年的伊拉克战争)中直接参战或提供作战支持。冷战结束后,有一些政治家对美国全球同盟体系的继续存在提出疑问,美国前总统特朗普对此也颇有微词,认为北约严重消耗了美国的军事和财政资源;从欧洲方面看,由于特朗普政府在国际事务中奉行单边主义政策,先是退出《伊核协议》《巴黎协定》,新冠肺炎疫情期间又宣布终止与世界卫生组织(WHO)的关系,单方面对欧洲国家发布旅行禁令,截留其防疫物资,致使欧美之间冲突不断,矛盾升级……但是说到底,这些都是西方国家同盟内部的矛盾与分歧,可以通过各种途径得到弥合,拜登入主白宫的第一天即签署了重返《巴黎协定》和世界卫生组织的行政令就充分说明了这一点;况且欧洲国家对美国不满并非打算与之决裂,而是意在重返跨大西洋伙伴关系的稳定状态,在面临传统军事威胁时继续得到美国的安全承诺和武力保障。从本质上看,美国的全球同

[①] 转引自王勇辉:《解读小布什时期美国大战略中的中东政策》,《阿拉伯世界研究》2006年第4期,第14—20页。

盟,尤其是其西方盟国与之有着共同的价值体系和深刻的利益关联,有着同样的种族优越感和意识形态倾向性,因而在面对同盟之外的战略"对手"时,仍然会选择站在盟主一边,在态度、行为、舆论方面与美国表现出高度的一致性。前述"民调"结果就充分说明了这一点,从2022年爆发的俄乌冲突中也可以看到这种一致性。

第三,美国对全球涉华舆论影响的长期性。

早在殖民时代(17—19世纪),西欧各国(西班牙、葡萄牙、荷兰、英国、法国等国)殖民者就开始了全球范围内的殖民掠夺与扩张。他们在不断突破地域界限为自己的产品寻找市场的同时,也将本土报纸带往殖民地。不仅如此,他们还在所到之处创办了具有宗祖国色彩的报刊——曾为殖民地的国家,其首份报纸几乎都是由西方殖民者创办的。这就为现代意义上的全球信息传播奠定了最初的物质基础。进入20世纪,这些先发国家(美国后来居上)不仅在信息传播技术的开发与使用上一路领先,还以先到者的身份制定了一系列"市场准入"规则。第二次世界大战结束后殖民体系全面瓦解,近百个国家脱离殖民统治而独立。为了彻底摆脱对宗祖国的依赖,包括信息依赖,这些国家通过联合国教科文组织明确提出建立国际新闻传播新秩序的要求。这一要求随即遭到发达国家的反对,认为发展中国家不应当限制新闻自由。这场围绕新闻传播新秩序展开的论争从20世纪60年代持续到80年代中期,最终以美英两国相继退出联合国教科文组织而告一段落。进入互联网时代,美英等新闻大国(尤其是美国)在保持传统优势的同时,继续主导互联网国际制度体系的构建和规则的制定,在域名分配以及管理等方面拥有绝对的话语权,广大发展中国家则因经济能力有限而在互联网资源占有方面处于明显的劣势,国家之间基于数字经济的贫富分化进一步拉大。尽管教科文组织致力于弥合"数字鸿沟、社会鸿沟、政治鸿沟",发展中国家也在努力加强信息基础设施建设和传播能力建设,但是直到今天,国际传播领域中的信息流向没有发生根本性的改变,仍呈现出由发达国家向发展中国家扩散的特点,反向流动的情形很少发生。美国等西方国家利用这方面的特殊优势,将自身信息连同价值观念辐射至全球,打造了巨大的舆论场,对世界各国媒体及受众的认知与态度产生着持续而深刻的影响。一些与中国关系友好的国家或处于中立状态的国家,其媒体上同样充斥着对中国的负面报道原因即在于此。对信息渠道的垄断必然催生话语霸权,由此形成的思维定式和刻板印象不会在短时间内改变。

二、中国国际传播面临的机遇

中国的国际传播在面临多重挑战的同时,也面临着新的机遇。

第一,国际传播成为国家战略的组成部分。

党的十八大以来,党中央高度重视和全面推进国际传播工作,习近平总书记多次围绕国际传播能力建设问题发表重要讲话。2021年5月31日,中央政治局就加强我国国际传播能力建设进行第三十次集体学习,习近平在发表讲话时指出:"党的十八大以来,我们大力推动国际传播守正创新,理顺内宣外宣体制,打造具有国际影响力的媒体集群,积极推动中华文化走出去,有效开展国际舆论引导和舆论斗争,初步构建起多主体、立体式的大外宣格局,我国国际话语权和影响力显著提升,同时也面临着新的形势和任务。必须加强顶层设计和研究布局,构建具有鲜明中国特色的战略传播体系,着力提高国际传播影响力、中华文化感召力、中国形象亲和力、中国话语说服力、国际舆论引导力。"习近平总书记在讲话中还特别强调:"各级党委(党组)要把加强国际传播能力建设纳入党委(党组)意识形态工作责任制,加强组织领导,加大财政投入,帮助推动实际工作、解决具体困难。各级领导干部要主动做国际传播工作,主要负责同志既要亲自抓,也要亲自做。要加强对领导干部的国际传播知识培训,发挥各级党组织作用,形成自觉维护党和国家尊严形象的良好氛围。各级党校(行政学院)要把国际传播能力培养作为重要内容。要加强高校学科建设和后备人才培养,提升国际传播理论研究水平。"[①]这充分说明,在党中央的战略部署中,国际传播已经超越某一专业领域和行业管理范畴,成为国家整体战略的重要组成部分。正因为如此,国际传播能力建设被作为各级领导干部乃至社会各界的"必修课",国际传播全民素养的提高也被纳入了议事日

---

① 《习近平:讲好中国故事,传播好中国声音》,2021年6月2日,http://www.qstheory.cn/zhuanqu/2021-06/02/c_1127522386.htm,2023年4月20日访问。

程。这必将对新时代中国国际传播产生深刻影响。

第二,国际传播"一盘棋"格局逐渐显现。

配合中央政府的国际传播战略,各级政府、媒体、企业全力进行国际传播能力建设和平台搭建,积极开展各种对外合作、交流活动,在讲好中国故事、传播好中国声音、让世界更好地了解中国方面各展其长。从政府方面看,政府(尤其是地方政府)相关部门开始转变观念和职能,由单纯的管理者转变为对外传播活动的组织者和实施者,在城市形象打造方面不断推出新举措,并利用综合性的网络平台对外传播,甚至走出去开展宣介活动。一些地方还制定了融媒体宣传推广方案,形成了宣传部门牵头、相关部门配合、社会各界参与的地方外宣运作模式。从媒体方面看,近年来,在国际传播能力建设专项资金的支持下,以外宣旗舰媒体为引领,中央和地方各类媒体协同参与的外宣工作格局已经形成。中央媒体建立了一批海外机构,基本覆盖了全球热点地区和重要城市;地方媒体也通过各种方式大力拓展海外传播渠道。许多媒体与时俱进,不断探索信息传播的新方法、新模式。例如,近年由新华社等传统主流媒体和"复兴路上工作室"等自媒体机构推出的"政治动漫"获得了广泛关注,在海外社交网站上得到大量转发;由上海报业集团"澎湃新闻网"运作的外宣新媒体平台"第六声"则是地方媒体探索对外传播创新路径的有益尝试。还有一些媒体"借船出海"(借助第三方新媒体端口),进行渠道拓展,实现了与下游用户的对接,这方面的努力已见成效。从企业方面看,近年来,我国政府出台了一系列鼓励企业拓展海外市场的政策,同时引导企业强化国际传播意识,及时公布信息、应对舆情,全面提升传播力。目前,"走出去"的国企央企大都搭建了自己的信息平台,建立了与当地政府、企业、民间机构的协调沟通机制,并通过各种惠民活动提升企业形象,让国际社会和对象国民众更好地了解中国。总之,顶层设计之下传播主体"一盘棋"格局的形成,有助于我国国际传播产生更大的合力,获得更好的效果。

第三,新一代信息技术助力国际传播发展。

以移动互联网、5G、人工智能等为代表的新一轮技术革命正在成为影响媒体生态变革的重要力量。其中,5G技术以其大带宽、低时延、广连接等特性赋能国际传播,为国际传播带来了全新的信息采集、处理和分发方式。目前,《经济日报》《中国日报》、新华网等主流媒体平台已经利用5G技术开展了新闻实践,包括布局5G技术应用平台,建设移动端新闻App,打造沉浸式、互动式的新闻产品。在2021世界VR产业大会期间,中国联通与央视网签订战略合作协议,宣布携手共创5G+VR联合实验室——这是主流媒体携手通信运营商共同打造的首家5G+VR联合实验室。该实验室推出的第一项合作成果是《V眼看中国——江西篇》。该片对江西的经济环境、文旅资源、产业数据、发展规划等进行了数字化处理与展示:从地图导览到数字场景漫游,从可视化实景长卷到可交互的非遗文化景观,打造出"永不落幕"的网上空间,为江西的城市品牌建构和对外传播提供了全景式体验展台。2022年是5G应用规模化发展、技术全面迭代升级的关键之年。随着短微视频、云直播、语音播报等多元讯息发布形式的兴起,5G将更广泛地应用于提升媒体传播效率,帮助受众快速便利地了解全球时事新闻。"目前中国已建成世界规模最大的5G网络,5G应用行业已经涉及20多个,多渠道精准国际传播将成为可能。病毒溯源和应对气候变化,乃至反制美方制造台海危机等议题的线上传播,数据新闻的高效生成、视频直播内容的快速传递都已成为中国媒体走向国际舆论场的好帮手。5G支撑下的国际传播正在为国际形势注入更多正能量。"①

第四节　新时代中国国际传播的使命任务

习近平总书记在党的二十大报告中指出:"加强国际传播能力建设,全面提升国际传播效能,形成同我国综合国力和国际地位相匹配的国际话语权。深化文明交流互鉴,推动中华文化更好走向世界。"②这就为新时代的中国国际传播指明了方向,提供了根本遵循。

---

①　吴佳潼:《如何利用5G提升国际传播能力?听听专家怎么说》,2022年8月10日,http://news.china.com.cn/txt/2022-08/10/content_78366415.htm,2023年3月5日访问。

②　《党的二十大报告学习辅导百问》,学习出版社、党建读物出版社2022年版,第35页。

第一,掌握国际话语权。

在新的国际舆论环境下,中国要想将自己的信息无障碍地传播出去并扭转于我不利的舆论环境,就必须掌握话语权。所谓话语权就是主导话语的权力,这个权力不是上天的赐予,而是大国博弈的结果,是国家软实力的体现。从历史上看,一个国家是否拥有话语权,除了硬实力方面的因素之外,还取决于它的价值观念和话语体系是否能够有效回答和解决当今世界面临的重大问题,它的文化能否作为独特的存在而受到世人的尊敬。为此,需要进行国家议题及话语体系的开掘,进行民间话语的建设,利用中国经验这一丰富的语料库(包括扶贫、抗疫语料库),从人类共性、共情的角度体现中国作为世界大国的责任与担当,在世界发展新态势和多样性的格局中求取最大公约数,打造基于共同价值观的话语优势。

第二,变被动为主动。

改革开放以来,我们一直致力于以西方国家能够听得懂的话语介绍中国、说明中国,认为对方听明白了自然就会了解、理解、接受我们。当然,这也是改革开放初期中国在十分落后的情况下试图追赶先进国家、急于被世界接纳的心态下的唯一选择。然而,当中国逐渐发展、强大起来之后,我们发现,原来世界体系接纳中国是有条件的,即希望我们改变原有的制度、体制特性,在西方主导的世界秩序中获得发展。但结果是,西方国家提出的这一条件非但没有得到满足,反而出现了他们不愿意看到的情形——中国在原有制度框架下快速发展,直至成为世界第二大经济体。在此情境下,西方国家开始以极大的努力试图将中国驱逐出世界体系,针对中国的遏制与打击也接连发生。由此看来,目前中国面临的挑战已经不仅是用对方听得懂的话语说明中国的问题,新的屏障已经出现。对此我们要有清醒的认识,不能一味跟着美国以及西方国家设定的议题跑,不断重复攻击与反攻击的模式,而要努力突破传统的思维框架,确立自身的主体地位和话语优势。同时,面对新的国际舆论环境,我们应当进一步加强研究、研判,深入了解国际关系的发展趋势,在未来的大国关系与大国博弈中掌握话语权,变被动为主动。

第三，提升国际传播素养。

目前，中国对外传播主体已经由一元变为多元，在此情形下，多元主体的国际传播能力共建以及传播素质的提升就成为一个值得重视和亟待解决的问题。从某种意义上说，国际传播素养是一种全民素养。

国际传播主体素质的提升，具体体现在"说"与"做"两个方面。

第一，"说"的方面。2013年以来，习近平总书记在多个国际场合和国际会议上提出应在世界上努力构建"人类命运共同体"的倡议。从信息传播的角度讲，这要求我们尽可能摆脱思维和视野上的局限性，将立足点与关切点提升到一个更高的层面——全球化层面。就现实情况而言，无论中国政府还是媒体都在进行这方面的努力，也取得了有目共睹的成效，但是问题仍然存在，具体表现在：构建"人类命运共同体"的价值观要求我们在平等互利的基础上说话，说共同的话，然而国内一些传播者的思想观念仍然停留在传统时代，表现出与大国气度、大国责任不相符的"小我"意识和自说自话、自娱自乐的叙事特征。在信息全球传播的当下，这种话语方式不仅有悖于"共同体"理念，甚至有可能对国家的外交政策和外交努力造成负面影响。

第二，"做"的方面。无论是"走出去"的中国企业，孔子学院的院长、教师，还是疫情期间执行外援任务的医疗专家团队，所从事的都是跨国、跨语言、跨文化的工作，需要对当地的宗教信仰、政策法规、社会习俗有所了解，并且建立起个体与国家形象的关联意识。目前这方面还存在一些不足，例如，疫情期间执行外援任务的个别医护人员想当然地把中国经验在当地推广，表达方式简单生硬，结果适得其反；一些"走出去"的中国企业的员工缺乏国际关系和国家形象意识，以为对行为失当的外籍员工拳脚相加是正义之举，结果导致双方员工互殴，造成恶劣后果。平心而论，在许多问题上我们的确是被妖魔化了，但有些问题折射出来的是我们在跨文化交流知识、素养方面的不足和由此导致的行为能力上的欠缺，需要认真补课。

除此之外，面对新时代中国国际传播的使命、任务，在文明交流互鉴的过程中，我们还要进一步增强自信，努力挖掘和呈现具有悠久历史和深厚传统的中华文化精髓，让世界更好地了解中国。具体到内容产品，应当在多元要素的基础上进一步突出核心要素,通过对核心要素的反复强调,逐渐改变外部受众对中国的刻板印象。

2022年举办的北京冬季奥运会,可以说在这方面做出了积极探索,实现了中国形象符号系统的拓展与更新,把彰显了新时代中国精神、中国价值、中国力量的中国形象符号完美地呈现了出来。

所谓中国文化符号,是指能够代表中国文化,并且有着广泛认知度的形象表征系统。长期以来,我们致力于讲好中国故事,传播好中国声音,目的就是通过文化符号系统向世界展现中国的良好形象;美西方国家污名化中国,也主要是通过表象符号以及符号的持续强化,来制造和加深人们对于中国的刻板印象,例如,英国广播公司在新闻报道中使用"阴间滤镜"符号化地表现中国。

北京冬奥会开幕之前,西方国家的一些政客和极端势力接连发出抵制冬奥会的声音,一些西方媒体推波助澜,在中国涉疆、涉疫等问题上炮制了大量的虚假信息,试图抹黑中国,将北京冬奥会政治化。此番炒作进一步加深了西方民众对于中国的刻板印象。

因此可以说,2022年北京冬奥会面临着两大突破:一是如何在2008年夏季奥运会的基础上进一步突破自我,在新时代推出新的理念,展现新的风貌;二是如何突破美国等西方国家设置的舆论屏障和对华刻板印象,把中国声音有效地传播出去,获得国际社会的理解、信任与支持。事实证明,此次北京冬奥会成功实现了这两大突破。

第一,办奥理念的突破。

在2008年北京夏季奥运会上,我们通过对中国元素的运用,展现了中华民族深厚的文化底蕴,很好地回答了"我是谁""我怎样"的问题。十四年后的今天,基于中国自身发展及其与世界关系的变化,北京冬奥会(开幕式)把立足点提升到一个更高的层面,即构建"人类命运共同体",与世界"一起向未来",并通过孩子们手中自由飞舞的和平鸽以及由小雪花汇聚成大雪花这些意象符号,使"人类命运共同体"的理念进一步具象化。由于国别以及社会制度的差异,不同国家对于"人类命运共同体"或许有着不同的看法,但是对于和平鸽、小雪花、大雪花这些符号传递出来的意义和情感——人类对于和平、安宁、幸福生活的向往,是会充分感受并做出和我们一致的解读的。

第二,对刻板印象的突破。

在2022年北京冬奥会上,科技手段的运用是一大亮点。从冬奥火炬"飞扬"的氢气低碳燃烧到主火炬的微火点燃,从AR技术合成的万千红丝带到数字科技编织的巨大中国结,从24小时不间断为上千人提供各式餐饮服务的机器人餐厅到比赛场馆诸多"黑科技"的使用,北京冬奥会的科技创新令外来宾客大开眼界、深感震惊,以至于科技本身也成为一个重要符号,为当今中国形象增添了开放、包容、进步、领先的意涵。这一含金量很高的符号足以对外部世界的刻板印象形成强大冲击,使世界对中国的认知与评价回到客观、现实的轨道上来。

那么,北京冬奥会为新时期中国国际传播带来了哪些重要启示?

第一,关注人类社会面临的共同问题。

北京冬奥会之所以广受关注,是因为它在环境保护、生态平衡等具有现实公共性和潜在风险性的议题上发出了中国声音,以敢为人先的姿态形成了引领、示范效应,树立了中国有担当、负责任的大国形象,也使污名化中国的言论不攻自破。北京冬奥会开幕式上主火炬"微火"的点燃,就充分体现了低碳环保的理念,刷新了奥运会主火炬点燃的百年传统,给世人留下深刻印象。关注人类社会面临的共同问题,是构建"人类命运共同体"的题中应有之义,它要求我们在国际传播中尽可能摆脱思维和视野上的局限性,关注人类社会的共同诉求,并为满足这些诉求提供有效的中国方案和中国示范。

第二,重视视觉符号的使用。

视觉符号是话语建构的重要载体,它以直观、形象的呈现淡化了"宣传"色彩(这是西方国家长期以来对我们的诟病),并通过对比、联想等隐喻手段加深了人们对于符号所传达的意涵的认同与理解。北京冬奥会开幕式就不是用语言,而是通过一个个生动优美的、具有冲击力和震撼力的视觉元素彰显中国理念和奥运精神,把一个古老而充满朝气,传统、厚重又有现代感的中国形象展现在世界面前。从外媒报道的情况看,这些都得到了正面回馈。鉴于此,在国际传播中,我们应当更多使用视觉符号系统,通过短视频等平台手段,将中国智慧、中国方案形象化、具象化。

第三,中国的文化符号应当与时俱进。

长期以来,在国家形象的定位与传播方面我们主打历史牌,将对外传播的重点放在历史文化传统的推介与展示上,力求将中华文明人无我有的部分呈现给世人。于是,我们的京剧、功夫等就成为一以贯之的中国文化符号延伸下来、传扬出去,给世人留下了深刻的印象。应当说,传统的东西、民族性的东西是国家形象的基础部分,需要向外展示,但是经过几十年的发展,中国已经发生了前所未有的变化,再以传统面目示人就远远不够了。2011 年,一项关于中国文化符号的调查报告显示,在国际社会对中国的认知中,当代文化符号的影响力普遍落后于传统文化符号①,换句话说,与中国古代文化符号受到推崇相比,中国现代和当代文化符号的影响力亟待提升。鉴于此,我们应当努力进行符号系统的拓展与更新,在传统元素的基础上引入更多现代化、国际化的元素,打造既有历史传承,又具现代感的中国文化符号系统。

 思考题

1. 中国的国际传播经历了哪些发展阶段?
2. 中国重点媒体国际传播能力建设经历了怎样的过程?
3. 中国多元主体国际传播能力共建的决定性因素是什么?
4. 中国国际传播面临的机遇和挑战是什么?
5. 新时期中国国际传播的使命、任务是什么?
6. 北京冬奥会给中国国际传播带来了哪些启示?

---

① 参见《中国最具代表性文化符号 传统文化有优势》,2011 年 1 月 4 日,http://sn68.com/Article.asp?id=941733&Page=2,2023 年 5 月 13 日访问。

后　　记

　　我与"国际新闻"或"国际传播"结缘良久。从1995年接任《国际新闻界》杂志主编的时候起,因为业务的缘故,我就与国家主管对外宣传的机构国务院新闻办建立了联系,参加会议,承接课题,提供决策参考意见。之后这种联系慢慢扩展到外交部新闻司、国务院港澳办、国务院侨办、国家外文局。在与这些机构接触的过程中,我对政府对外宣传的理念、思路及其调整、变化的过程有了较多的了解,在此基础上形成了自己的一些思考,并希望将它作为一个研究领域或方向,进一步探索其规律与特征。于是,在1999年中国人民大学新闻学院的博士生招生目录上,我首次设定"国际传播"这个方向,并于2000年招收了第一批"国际传播"方向的博士生。自那时起,"国际传播"就成为我和学生们在"外国新闻传播史"之后致力于探索的一个新的领域。也正是从这一时期起,随着我国以更加开放的姿态面向世界,融入世界经济一体化的潮流,国际舆论对我国的关注度明显上升,我国在国际传播格局中的地位也日渐凸显。值此之际,我国应当如何在认识和遵循国际传播规律的基础上,更好地利用它来传播中国信息、树立国家形象、与其他行为体形成良性的信息互动,就成为亟待研究与解决的问题。

　　本书正是以此为切入点展开研讨的。它试图从国际传播学的基本概念、基础理论及其学科属性的界定出发,通过对国际传播现象的观察、分析,总结、归纳出国际传播活动的一般规律与特征,以便为中国的国际传播实践提供有益的参考，同时为国际传播学科体系的建立添一砖一瓦。因为循着从实践到理论的认识论路径，"我注六经"的研究框架显然已不合用，本书就索性采取"六经注我"的方式展开论说——在拉斯韦尔五W模式的基础上建立自己的研究体系和叙事框架。既然是一种探索，少有现成的经验和研究成果可资借鉴，虽殚精竭虑，却难免存在各种问题与不足，希望以此就教于学界同人，使它能够不断充实、完善。

感谢我所在的北京大学新闻与传播学院为我提供撰写《国际传播学教程》的机会，使我多年来的一个心愿得以了结；感谢我的先生曾宪植教授，他以多年从事国际金融与国际贸易教学、研究的积累，给了我许多建议和启发，使我能够摆脱单一学科的局限而拥有更为广阔的视野；感谢我的硕士生李杰琼帮助我校对书稿；感谢北京大学出版社的编辑周丽锦为本书的编辑、出版所做的种种努力。

程曼丽

2006年1月28日于北大燕北园

第二版后记

《国际传播学教程》出版于2006年,此为16年以来的首次修订。时间倏忽而过,让人感慨万端。

1986年研究生毕业留校后,我一直从事外国新闻史方面的教学工作,1995年开始担任《国际新闻界》主编(至2005年)。教学、研究的涉外性质,使我自然而然地将关注重心转向国家面临的现实问题——对外传播(或国际传播)。一方面,我通过《国际新闻界》杂志大量推介国内外学者的相关研究成果;另一方面,因为专业咨询的需要,我与国家外宣主管部门和主要外宣媒体建立了联系,参加会议、承接课题、开展培训、提供决策参考意见。在此过程中,我对政府外宣工作的理念、思路及其调整、变化过程有了比较多的了解,形成了一些思考,并希望将相关工作作为一个研究领域或方向进行深入开掘。1999年我担任博士生导师后,在中国人民大学新闻学院设立了"国际传播"专业方向,并于2000年开始招收这一方向的博士研究生。2002年调入北京大学新闻与传播学院后,我继续从事国际新闻传播方面的教学、研究工作,并开始撰写《国际传播学教程》。

那一时期,随着中国以更加开放的姿态融入世界经济一体化潮流,国际社会对华关注度明显上升,我国在国际传播格局中的地位也日渐凸显。面对中国经济的快速发展,在"中国威胁论"冷空气大面积散播之际,仍有一些国际人士(包括美国政界、学界人士)主张正确看待中国发展带来的机遇并倡导与中国合作,中美战略对话也于 2005 年正式开启。十多年来,中美关系在跌宕起伏中向前发展,至特朗普时期出现了重大转折——特朗普将中国视为主要战略竞争对手,对华制裁、打压接踵而至。百年变局和世纪疫情相互叠加带来的风险挑战和种种不确定性,为新时期中国外交和国际传播提出了新的课题:在国际关系和国际涉华舆论发生深刻变化的今天,如何认识大国关系(或大国博弈)框架下国际传播的规律与特征,掌握传播致效的路径和方法?如何加强国际传播能力建设,全面提升国际传播效能,形成同我国综合国力和国际地位相匹配的国际话语权?这些都是亟待研究和解决的问题,也是党的二十大高度关注的问题。围绕这些重要问题,此次修订专门增设了第三章"国际传播的发展与变化",并对最后一章"中国的国际传播"做了内容上的调整。

关于教材撰写和修订的初衷,一如本书第一版后记所言,本教材"试图从国际传播学的基本概念、基础理论及其学科属性的界定出发,通过对国际传播现象的观察、分析,总结、归纳出国际传播活动的一般规律与特征,以便为中国的国际传播实践提供有益的参考,同时为国际传播学科体系的建立添一砖一瓦。因为循着从实践到理论的认识论路径,'我注六经'的研究框架显然已不合用,本书就索性采取'六经注我'的方式展开论说——在拉斯韦尔五W模式的基础上建立自己的研究体系和叙事框架。既然是一种探索,少有现成的经验和研究成果可资借鉴,虽殚精竭虑,却难免存在各种问题与不足,希望以此就教于学界同人,使它能够不断充实、完善"。

感谢北京大学出版社长期以来的信任与支持,感谢周丽锦老师和吕秀丽老师为本书的编辑和再版付出的种种努力,感谢赵晓航博士在教材修订过程中给予的大力协助。

程曼丽
2022 年 11 月 15 日

教师反馈及教辅申请表

北京大学出版社本着"教材优先、学术为本"的出版宗旨,竭诚为广大高等院校师生服务。

本书配有教学课件,获取方法:

第一步,扫描右侧二维码,或直接微信搜索公众号"北大出版社社科图书",进行关注;

第二步,点击菜单栏"教辅资源"—"在线申请",填写相关信息后点击提交。

如果您不使用微信,请填写完整以下表格后拍照发到 ss@pup.cn。我们会在 1—2 个工作日内将相关资料发送到您的邮箱。

书名		书号	978-7-301-	作者	
您的姓名				职称、职务	
学校及院系					
您所讲授的课程名称					
授课学生类型(可多选)	□ 本科一、二年级 □ 高职、高专 □ 其他_____			□ 本科三、四年级 □ 研究生	
每学期学生人数	_____人			学时	
手机号码(必填)				QQ	
电子信箱(必填)					
您对本书的建议:					

我们的联系方式:

北京大学出版社社会科学编辑室

通信地址:北京市海淀区成府路 205 号,100871

电子信箱:ss@pup.cn

电话:010-62765016 / 62753121

微信公众号:北大出版社社科图书(ss_book)

新浪微博:@未名社科-北大图书

网址:http://www.pup.cn